Sammlung Vandenhoeck

V&R

Hans-Jürgen Dallmeyer
Walter Dietrich

David – ein Königsweg

Psychoanalytisch-theologischer Dialog über einen biblischen Entwicklungsroman

Vandenhoeck & Ruprecht

Umschlagabbildung:
Max Hunziker (1901–1976)
»David« (o. J.)

Die Deutsche Bibliothek – CIP-Einheitsaufnahme

Dallmeyer, Hans-Jürgen:
David – ein Königsweg: psychoanalytisch-theologischer Dialog
über einen biblischen Entwicklungsroman /
Hans-Jürgen Dallmeyer ; Walter Dietrich. –
Göttingen: Vandenhoeck und Ruprecht, 2002
(Sammlung Vandenhoeck)
ISBN 3-525-01624-7

Satz: Satzspiegel, Nörten-Hardenberg.
Druck- und Bindearbeiten: Hubert & Co., Göttingen.

Inhalt

Einleitung

David, ein unbekannter Hütejunge, entwickelt sich zu einem Mann und König, der noch nach drei Jahrtausenden bewundert wird. Die Bibel schildert uns seinen Aufstieg und seine Herrschaft in den Samuelbüchern. Von da aus entfaltet sich eine breite Wirkungsgeschichte, innerhalb der Bibel selbst und weit darüber hinaus: David als Dichter der Psalmen, als Kultstifter in den Chronikbüchern, als die Wurzel messianischer Hoffnungen im Christentum wie im Judentum, als Gegenstand zahlloser Darstellungen in der Musik-, Kunst- und Literaturgeschichte. Welches waren die treibenden Kräfte hinter einer solch einzigartigen Karriere? Wir denken dabei nicht so sehr an die historischen Kräfte, die um die Wende vom 2. zum 1. Jahrtausend v. Chr. einen solchen Mann hervorgebracht haben mögen. Darüber wie auch über sein eigenes Wesen und Werden wissen wir wenig Verlässliches; wir haben im Wesentlichen nur die biblischen Berichte und ihre Nachwirkungen.

In der vorliegenden Studie halten wir uns an die Samuelbücher, die älteste schriftliche Quelle, die wir von David haben. Dabei sind wir nicht der Meinung, darin sei das Leben und Wirken des historischen David realitätsgetreu abgebildet. Vielmehr handelt es sich hier nach unserer Überzeugung um ein Produkt künstlerisch-literarischen Schaffens, das vermutlich in recht großem zeitlichem Abstand zur geschilderten Zeit entstanden oder doch zu Ende gebracht worden ist (näheres dazu bei Dietrich, 1997 und 1999). Wohl gerade in der Poesie der Erzählung liegt der Grund der Faszination verborgen, die David schon bei antiken und noch bei neuzeitlichen, aufgeklärten Menschen zu wecken versteht. Ihre Berühmtheit verdankt die David-Geschichte der Samuelbücher offensichtlich zeitlosen Botschaften, die in ihr angelegt sind und die noch heute ansprechen.

Wir gehen zu zweit ans Werk: ein Arzt und Psychoanalytiker sowie ein Theologe und Exeget. Die Kooperation ist durchaus pikant. Zwischen beiden Fächern bestehen, und zwar von beiden Seiten her, gewisse Animositäten. Die Theologie ist eine alte, aber heute nicht mehr allseits fraglos anerkannte, die Psychoanalyse eine relativ junge und doch schon hoch renommierte, freilich auch umstrittene und in verschiedene Richtungen aufgesplitterte Wissenschaft. Letzteres gilt für die Theologie in gleichem Maße: allein was die weitgehende Absplitterung der Bibelwissenschaft von den übrigen theologischen Disziplinen, aber auch was die Umstrittenheit fast jedes Gebietes und jedes Ergebnisses theologischer Arbeit betrifft. Hätten also der Analytiker und der Exeget genug zu tun, in je ihrer Sparte schlüssige Resultate vorzulegen, so ist ein Zusammenwirken zwischen beiden von noch zusätzlichen Schwierigkeiten und Unwägbarkeiten belastet. Ihrer beider Wissenschaften beanspruchen zwar, in Argumentationsweise und Schlussfolgerungen nachprüfbar und nachvollziehbar vorzugehen, doch gehen beide von unterschiedlichen Prämissen aus. Die vielleicht wichtigste Differenz liegt wohl darin, dass die Theologie mit der Existenz Gottes rechnet, die Psychoanalyse als aufklärerische Wissenschaft davon faktisch oder auch ausdrücklich absieht. Die Psychoanalyse rechnet mit innerweltlicher, intra- oder interpsychischer, auch psychosozialer Kausalität, die Theologie darüber hinaus mit einer transzendenten Realität und Aktivität.

Freilich, auch die Exegese arbeitet mit den Methoden einer aufgeklärten Text- bzw. Literaturwissenschaft. Gerade auf dem Feld der Bibelwissenschaft wurden heftige Schlachten geschlagen um die Abhängigkeit oder Unabhängigkeit theologischer Wissenschaft von kirchlich-dogmatischen Vorentscheidungen. Im Gefolge der Aufklärung wurde das Instrumentarium historischer Bibelkritik entwickelt, das nicht zuletzt dazu diente, klerikalen Interessen die »historische Wahrheit der Bibel« entgegensetzen oder historische Unwahrhaftigkeit nachweisen zu können. Wann wurde ein biblischer Text von wem mit welcher Absicht oder auch unter welchen Vorbefangenheiten verfasst: das ist eine aufklärerische Fragestellung. An dieser Art von Aufklärung ist nun aber der Psychoanalytiker nicht interessiert. Er findet historisch-zeitgeschichtliche Nachfragen eher nebensächlich, wenn nicht störend. Ihm geht es um die innere Geschichte von Menschen, um unbewusste Konflikte in ihrer psychischen und psychosozialen Entwicklung. Wenn er sich mit der Bibel beschäftigt, dann will er nicht etwa die psychische Entwicklung *historischer* Persönlichkeiten erfassen und gar bearbeiten, sondern die *literarischen* Bilder seelischer Prozesse wahrnehmen, wie sie in der Bibel gemalt sind, und ihre paradigmatische Bedeutung für uns Heutige sichtbar machen.

Es gab und gibt grundsätzliche Einwände gegen diese Art der Bibelinterpretation (wie übrigens auch gegen die historisch-kritische). Einer von ihnen lautet: Ist diese Methode nicht den biblischen Texten fremd, ihnen fast konträr entgegengesetzt? Werden sie nicht, da ihre Autoren von neuzeitlicher Psychoanalyse ja nichts wussten, auf diese Weise verzerrt, über einen fremden Leisten geschlagen? Wird da nicht der Subjektivität und Willkür moderner, prinzipiell nicht-theistischer Betrachtung Tor und Tür geöffnet? Auf diesen Einwand ist zu antworten: Die biblischen Autoren, jedenfalls die der Samuelbücher, verstanden sehr viel von der seelischen Beschaffenheit des Menschen, und sie vermögen ihre Einsichten auch durchaus zu vermitteln – wenn auch nicht in abstrakt-theoretischer, sondern in pragmatisch-narrativer Weise. Sehr wohl glauben sie an Gott und reden auch von ihm, aber viel weniger und viel verhaltener und differenzierter, als man vielleicht annehmen möchte. Und auch die heutige Psychoanalyse rechnet zwar nicht mit Gott als einer feststehenden Größe, weiß aber sehr wohl um psychische Reaktionen auf Gottesvorstellungen und weiß vor allem um die Notwendigkeit von außen auf den Menschen einwirkender Einflüsse.

Ein zweiter Einwand könnte lauten: Wie soll man heute noch, 3000 Jahre post festum, eine Person wie David oder auch ihre Zeitgenossen gewissermaßen auf die Couch legen? Wenn schon deutlich ist, dass man über die damalige Zeit und die konkreten Menschen kaum Gesichertes weiß: Wie soll es dann möglich sein und welchen Sinn könnte es haben, einzelne Persönlichkeiten einer Psychoanalyse zu unterziehen? Die Antwort wurde schon angedeutet: Es geht uns nicht um persönliche Psychoanalyse längst versunkener Gestalten, sondern um Literaturanalyse. Nicht die historischen Personen werden also untersucht, sondern die Bilder und Szenen, welche die Bibel von ihnen malt. Die biblischen Autoren nämlich schilderten durchaus lebensvolle Persönlichkeiten, wie sie sehr wohl hätten existieren können: nach Vorbildern, die ihnen bekannt waren, nach Erfahrungen, die sie gemacht hatten, nach Idealen, die ihnen vorschwebten. Hauptgegenstand unserer Untersuchung ist also nicht die Persönlichkeit eines historischen David, sondern das Persönlichkeitsbild, das die Bibel von ihm entwirft.

Diesem psychoanalytischen Ansatz tritt der exegetisch-theologische zur Seite. Wir bemühen uns, beide Ansätze miteinander zu verbinden, zu versöhnen, miteinander ins Gespräch zu bringen und gegenseitig fruchtbar zu machen. Schon seit vielen Jahren stehen wir im Gespräch über Auslegungsmethoden der Bibel, speziell der Samuelbücher. Unsere Standpunkte und Gesichtswinkel sind unterschiedlich geblieben, haben sich aber – aufgrund nicht nur des gemeinsamen Gesprächs, sondern unterschiedlicher Faktoren und Einflüsse – einander auch angenähert und geöffnet. So besteht der Exeget nicht mehr (nur) auf einer historisch-kritischen Betrachtungsweise, sondern hat sich mehr und mehr (auch) eine literaturwissenschaftliche bzw. -ästhetische zu eigen gemacht – was den Intentionen des Analytikers entgegen kommt. Das heißt, die Erzählungen der Samuelbücher gelten ihm nicht nur, nicht einmal zuerst als historische Quellen, sondern auch und sogar zuerst als Produkte literarischen Schaffens. Sie legen Zeugnis ab für eine hochentwickelte Erzählkunst und tiefgründige Denkkultur im alten Israel (wobei die Frage, aus welcher israelitischen bzw. judäischen oder jüdischen Geschichtsepoche sie jeweils stammen mögen, nicht ausgeklammert wird, hier jedoch nicht im Vordergrund steht).

Unser Vorgehen ist so, dass bei jedem Kapitel oder Textblock der Analytiker beginnt. Er erzählt den Text interpretierend nach und deutet ihn unter seinen Fragestellungen. Alle Leserinnen und Leser sind in der Lage, die Auslegung am biblischen Text selbst zu überprüfen. (Wir stützen uns, soweit nicht anders angegeben, auf die Übersetzung der Zürcher Bibel; die Gottesbezeichnung »Herr« haben wir allerdings meist durch den im hebräischen Text gebrauchten Gottesnamen »JHWH« ersetzt). Der Exeget nimmt – kenntlich gemacht durch eine eigene Schriftart – die Gedanken des Analytikers auf, erwägt sie, ergänzt sie und stellt ihnen eigene Überlegungen gegenüber. Sofern unser Dialog anregen kann, auf mit dem Text gegebene Fragen selbst nach Antworten zu suchen, haben wir das Erreichbare erreicht: in einen Dialog mit den Figuren, Szenen, Ideen und Widersprüchen der Samuelbücher zu treten und dabei den wichtigen Fragen des Lebens zu begegnen, von einer schwierigen Geburt bis zur Einsamkeit und Kälte des Sterbens. So vermag der Text anzuregen, unser eigenes Leben und die eigene innere Welt zu betrachten, das Schöne und Befriedigende wie auch das Schwierige und Bedrückende, und daraus zu lernen, wie es das Anliegen einer Psychoanalyse, in gewisser Weise aber auch von Exegese und Meditation, Unterricht und Predigt ist. Anders als beim Vorstellen eines klinischen Fallbeispiels, anders auch als beim Hören eines Vortrags oder einer Predigt, ist niemand von den Interaktionen der Textanalyse ausgeschlossen; jeder, jede kann selbst überprüfen, wie plausibel und anregend die Deutungen einer Figur oder Szene auf ihn oder sie wirken.

Aus der Sicht des *psychoanalytischen Interpreten* verfolgen die Erzähler der Samuelbücher ein kulturschaffendes und erstaunlich modern anmutendes psychologisch-religiöses Anliegen: Ihre Botschaften richten sich gegen Unterdrückung, Hoffnungslosigkeit und Selbstzerstörung. Ihr Bemühen ist, zwischen Gut und Böse unterscheiden zu lehren, und doch »moralisieren« sie nicht, sondern stellen die alltäglichen Menschheitskonflikte in drastischen, aufwühlenden Szenen dar, in denen sie das Schicksal der Betroffenen, der Opfer wie der Täter, für sich selbst sprechen lassen und die Leserschaft einladen, sich mit der einen oder der anderen Seite zu identifizieren. Da die Figuren des biblischen Romans von uns als Modelle betrachtet werden, lassen sie sich (David, Saul, Samuel, Natan, Abschalom u. a.) aus weiblicher Sicht auch als »Animus«-Konstellationen sehen – denn in der Entwicklung zur erwachsenen Frau sind die »Geburt des Helden« (des »Selbst«) und die Suche nach geistiger Autonomie nicht weniger zentrale Reifungsthemen als in der männlichen Individuation.

Der *Exeget* fragt einerseits nach historischen, literatur- und religionsgeschichtlichen Hintergründen der jeweiligen Überlieferungen, andererseits nach den Inhalten und Aussagen der Texte, die über das Psychisch-Psychologische hinausgehen, um daran die tiefenpsychologischen Deutungen zu messen. Er geht davon aus, dass die Samuelbücher zu großen Teilen auf eine am davidischen Königshof etwa des 8. oder 7. Jahrhunderts v. Chr. entstandene Geschichtsschreibung zurückgehen, die ihrerseits mancherlei älteres Quellenmaterial aufgenommen hat und die später noch mancher Bearbeitung unterworfen wurde. Sie wollte an der Gestalt Davids zeigen, wie trotz mancher Umwege und Irrwege die Geschichte Israels sinnvoll verlaufen ist und wie dabei, oft ganz unausdrücklich und unauffällig, zuweilen aber doch sehr dezidiert, Gott seine Hand im Spiel hatte.

Die Daviderzählung der Samuelbücher lässt sich als ein Entwicklungs- und Bildungs-Roman lesen, dessen Zielsetzung es ist, ein an bestimmten Werten orientiertes, gutes und lebensförderliches Verhalten vorzustellen und speziell David als Modell für Erfolg und Stabilität hinzustellen. Angeregt durch Davids prototypischen Werdegang stellt sich die grundsätzliche Frage, welche Funktion und Bedeutung eine Gottesbeziehung bzw. ein Gottesbild für seelisches Reifen hat.

Wir bedienen uns in unserer Studie eines allgemeinverständlichen essayistischen Stils, angesiedelt zwischen wissenschaftlichem Duktus und hermeneutisch-subjektiver Interpretation. Bewusst schreiben wir kein Forschungs- oder Lehrbuch (es müsste ja den Fachkenntnissen und der Fachsprache zweier Wissenschaften Genüge tun), doch gründet unsere Darstellung auf sorgfältig wahrgenommener Forschung und praktisch ausgeübter Lehre. Wir hoffen, auf diese Weise den interdisziplinären Dialog anzuregen.

Den bildhaften Begriff des »Königsweges« im Titel verdanken wir dem Verlag. Seine Vieldeutigkeit weist nicht nur auf einen Weg der Entwicklung von der Jugend zur Reife des Alters hin oder auf messianische Hoffnungen in der Tradition des jüdisch-israelitischen Volkes. Für Sigmund Freud war die Traumdeutung die »via regia« zum Unbewussten. Und sie ist es bis heute: Wie die Interpretation zeigt, offenbart Samuels Traum bereits – verborgen, aber wegweisend und herausfordernd – die revolutionär-neue Botschaft des David-Romans, der wir hier nachspüren.

1 Zu Thematik und Struktur des David-Romans

Denn der Mensch vermag nichts aus eigener Kraft.
1 Sam 2,9

Mit der Geburt Samuels beginnt eine romanhafte Erzählung, die jedenfalls bis zum 20. Kapitel des 2. Samuelbuches alle Kapitel mit einem groß angelegten thematischen Bogen überspannt. Aus dieser Sicht sind die beiden Samuelbücher ein in sich recht kohärenter, sorgfältig aufgebauter und einfühlsam gezeichneter *revolutionärer Entwicklungs- und Bildungsroman*. Er führt uns sowohl durch die wichtigen Schwellensituationen des Lebens als auch durch die Gründungszeit des ersten Staates Israel. Der David-Roman lässt sich als Parabel verstehen, als eine um David zentrierte Lehrdichtung für eine schöpferische, lebensbejahende Gestaltung der individuellen und sozialen Existenz und ihrer Nöte, kurz: der Realität.

Die Thematik der Erzählung kann in zwei Richtungen aufgefächert und thesenartig akzentuiert werden. Die eine These betrifft den Inhalt, die andere die Form.

1. These: Viele Textstellen sprechen dafür, dass kritische Denker der damaligen Zeit versuchten, das Bild eines allmächtig waltenden und mitunter fürchterlich strafenden Gottes zu verändern. Denn die ängstigende Kehrseite dieser Gottvorstellung und Gott-Mensch-Beziehung war deutlich geworden: Ihr steht ein ohnmächtiger, depressiver und äußerst abhängiger Mensch gegenüber, der im Existenzkampf und im Leben gewöhnlich versagt.

Unter dieser Perspektive gesehen, wird in der Davidgestalt ein *Paradigma* für eine positive menschliche Existenz (ein urbildhaftes Modell menschlicher Möglichkeiten) entworfen, ein neuartiges Verständnis für den Lebenswandel eines religiös gebundenen, zugleich aber vital-kämpferischen, realitätsbezogenen und schöpferischen Menschen, dessen Schwächen nicht übergangen werden. Der Paradigmenwechsel lässt sich als kulturgeschichtliche Revolution verstehen, denn eine neue Sichtweise wird aufgezeigt und konsequent verfolgt. Sie will den Menschen aus seiner geistigen Dumpfheit und übersteigerten inneren Abhängigkeit befreien, ohne dass religiöser Glaube im Sinne eines Orientiertseins an Vorstellungen eines guten, »göttlichen Gegenübers« seine Bedeutung verliert.

Von einem Bildungsroman lässt sich sprechen, weil die Erzähler in der »Nacherziehung« Davids vom naiven Hirtenjungen zum feinfühligen und machtvollen Mann und König ein ganzheitliches Bildungsideal vertreten. Sie fassen es in griffige Formeln und exemplifizieren es an David. Selbst in der heutigen Zeit wäre ihre Erfahrung und Weisheit von hohem reformerischem Wert für die Erziehungs- und Bildungsdiskussion.

König David muss eine kraftvolle Persönlichkeit gewesen sein. Historisch ist verbürgt, dass er lebte, dass es ihm gelang, die israelitischen Stämme zu vereinigen und dass er ein ansehnliches Staatsgebilde in Palästina entstehen ließ. Unser Thema ist: Wie sehen ihn die Erzähler, als sie, vermutlich Jahrhunderte nach seiner Regierungszeit, mündliche und schriftliche Überlieferungen zu einer Biografie zusammenfügten? Und vor allem, um ein Ergebnis vorwegzunehmen: In ihren Augen war der eigentliche Akteur und Eroberer gar nicht David, sondern Gott! So muss uns die Frage beschäftigen: Wie können wir heute die geheimnisvollen Kräfte verstehen, die damals am Wirken waren? Können wir heute noch aus der Botschaft der Erzähler an die Könige und an die Menschen ihrer Zeit lernen?

Die *zweite These* betrifft die Linienführung des Textes. Sie besagt, dass an vielen Stellen die Kapitel durch einen Prozess geistig-seelischen Reifens *motivisch-assoziativ verknüpft* sind und nicht durch den Erzählfluss eines logisch konstruierten, konkreten historischen Tatsachen- und Handlungsberichtes.

Nach der zweiten These hat die mit »Fakten« belegende, anschauliche Sprache nur eine sekundäre Bedeutung: Viele Formulierungen dienen eher zur Illustration der zugrunde liegenden Motive und Ideen der Autoren. Sie wollen weniger eine historische Realität nach unseren objektiv-wissenschaftlichen Kriterien wiedergeben, als ihr zukunftsweisendes Davidbild entwerfen.

Die in der zweiten These vertretene Sicht eines kohärenten

Ariadne-Fadens unbewusster, intuitiv ausgewählter Motive lässt manchen abrupten Szenenwechsel verständlicher werden. Der thematische Leitfaden führt uns durch die Wirren einer Selbstwerdung (Individuation) und der israelitischen Staatsgründung. Dabei begegnen wir verschiedenen komplexhaften Zusammenhängen.

Die intime, familiäre Geburtsgeschichte Samuels eröffnet das 1. Samuelbuch (1 Sam 1–3), in der es um die literarische Geburt eines Heldenbildes geht. Darauf folgt ein abrupter Bühnenwechsel: Im 4. bis 6. Kapitel werden wir in die politisch-militärischen Streitigkeiten im Süden Palästinas versetzt. Aus israelitischer Sicht erleben wir hoffnungslos erscheinende Wirren; doch ließe sich auch – in Analogie zum Motiv der Geburtssituation – von den schmerzhaften psychosozialen »Geburtswehen« der Autonomie bzw. von religiösen Ambivalenzkonflikten des Volkes und von der beginnenden inneren Kohärenz des ersten israelitischen Staates sprechen.

Nach dem 7. und 8. Kapitel, die jeweils ein aktuelles Thema des Übergangs vom alten zum gewünschten neuen theologischen Denken zur Diskussion bringen, wird Saul inthronisiert. Er ist der erste König und der Vorgänger Davids. Saul ist jedoch nicht ein positiver Vorkämpfer der Idee dieses Lehrstückes. Er entwickelt sich vom ersten königlichen und politischen Hoffnungsträger zu einem Gegenspieler der prophetisch-göttlichen Ideale, die zunächst in Samuel personifiziert sind (Kapitel 9–15).

Erst nach dieser Exposition lassen die Erzähler David auftreten, und nicht nur als grandiosen Sieger. Er ist in inneren und äußeren Abhängigkeitskonflikten gefangen, die ihn bedrohen – nicht anders als jede der erstaunlich individuell charakterisierten anderen Gestalten des Romans (und wie wohl jeder Mensch). David hat als Held der Geschichte die epochal neuen – und noch heute modernen – Ideen zur Meisterung der existenziellen Konflikte lebensnah vorzuführen.

Der Generationenwechsel trennt das erste vom zweiten Samuelbuch. David wird Thronfolger Sauls. Bisher in Krisen eines jungen Mannes gefangen, hat sich David nun als König, Richter und Vater in der Konfliktwelt der Erwachsenen zu bewähren. Nachdem am Ende des ersten Samuelbuches der gesellschaftliche Schauplatz mit dem Tod der Vaterfiguren Saul und Samuel neu geordnet ist, müssen sich Davids Führungsqualitäten weiter entwickeln, damit er der Macht und Verantwortung im Spannungsfeld von Gut und Böse gewachsen ist.

Im ersten Samuelbuch können wir die schwierige Karriere des jungen David anhand seiner Aktivitäten und Erlebnisse Schritt für Schritt nachverfolgen; Ziel ist, dass David König wird, ein äußerlich, sozial vorgegebenes Ziel. Damit ist David jedoch noch nicht ein »königlicher« Mensch, eine Führer- und Vaterfigur.

Das zweite Samuelbuch folgt einem etwas anderen Ordnungsprinzip, es ist mehr um kapitelübergreifende Themenkomplexe aufgebaut. Szenisch wird vorgeführt, wie David fähig wird zu fühlen und mitzufühlen, destruktivem Verhalten trotz aller Schwächen erfolgreich zu begegnen, Verantwortung zu übernehmen, wie er für Gerechtigkeit sorgt und mutig politische Entscheidungen gegen starke Gefühlsbindungen wagt – und wo er seine Grenzen erleben muss.

Manche Leserinnen und Leser, besonders wenn sie sich mit moderner psychoanalytischer Literaturwissenschaft befassen (vgl. z. B. Pietzcker, 1992; Raguse, 1993; Schönau, 1992), werden dem Analytiker an erster Stelle die Gretchenfrage nach der Selbstreflexion stellen: Was regte ihn an, den alten Bibeltext in dieser – unvermeidlich subjektiv gefärbten – Weise zu interpretieren? Oder: Welche Botschaften nahm er lesend wahr (Übertragung des Textes auf ihn) und wie, mit welchen Gefühlen und Vorstellungen, reagierte er (Gegen-Übertragung)? Eine derartige Reflexion würde ein weiteres Buch füllen und entspräche nicht mehr dem Dialog, den wir führen möchten. Mein methodisches Vorgehen, ausgehend von der psychoanalytischen Praxis und Theorie, ist daher in einer anderen Arbeit exemplifiziert (Dallmeyer, 2002).

Zwei spezielle Einflüsse möchte ich allerdings zum besseren Verständnis des Dargestellten erwähnen. Innerhalb meines Medizinstudiums hatte ich die Gelegenheit, an Studienwochen des Ev. Studienwerkes Villigst teilzunehmen. Ihr spannendes Thema war: »Gegenwärtige Begründungen des Atheismus«. Erstmals lernte ich psychoanalytische Literatur kennen, nicht nur von S. Freud, sondern auch z. B. von E. H. Erikson »Kindheit und Gesellschaft« oder von A. Mitscherlich »Auf dem Weg zur vaterlosen Gesellschaft«, Werke, deren Aussagen und Anliegen auch die vorliegende Auseinandersetzung mit der Figur des David beeinflussten. Aber wir lasen und diskutierten auch von R. Bultmann »Kerygma und Mythos«. Sein theologischer Ansatz einer »Entmythologisierung« faszinierte mich – aber ging mir nicht weit genug in Richtung religiöser Grundannahmen. Die Frage beschäftigt mich bis heute: Wie kann ich als Psychoanalytiker, der gelernt hat, möglichst alles von den realen Umständen abzuleiten, das Wirken »Gottes«

und die »Offenbarungen«, wie sie im Alten und Neuen Testament stehen, verstehen (das »Kerygma«, die Botschaft des Bibeltextes)? Immer wieder versuchte ich also, die Bilder und Szenen der Bibel in meine jeweils aktuelle Vorstellungswelt zu übersetzen. Das vorliegende Buch entstand aus solchen Überlegungen und aus Gesprächen mit Freunden.

Noch ein zweites Moment beeinflusste mich, die Konstruktion eines prototypischen Reifungs-Romans herauszuspüren. Je mehr ich mich in den Bibeltext vertiefte, um so mehr erinnerte er mich an ein altes orientalisches Märchen aus Tausendundeiner Nacht: »Das Märchen vom Fischer, der die Flasche fand«. Dieckmann (1973, 11) bemerkt in der Einleitung zu seiner Deutung und Sinnerschließung des Märchens, dass die vielen Geschichten, die in 1001 Nacht enthalten sind, letztlich dem Zweck dienen, »in dem König ein Wandlungsgeschehen auszulösen, das ihn beziehungsfähig zu seiner Anima und zu seinem Selbst macht«.

Meine Interpretationsmethode ist nicht auf »Amplifikation« des vorgegebenen Materials nach C. G. Jung bzw. H. Dieckmann ausgerichtet, sondern auf die Sinnzusammenhänge der Szenen, wie sie sich aus dem größeren Kontext der literarischen Biografie Davids erschließen lassen. So erhalten auch die initiale Geburtszene (Samuels) oder das ambivalente Hin-und-Her der Ladegeschichte erst ihre besondere Bedeutung, indem wir sie im Blick auf David verstehen.

Der Psychoanalytiker fühlt sich primär der klassischen Psychoanalyse S. Freuds mit ihren vielfältigen modernen Ausformungen verbunden. Nur bei bestimmten Begriffen werde ich psychoanalytische oder entwicklungspsychologische Theorien ausführlicher – klein gedruckt – erläutern, wenn sie für das Verständnis unerlässlich erscheinen. Eine umfassende und qualifizierte Darstellung der wichtigsten psychoanalytischen Konzepte findet sich z. B. bei Raguse (1993, 33–60), mit dessen theoretischen Positionen ich weitgehend übereinstimme; eine ausführliche Darstellung würde den Rahmen dieses Dialogs sprengen.

Die beiden Könige Saul und David sind die Hauptfiguren der Samuelbücher; ihr Seelenleben ist charakterisiert wie zwei potenzielle Wesensseiten ein und desselben Menschen. Die Saul-Biografie erzählt uns sein haltloses tragisches Abrutschen in eine immer ausgeprägtere Selbst-Entfremdung: von der hoffnungsvollen Jugend über psychosoziale Nöte und Einsamkeit zu panischer Angst vor dem Tod und zur Selbstzerstörung. Sauls Charakterisierung spricht dafür, dass er mit seiner zunehmenden Gottlosigkeit und Beziehungsverarmung als ein warnendes literarisches Anti-Modell zu König David gezeichnet wurde. Um so mehr personifiziert Saul realitätsnah-prototypisch Wesenszüge, die alternde Menschen bei sich selbst in zweifelnden oder verzweifelnden Gedanken wahrnehmen können, wenn sie unausweichlich mit dem Nachlassen ihrer Kräfte konfrontiert sind und dadurch orientierungslos werden. Davids Lebensgeschichte zeigt uns hingegen eine reiche Beziehungswelt, sie ist reich an persönlichen Konflikten – und auch an Erfolgen. David gelingt es, sich zunehmend selbst zu verwirklichen, indem er immer wieder Hilfe findet und indem er dadurch seine sozialen Schwierigkeiten und Abhängigkeiten letztlich meistert. – Wie und mit welchen Zielsetzungen nun gerade das Gottesbild als treibende Kraft die Selbst-Verwirklichung und die Ich-Entwicklung Davids gestaltet, das erzählt der David-Roman in anschaulichen, traumähnlichen, mythischen Szenen. Davids Gott bewirkt die Wandlung – *denn der Mensch vermag nichts aus eigener Kraft* (1 Sam 2,9).

Die Samuelbücher: ein Roman?! Provozierend ist diese These – und hat doch viel für sich. Ungewöhnlich aus bibelwissenschaftlicher Perspektive ist die Betrachtung eines offensichtlich nicht in einem Wurf entstandenen Textes, ja geradezu eines Textkonglomerats (das sind die Samuelbücher, literaturgeschichtlich gesehen!), als eines unter einem Thema stehenden Gesamtentwurfes. Die Samuelbücher geben an allen Ecken und Enden eine höchst disparate Entstehungsgeschichte zu erkennen. Da finden sich vollkommen unterschiedliche Textgenres (poetische Lieder, trockene Aufzählungen, knappe Anekdoten, nüchterne Berichte, farbenreiche Erzählungen, in sich geschlossene Einzelgeschichten und weit greifende Erzählzusammenhänge), da sind verschiedene Themenschwerpunkte auszumachen (die Jugendgeschichte Samuels, die Geschicke der heiligen Lade, die Königserhebung Sauls, der Aufstieg Davids und der Niedergang Sauls, David und seine Familie), da sind divergente Grundeinstellungen zu spüren (gegenüber dem Königtum, gegenüber Saul oder David, auch gegenüber Gott). Und das alles soll sich als zusammenhängender Roman lesen lassen? Es lässt sich durchaus, wie sich zeigen wird – und wie manche Auslegungen, zumal in früheren, so genannt vorkritischen Zeiten, schon gezeigt haben. Vielleicht bedarf es dazu eines anderen Lesens als des bei historisch-kritisch geschulten Exegeten üblichen. Einfache Menschen (einfach fromme oder neugierige) haben zuweilen den Gelehrten etwas voraus. Und künstlerisch Veranlagte (Maler, Poeten, manchmal sogar Ausleger) besitzen oft ein besseres Gespür für die literarische Dimension der alten Texte als gelehrte Interpreten. Man muss indes keine falschen Fronten aufbauen. Wer die Textgeschichte ernst nimmt und gleichwohl der rätselhaften inneren Stimmigkeit des literarischen Komplexes »Samuelbücher« ansichtig wird, mag sich vorstellen, dass die vielen beteiligten Autoren und Redaktoren einerseits von gemeinsamen Grundüberzeugungen getragen und andererseits von hohem Respekt vor dem Aussagewillen der jeweils Früheren erfüllt waren. Da wuchs zusammen, was zusammengehörte – und blieb beiseite, was nicht dazugehörte. Die Samuelbücher gleichen einem kunstvollen Insektenbau: fein geformt und wohl durchdacht, geschaffen aber nicht vom Willen eines Einzelnen, sondern durch das Zusammenwirken Vieler.

Es liegt auf der Hand, dass einem solchen, durch viele Hände gestalteten »Roman« alles Uniforme, zuweilen sogar das abgeht, was unsereins als schlüssigen Fortgang und logischen Aufbau bezeichnen würde. Weil da nicht ein einzelner, noch dazu modern-aufgeklärter Autor am Werk ist, können Bauteile höchst disparater Art kommentarlos nebeneinander gestellt und ineinander geschoben werden; der – mitunter neue! – Sinn des Einzelnen ergibt sich aus dem Sinn des Ganzen.

Das Ganze der Samuelbücher wird nicht zuletzt durch ihr geheimes Hauptthema konstituiert: die Entwicklung eines Menschen (David) und einer Gemeinschaft (Israel) zu höheren Zielen, wobei eine außen stehende Größe (Gott) als Maß des Fortschreitens dient. Die Daviderzähler verfolgen einen großen Plan: Sie wollen zeigen, wie sich die Menschen als Individuen und als Volk aus dumpfer Unbewusstheit und naiver Reflexhaftigkeit zu positiver Aktionsfähigkeit und lebensfördernder Bezogenheit entwickelt haben bzw. je neu entwickeln sollten.

2 Saul, David und Goliat (1 Sam 9–18)

2.1 Die Vorgeschichte: Sauls Fehlentwicklung (1 Sam 9–15)

Der biblischen Darstellung zufolge (vgl. das Richterbuch) hatten die israelitischen Stämme durch Jahrhunderte von JHWH beauftragte Führer an ihrer Spitze. Mehr und mehr verfielen die Stammesverbände in Streit untereinander und mit ihren Nachbarn. Chaotisch-blutige Rivalitätskämpfe, Plünderungen und Zerstörung breiteten sich aus.

Sehr eindringlich sind Not und Depression des Volkes in der Ladegeschichte (1 Sam 4–7) geschildert. Die Sehnsucht nach besseren Verhältnissen, nach Hilfe durch Gott und nach der Geburt eines Retters blieb in den religiösen Kreisen trotz aller Niederlagen – und »Niedergeschlagenheit« – wach. Als wieder einmal ein Konflikt gegen die Philister verloren ging, wurde der Ruf nach einem eigenen König immer lauter und setzte sich gegen die Widerstände des Propheten Samuel durch (1 Sam 8). Saul ist der erste König der Israeliten. Bisher hatten nur Nachbarn der israelitischen Stämme Könige. Auf Saul, und später auf seinen Thronfolger David, richten sich nun die Hoffnungen und Erwartungen des Volkes; Samuel ist der Mentor beider Könige.

Die Samuelbücher beginnen jedoch nicht mit der Ladegeschichte oder den beiden Königen, deren Schicksal so eng ineinander verwickelt ist, sondern mit einer fantasievollen, religiös motivierten Geburtserzählung. Wir werden uns mit der Geburt und der Lade-Dichtung erst in einem Rückblick beschäftigen, nach dem ersten Auftritt der beiden Könige.

Zunächst sei der erste Teil der Lebensgeschichte Sauls bis zu seinem Scheitern als ein von Gott gesalbter König und bis zu dem Auftreten Davids nacherzählt. Saul ist Sohn eines wohlhabenden Vaters. Eselinnen sind verloren gegangen, er wird ausgeschickt, sie zu suchen. Auf der Suche wird er wankelmütig und überlegt, ob sein Vater sich Sorge um ihn machen könnte. Sein Knecht verweist ihn auf den Gottesmann Samuel: *alles was er sagt, trifft sicher ein ... vielleicht gibt er uns Auskunft über den Weg, den wir angetreten haben* (9,6).

Wasserschöpfende Mädchen können ihnen weiterhelfen. Sie finden Samuel, der gerade ein Opferfest vorbereitet. Der Herr hat ihm die Ankunft Sauls bereits angekündigt. Samuel lädt sie zum Essen ein und setzt Saul an den Kopf der Tafel. Er nimmt ihm die Sorge um die Eselinnen, sie seien gefunden, *gehört doch dir und dem Hause deines Vaters alles, was wertvoll ist in Israel* (9,20). – Saul, der aus dem kleinsten der Stämme Israels kommt, hat Schwierigkeiten, *alles* zu begreifen und fragt nach. Aber Samuel geht nicht auf seine Fragen ein, sondern dirigiert ihn nach seinen Vorstellungen. – Am nächsten Tag salbt Samuel Saul zum Herrscher *über das Volk des Herrn* (10,1). Anschließend beschreibt er ihm detailliert seinen Rückweg, wo er wie empfangen werde und sogar, was er fühlen werde, *und du wirst mit ihnen in Verzückung geraten und wirst dich in einen andern Menschen verwandeln* (10,6). Das Vorausgesagte tritt mehr oder weniger ein.

In einem zweiten Schritt ruft Samuel offiziell das gesamte Volk zusammen, grollend, weil das Volk den König eingesetzt haben wollte: *Ihr aber habt heute euren Gott verworfen, der euch aus allen Nöten und Drangsalen erlöst hat, und habt gesagt: »Nein! Einen König sollst du über uns setzen!« Wohlan, so tretet vor den Herrn nach Stämmen* (10,19). – Das Los trifft Saul. Samuel würdigt seine Wahl: *Seinesgleichen ist ja nicht im ganzen Volke* (10,24).

Schon wenig später muss Saul seine Fähigkeiten als Volksführer und Feldherr nach einem Überfall der Ammoniter unter Beweis stellen. Israel trägt einen glanzvollen Sieg davon. Das Volk will nun die früheren Zweifler an der Königsherrschaft töten, aber Saul bleibt bescheiden, *denn heute hat der Herr Heil geschafft* (11,13). Und das Volk erhebt nun Saul zum König vor dem Herrn.

Der erste Konflikt zwischen den Repräsentanten Samuel und Saul lässt nicht lange auf sich warten. Jonatan, Sauls Sohn, hat eigenmächtig einen Vogt der Philister erschlagen. Saul, der sein Militär weitgehend entlassen hat, kommt in Bedrängnis und mit ihm das Volk Israel. Als nun zusätzlich Samuel zu der Zeit, die er selbst zum Opfern für das Volk bestimmt hat, nicht erscheint, droht das Volk auseinander zu laufen und Saul zu verlassen. Saul, statt zu warten, zelebriert selbst das Brand- und Heilsopfer, ein altes Vorrecht der Priester, um Gott gut zu stimmen. Samuel reagiert empört, wirft Saul Torheit und Rechtsbruch vor und verkündet ihm das Ende seines Königtums.

Erneut handelt Jonatan heimlich und eigenmächtig gegen die Befehlsgewalt seines Vaters. Durch einen tollkühnen Handstreich gelingt ihm ein Sieg über die Philister. Nichts ahnend von einem Abstinenzgebot Sauls an diesem Tag, überlässt er sich dem verbotenen Genuss von Honig, den er unterwegs findet. Ein Mann aus dem Volk warnt ihn. Überheblich entwürdigt Jonatan seinen Vater und wirft ihm als Feldherrn Unfähigkeit vor, er würde das Land ins Unglück bringen.

Die Streitigkeiten zwischen Vater und Sohn und ihren Truppen gipfeln in einer direkten Konfrontation. Saul befiehlt Jonatans Tod. Das Volk lässt das Urteil nicht zu und steht zu dem Sieger des Kampfes gegen die Philister, denn auf seiner Seite sehen sie Gottes Beistand. An diesem ganzen Tag schweigt Gott beharrlich, wie bereits angekündigt (8,18).

In der weiteren Geschichte wird aufgezählt, wie Saul mit vielen Siegen seine Königsherrschaft festigen kann. Zum endgültigen Bruch mit Samuel kommt es, als Saul einen Auftrag seines Gottes nur teilweise ausführt. Saul soll eine späte Rache Gottes an den Amalekitern ausführen und sie total vernichten. Saul jedoch behält den wertvolleren Teil der Beute für sich. Als Samuel ihn zur Rede stellt, lügt er dreist, die fette Beute sei nicht für ihn selbst, sondern sei Opfer für den Herrn. Saul versucht sich herauszureden: *Ich habe doch auf die Stimme des Herrn gehört, ... aber das Volk hat ...* (15,20 f.).

In dem spannenden Disput belehrt Samuel Saul (15,22 f.): *Siehe, Gehorsam ist besser als Opfer, Aufmerken besser als Fett von Widdern ... Weil du das Wort des Herrn verworfen, hat er dich verworfen als König.* Samuel sagt Saul, dass ein anderer, der besser sei als er, König werden würde. Saul gibt die Sünde zu, aber versucht weiter, sich zu entlasten, er habe das Volk gefürchtet.

Samuel, in aller Entschlossenheit, lässt sich ein Schwert und den König von Amalek bringen, einen Widersacher seines Gottes, um ihn unerbittlich *in Stücke* (15,23) zu hauen. Auch diesem Auftrag beim Sieg gegen die Amalekiter ist Saul nicht nachgekommen. Saul selbst bleibt am Leben und weiter König. Samuel sieht ihn bis zu seinem Todestag nicht wieder, *denn Samuel trug Leid um Saul* (15,35).

Versuchen wir, das Verhalten der literarischen Figur Saul, ihre Psychodynamik und ihr Schicksal zu verstehen, so finden sich Hinweise, wie und wodurch Saul schon früh an sich selbst scheitert. Seine eigentliche menschliche Tragik wird sich allerdings erst im Alter entfalten, in der Konkurrenz mit dem Jüngeren, mit David. Die spätere Erkrankung, psychosoziale Dekompensation und Vereinsamung ist aber schon in den frühen Jahren, vor dem Auftreten Davids, zu ahnen.

Saul ist der größte und schönste Mann in Israel, als die Wahl seines Gottes auf ihn fällt, *es war kein schönerer Mann in Israel als er, um Haupteslänge überragte er alles Volk* (9,2), eine hervorragende Erscheinung. Wählt sein Gott nach äußeren Kriterien den ersten König aus?

Saul zeigt schon früh Insuffizienzzeichen, die im Gegensatz zu einer starken Persönlichkeit stehen. Als er – auf Rat seines Knechtes – Samuel aufsuchen will, um ihn nach dem Verbleib der Eselinnen zu fragen, will er ihm ein Geschenk mitbringen; gleichzeitig weiß er, dass er keines hat, sein Knecht muss ihm aushelfen (9,7 f.). – Oder als er, inzwischen schon gesalbt, zur öffentlichen Loswahl erscheinen soll, hält er sich versteckt, *wie man ihn aber suchte, war er nicht zu finden.* Sein Gott selbst muss den Tipp geben, wo er zu finden ist (10,21–23)! So weisen erste Zeichen auf seine spätere Erkrankung hin. Wie lässt sich sein seelisches und soziales Scheitern vom Text her verstehen?

Sauls Vater stellt seinem Sohn eine wegweisende Aufgabe: Er soll verloren gegangene Eselinnen suchen. Wer den Text zum ersten oder zweiten Mal liest, wird geneigt sein, solche Hinweise wie auf die Eselinnen oder auf wasserschöpfende Mädchen zu »überlesen«, sie bestenfalls als malerische Ausschmückungen zu würdigen. Und doch weisen gerade die Symbole und Szenen in die Tiefe des väterlichen Auftrages, wenn wir versuchen, sie wie eine geträumte Szene zu übersetzen und zu verstehen.

Saul, in seiner geschäftigen Zielstrebigkeit und Suche, lässt auf seinem Weg nur flüchtige Begegnungen zu. Weder findet er selbst die Eselinnen, trotz allen Eifers, noch lässt er sich auf die jungen Frauen am Brunnen ein, noch hat er zu Samuel mehr als eine oberflächliche Beziehung. Er spielt mit – jedoch ohne sich, seine Interessen und Leidenschaften, inspirieren zu lassen. Produktive Ideen und Möglichkeiten sucht nicht er, sondern er überlässt sie seinem Diener. Etwas anzüglich ließe sich sagen: Saul »steigt« den Eselinnen »nach« und er trifft junge Frauen »am Brunnen vor dem Tore«, schon damals einem der beliebten Treffpunkte – und er reagiert unberührt. Er zeigt keine Gefühle. Als gehorsamer Sohn denkt er nur pflichtbewusst an den offiziellen Auftrag seines Vaters, ohne die mehrtägige Reise in die Welt und in die Freiheit für sich zu nutzen. Schon jetzt lässt sich schlussfolgern: Weil Saul sein Herz für Weibliches, Gegengeschlechtliches nicht aufschließen kann, scheitert er daran, eine schöpferische Persönlichkeit zu werden (vgl. Winnicott, 1973, 78 ff.). Es sei eine Parallele gezogen: Jede der – anfangs ebenfalls spärlichen – Begegnungen Davids mit einer Frau wird einen wichtigen Reifungsschritt markieren und ist von den Autoren feinsinnig und sorgfältig gestaltet. Jeder dieser Kontakte bedeutet für Davids Individuation einen wichtigen Impuls, der das weitere Leben maßgeblich verändert (vgl. 6). Anders bei Saul.

Saul wird in all seinen Beziehungen geschildert als eine in geistiger Hinsicht passive, fremdbestimmte Persönlichkeit. In vielen Szenen könnte man ihn in der Art seines Glaubens als Marionette von Samuel und Gott bezeichnen. So auch, als Saul gesalbt wird. Er wird manipuliert, umfunktioniert: *Gott wandel-*

te sein Herz (10,9). Wir erfahren nichts von seiner Bereitschaft, wie er dazu steht, ob er die Wandlung wünscht, desinteressiert ist oder gar innerlich rebelliert. In seinen Kontakten mit Samuel scheint er nur flüchtige Ansätze einer eigenen Meinung und eigener Regungen zu haben.

Gleichzeitig ist er unzuverlässig. Eigenmächtig, aus Angst heraus, bringt er ein Dankopfer, was ihm nicht zusteht. Und später, in einem anderen Konflikt, muss ihn erst das Volk auf einen Fehler, eine Sünde, aufmerksam machen, ihm ins Gewissen reden, dann erst baut er seinen ersten Altar (14,33–35). – Derart innerlich abhängig, gelingt es Saul wenig, die eigene libidinöse Triebwelt (von lateinisch libido: Begierde, Lust, Willkür) zuzulassen und zu kultivieren; frustriert durch die mangelnde Befriedigung und innere Leere entwickelt er sich zunehmend zu einer destruktiv reagierenden, süchtig verfolgenden und neiderfüllten Persönlichkeit. (Die psychischen Wurzeln, Behandlungsmöglichkeiten und positiven Entwicklungschancen solch einer gar nicht so seltenen depressiven Charakterentwicklung findet sich an einem Fall aus der Praxis ausführlich beschrieben bei Dallmeyer, 1996.)

Die göttliche Instanz, orientiert an ihren neuen Idealen, lässt Saul gegenüber zunächst eine gewisse Nachsicht walten. Sie gibt Saul durch Samuel Vorwarnungen und lässt ihn als König weiter gewähren. Die marionettenhafte Abhängigkeit hinsichtlich positiver Aktivitäten bleibt, entsprechend nehmen die Willkürausbrüche weiter zu.

Saul weiß die psychischen Spielräume, die das göttliche Denken ihm, wie später auch David, öffnet und gewährt, nicht zu nutzen. Er ist anfangs willig und gottgefällig, wird aber uneinsichtig und gott-los. Dadurch wird Samuel, der ihn ursprünglich zum ersten König gesalbt hat, zum religiösen und psychischen Gegenspieler. Im Auftrag ihres gemeinsamen Gottes konfrontiert Samuel Saul mit den negativen Seiten seines Verhaltens. Schon jetzt sei auf einen überraschenden Aspekt der Erzählung hingewiesen, dem wir später nachspüren: In ihrer starren Abhängigkeit, ob übergehorsam oder ungehorsam, entsprechen sich Saul und Samuel wie die zwei Seiten einer Medaille; nicht zuletzt sind ihre Namen im Hebräischen »buchstäblich identisch« (vgl. Dietrich 1997, 35 und unten 3.1).

Es gibt neben dem Gehorsam und der Frömmigkeit einen

zweiten, höchst bedeutsamen Unterschied zwischen Samuel und Saul, den beiden Namensverwandten: *Samuel trug Leid um Saul* (15,35). Samuel fühlt stellvertretend für Saul Schmerz und Schuld. Saul ist offensichtlich unfähig zu trauern, Leid zu tragen und aus der Leidenserfahrung heraus zu lernen und zu reifen. Der junge Saul ist ein Mann, der tüchtig ist, der angestellt werden kann und sich bemüht – der aber keine Gefühle kennt und der das Fühlen delegiert. Mit seiner Art, operational in Handlungsvollzügen und Sachzwängen zu denken, hält er die zugehörigen Gefühlswelten von sich fern, nimmt sie nicht wahr. Insofern entspricht Saul durchaus auch modernen Männerbildern, Idealen von »cooler« Männlichkeit und seelenloser Funktionstüchtigkeit.

Samuel, dem *Seher,* gelingt es nicht, Saul den Weg zu mehr väterlicher und königlicher Reifungs-Potenz zu weisen. Samuel selbst hat als Vater versagt (1 Sam 8,3); von einer lebendigen Beziehung zu einer Frau erfahren wir überhaupt nichts. Beide, Saul und Samuel, bleiben weisungsabhängig, beide sind noch Vertreter eines dualen Oben-Unten-Ordnungsdenkens, das Reminiszenz spezieller frühkindlicher Abhängigkeitsmuster ist.

Saul, der erste König, kann den Anforderungen des göttlichen, guten Geistes und Denkens nicht entsprechen, er wird verworfen. Die Erkenntnis des definitiven Urteils über die disqualifizierte Vater-, Königs- und Leitfigur löst nun einen schlimmen Unruhezustand in Saul aus mit Gefühlen von Hilflosigkeit, Verfolgung und mit Untergangsängsten. Seine Notlage wird sich ab Kapitel 16,14 ff. fokussieren auf Wahn-Bilder: Dämonische, verfolgende Geister bemächtigen sich nun zunehmend seines Seelenlebens und beherrschen sein Verhalten.

David, von Samuel zum Nachfolger Sauls gesalbt, kommt Saul zu Hilfe. David tritt ebenfalls auf als ein Mann aus dem Volk, ein »Jedermann«, und als ein vom göttlichen Denken erwählter und geleiteter Mensch. Er hat sich der Auseinandersetzung mit den *bösen Geistern,* Fantasiebildern und Triebkräften menschlicher Destruktivität, auf eine neue Art zu stellen.

Die Gestalt des Königs Saul, wiewohl von hoher Faszination, steht nicht im Zentrum unseres Versuches. Er beschäftigt uns nur insofern, als er in Kontrast steht zu David. An sich verdiente er viel mehr Aufmerksamkeit, als ihm hier gewidmet werden kann; doch verhilft ihm die neuere exegetische Literatur mehr und mehr zu seinem Recht (Gunn, 1980; Exum, 1992).

In der obigen, sehr gerafften Darstellung werden feinfühlig die in den Texten verborgenen Zeichen der charakterlichen »Insuffizienz« Sauls aufgespürt: Groß und schön ist er – ist das aber entscheidend für einen König? Eifrig ist er zwar, seinem Vater zu Gefallen zu sein, aber nicht wirklich aktiv und vor allem nicht kreativ. Aus der sonst so verheißungsvollen Szene »Mann trifft Frau(en) am Brunnen« (vgl. 1 Mose 24; 29; 2 Mose 2,15–22) entwickelt sich bei ihm nichts. Er wirkt auf weite Strecken wie eine »Marionette von Samuel und Gott« – wohl wahr, aber rechtfertigt all dies das Urteil, er sei eine »in geistiger Hinsicht passive, fremdbestimmte Persönlichkeit«? Gewiss will dies kein historisches Urteil sein, sondern eine Zusammenfassung des in den Texten Gesagten in heutigen Begriffen. Ist aber in den Texten nicht auch anderes gesagt? Man kann das wenig Zupackende an Sauls Verhalten – etwa beim ersten Zusammentreffen mit Samuel in Rama 1 Sam 9,18–27 oder bei der Königskür 1 Sam 10,21 f. – ja auch ausgesprochen sympathisch finden: Da ist einer, der sich nach Bedeutung und Macht nicht drängt, sondern beides still und bescheiden entgegennimmt. Er wirkt zu Beginn wie ein großer, staunender Junge, wie ein unbeschriebenes Blatt – doch daran ist nichts Schlimmes, der junge Mann kann ja alsbald erwachsen, das Blatt kann sehr rasch beschrieben werden. Und genau das geschieht: indem nämlich »Gott ihm das Herz wandelte« (10,9) – ein Geschehen, das mit »Manipulation« doch sehr oberflächlich und wenig wohlwollend beschrieben ist. Der verwandelte Saul ist in der Lage, einen schweren Schlag gegen die drückend überlegenen Philister zu führen (10,13 f.). Dieser ursprüngliche Erzählzusammenhang ist jetzt freilich unterbrochen, Saul scheint nach seiner Salbung, Beauftragung und Wandlung in ein untätiges Warten zu versinken, bis er dann auf einer Volksversammlung öffentlich gekürt wird, 1 Sam 10,17 ff. Vor allem aber zeigt die Philisterkriegserzählung 1 Sam 13 f. in ihrer jetzigen Gestalt Jonatan als eigentlichen Sieger, Saul aber als einen, der ewig zaudert und alles falsch macht. Kurzum: Es hat eine Überformung der Saulüberlieferungen zuungunsten Sauls (und, hier noch kaum merklich, bei näherem Zusehen aber gut erkennbar: zugunsten Davids!) stattgefunden. Um ihn endgültig zu desavouieren, hat man Saul noch zwei heftige Zusammenstöße mit seinem Mentor Samuel angehängt (13,7b–15a; 1 Sam 15), ohne dass man ihm eigentlich irgendeine schwere Verfehlung nachsagen konnte; eher erscheinen da Samuel und Gott als kleinlich und missgünstig, denn Saul als »unzuverlässig« und »eigenmächtig«.

Saul mag nicht die allergrößte Führernatur gewesen sein (oder wird zumindest nicht als solche dargestellt), das ist zuzugestehen. Im Übrigen aber ist er m. E. mehr eine tragische als eine schlechte Figur. In der obigen Auslegung deutet sich das an: Gleich seine erste Vorstellung weckt den Eindruck, als habe Gott den ersten König (nur?) »nach äußeren Kriterien« ausgesucht. Kannte er seine inneren Schwächen etwa nicht? Und die wiederholte, autoritative Erklärung, er habe ihn verworfen und seinen Nachfolger bereits ausgewählt (13,14; 15,23.26), *muss* einen König wohl in einen »schlimmen Unruhezustand« stürzen. Ist es Schuld oder nicht vielmehr Schicksal, wenn einer zum König auserwählt wird, der, wie oben beschrieben, den an ihn gestellten Anforderungen nicht entsprechen kann? Mag sein, dass das, was nach der biblischen Darstellung mit König Saul vor sich ging, in heutiger, tiefenpsychologischer Terminologie als »depressive Charakterentwicklung« zu bezeichnen wäre, die »zu einer destruktiv reagierenden, süchtig verfolgenden und neiderfüllten Persönlichkeit« führt. Doch die biblischen Autoren beschreiben diesen Vorgang nicht nur mit einer erstaunlichen Genauigkeit und Einfühlsamkeit, sondern mit einer kaum zu verkennenden Anteilnahme.

In der obigen Deutung werden Samuel und Saul als in ihrer Charakterstruktur vergleichbar dargestellt. Das ist erstaunlich, erscheinen beide doch als voneinander grundverschieden: nicht nur, was ihre jeweilige Profession, sondern auch, was ihr gegenseitiges Verhältnis angeht. Hier jedoch wird hervorgehoben, dass sie beide in »starrer Abhängigkeit« verharren, beide extrem »weisungsabhängig« sind und insofern beide »noch Vertreter des alten dualen Oben-Unten-Ordnungsdenkens« sind. Damit eröffnet sich zweifellos eine interessante Perspektive – auch dem, der die kaum mehr latente Abwertung, die in diesen Begriffen steckt, nicht übernehmen möchte. In jedem Fall dürfte zutreffen, dass die Charakterbilder, welche die biblischen Autoren von Samuel und Saul entwerfen, in gewisser Weise Gegenbilder – oder etwas zurückhaltender: Seitenbilder – zu dem Bild Davids sind, das sie im Folgenden zeichnen wollen.

2.2 *Davids Sieg über Goliat: ein literarischer Traum-Sieg (1 Sam 16–18)*

Der Mensch sieht auf den äußeren Schein,
der Herr aber sieht auf das Herz.
1 Sam 16,7

2.2.1 *Das interaktionelle Geschehen zwischen David, Saul und Goliat*

Die Königsherrschaft Sauls ist in den Kapiteln 9–15 breit geschildert worden, nicht zuletzt seine zunehmende Maßlosigkeit und Selbstherrlichkeit. Der Prophet Samuel spürt vor allem Angst um sich, als er von JHWH hört, dass er einen unbekannten Neuen zum König salben soll: Er hat Angst, von Saul umgebracht zu werden. Samuel muss erst detailliert von seinem Gott angeleitet werden und von ihm einen Trick erfahren, um seine Panik zu überwinden. Als ihm der Erstbeste der Brüder Davids auffällt, wird er belehrt: *Schaue nicht auf sein Aussehn und seinen hohen Wuchs; ich will ihn nicht. Denn Gott sieht nicht auf das, worauf der Mensch sieht. Der Mensch sieht auf den äußeren Schein, JHWH aber sieht auf das Herz* (16,7). Samuel, in seiner naiven Gläubigkeit, fragt nicht, was für eine Persönlichkeit hinter der äußerlich stattlichen Fassade stecken mag. Schließlich salbt er, auf Gottes ausdrückliche Weisung, den jüngsten, unscheinbarsten der Söhne Isais.

Der junge David fällt durch angstfreie Unbekümmertheit und Lockerheit auf. Sein erstes Auftreten vor Saul schildern zwei unterschiedliche Versionen. Jede der beiden enthält einen anderen Konflikt und eine spezifische Herausforderung. In der ersten Version (16,14–23) wird David als Therapeut von den Dienern Sauls gesucht, denn nachdem der *Geist JHWHs* von Saul gewichen ist, quält ihn ein *böser Geist*. David folgt dem Ruf: Sein Gegner wird nun der gefährliche Verfolgungswahn Sauls und dessen *böser Dämon*. Mit Lautenspiel gelingt es David vorübergehend, die Symptome von Sauls Krankheit zu lindern. Saul *gewann ihn sehr lieb, so dass er sein Waffenträger wurde*.

In der zweiten Version (17,12–58) kommt David nicht wegen der psychischen Bedrohung zu Saul, sondern wegen einer äußeren, militärischen Gefahr. Eine ausweglos erscheinende Lage ist für König Saul und die Israeliten durch Goliat entstanden, einen übermächtigen Einzelkämpfer der Philister, den man nicht weniger als *bösen Dämon* sehen kann. Das Gewicht seiner Rüstung und seine Größe sind beängstigend und eindringlich beschrieben. In dieser Lage schickt Isai seinen jüngsten Sohn David an den Kriegsschauplatz, um die drei ältesten Brüder mit Proviant zu versorgen. Unversehens gerät er ins Kampfgeschehen und wird zum Vorkämpfer Israels. Der Ausgang des ungleichen Kampfes ist allgemein bekannt: Der knabenhafte Jugendliche, der zu klein und schwach für die Rüstung des Königs ist, trifft den Großen, Starken und Gepanzerten mit einem Stein seiner Schleuder ins Gehirn. David schlägt Goliat mit dessen großem Schwert den Kopf ab.

Beide Versionen münden in das 18. Kapitel und damit in den Dienst Davids in der Armee Sauls. Als der junge Offizier einmal mit Saul von kriegerischen Auseinandersetzungen zurückkommt, tanzen die Frauen des Volkes und singen (18,7):

Saul hat seine Tausende geschlagen,
David aber seine Zehntausende.

Die Gesänge ergrimmen Saul, er wird neidisch auf David, gerät außer sich und kann seine Mordimpulse nicht mehr zügeln (18,7–12). In seiner inneren Zerrissenheit wirft er zweimal seinen Speer nach dem braven, harfespielenden David. Saul bekommt Angst vor David, der sich schützen kann. Er erschrickt aber nicht vor seiner eigenen ungezügelten mörderischen Aggressivität und deren möglichen Folgen.

Saul verfällt immer mehr seinem *bösen Geist* und wird voll und ganz zum Verfolger Davids. Dieser Dämon Sauls erweist sich als ein viel schwierigerer Gegner als Goliat. David erscheint dabei als der Gute, Harmlose und Bemühte, der die Laute spielt, *wie er jeden Tag zu tun pflegte* (18,10), als sei er reinen Herzens. Doch erzählt der Text auch, dass David sich mit Jonatan, dem problematischen Sohn Sauls, verbrüdert, der ihm seinen Mantel, seine Rüstung, sein Schwert und seinen Gürtel vermacht. Jonatan schließt ihn *in sein Herz und er gewann ihn lieb wie sein eigenes Leben* (18,1).

Als einen weiteren Schachzug, um den Jüngeren aus dem Weg zu räumen, will Saul David eine seiner Töchter vermachen. Er hat die eigenartige Vorstellung, dass dann David, als Truppenführer, ein Opfer der Philister werden könnte. Auch das misslingt ihm. Er hat ihm seine Älteste versprochen. Als es soweit ist, hat er sie bereits vergeben. So gibt Saul ihm Michal, von der wir erfahren, dass sie David liebt. Ihre Liebe lässt sie zur Verbündeten Davids gegen den alten, in seiner Feindseligkeit erstarrten Vater Saul werden. Beraten von Jonatan und Michal flieht David.

David gelingt im Kampf gegen Goliat ein grandioser, anti-depressiver Wunschtraum-Sieg. Was könnten die tiefer gehenden Aussagen in der spannenden Kriminalgeschichte um Saul, David und Goliat sein? Im Folgenden wird versucht, die dargestellten Kampfszenen und Konflikte um Gut und Böse, Dienen und Herrschen, Groß und Klein auf drei unterschiedlichen psycho- und soziodynamischen Ebenen zu interpretieren.

Welche Vorstellung von einer Rettung Israels entwickelten die damaligen Erzähler? Auf den ersten Blick eine sehr einfache: David kam, sah und siegte gegen den übermächtig erscheinenden Philister-Gegner. Siegreich ist David jedoch nur über Goliat. In der anderen Aufgabe, dem *bösen Geist* in der Königsgestalt des Saul gewachsen zu sein, an der schon Samuel und sein Gott scheiterten, kann er sich nur durch eine lebensrettende Flucht behaupten.

Davids Erscheinen ist durch zwei höchst bedeutende Unterschiede zur Geschichte Sauls gekennzeichnet: Erstens ist zwar auch David, als er gesalbt wird, stattlich, *ein rotblonder Jüngling mit schönen Augen und von guter Gestalt* (16,12). Anders aber als bei Saul sieht der Herr *auf das Herz*, eine neue und provozierende Sichtweise: Dass ein Mann, der vom Herzen gelenkt wird, als Kämpfer, Politiker, Feldherr und König etwas erreichen kann, war wohl vor 3000 Jahren ähnlich schwer vorstellbar wie heute.

Was mag es bedeuten, dass *der Herr auf das Herz sieht?* M. E. stoßen wir hier auf die zentrale Metapher. Die Differenzierung zwischen einer menschlichen und einer »göttlichen« Wahrnehmungseinstellung macht uns auf eine Konflikt-Konstellation aufmerksam, die von der Psychoanalyse her vertraut ist. Keine Metapher – als solche ist sie durch ihre »übertragene« Bedeutung charakterisiert – kommt ähnlich häufig vor. Von den Erzählern der damaligen Zeit wird das *Herz* verstanden als Bild für die geistig-seelische Innenwelt, also für die Motivationen (Beweggründe) des Verhaltens und des Handelns, die sich dem direkten Blick entziehen. Angekündigt wird, dass der göttliche Blick die subjektiv-individuelle innere Wirklichkeit besonders beachten will, denn die äußere objektive Realität, die jeder nachprüfen kann, kann im menschlichen Kontext täuschen. – Ein Beispiel ist der amtierende König Saul: Er überragt vom äußeren Wuchs her alle Israeliten, doch innerlich ist er ein schwach entwickelter Mann und König, zunehmend unzuverlässig und destruktiv-narzisstisch, keine überragende Persönlichkeit.

Die uns vertraute geistig-seelische Aufspaltung zwischen Gefühl (Herz) und Geist (Kopf) spielt in den »Köpfen« der damaligen »Denker« wohl noch keine Rolle. Sie haben, wie sich an David zeigt, die Ganzheitlichkeit des Lebens und Erlebens mit ihren Widersprüchen und Konflikten im Blick. Daher werden auch ausführliche Szenen geschildert, die beschreiben, welche fatalen Folgen resultieren, wenn David zu sehr der inneren Stimme seines *Herzens,* sei es aus Trotz, aus Trauer oder aus Leidenschaft, folgt.

In der Heldengestalt des David soll ein neues, »gott-gewolltes«, ganzheitliches Bildungsideal realistisch dargestellt werden. Stärke wird umdefiniert. Im Fortgang der beiden Samuelbücher erleben wir einen Wandel des Menschenbildes, wie er auch für die heutige Zeit lohnend wäre: der äußere Schein von Stärke, das »Outfit«, und die Möglichkeiten von Muskelstärke werden als zu einseitig gesehen. Zu den nach außen orientierten Fähigkeiten, sich zu behaupten und sich selbst eindrucksvoll darzustellen, entwickelt sich als neues Moment die Vorstellung geistiger und emotionaler Konfliktfähigkeit. Die Meisterung alltäglicher Konfliktsituationen und der mit ihnen verbundenen Affekte wird szenisch-anschaulich, nur selten argumentativ-abstrakt, zur Diskussion gestellt.

Den reichen symbolischen Gehalt erhält das Herz in der Sprache und Literatur, weil es das körperliche Organ ist, das am deutlichsten wahrnehmbar auf Affekte und Spannungen reagiert. Das Herz kann uns daher das Verständnis für unsere Gefühlswelt und Reaktionen generell näher bringen. Die innere Welt der Begierden, der Affekte und der begleitenden Vorstellungen ist die treibende Kraft der Individuation.

Als zweiten Unterschied zwischen David und Saul lässt Gott, der als zentraler Akteur beschrieben ist, David bei einem königlichen Lehrherren lernen. König Sauls Vorbild und sein schwieriges Verhalten fordern ihn unausweichlich heraus, wie ein präsenter Vater seinen Sohn. David hat dadurch viele Jahre Zeit, sich im Sinne der göttlichen Vorstellungen zu verändern.

Mit dem Auftreten Goliats beginnt der Generationenkonflikt zwischen der Vaterfigur Saul und dem Jüngling David. Betrachten wir in dieser Konfliktkonstellation zunächst Saul. Er, ursprünglich der Größte und Stärkste der Israeliten, der alle um Haupteslänge überragt, ist seinen Herausforderern, ob Goliat oder später David, nicht mehr gewachsen. Saul beeindruckte bisher als Mann der Tat; nach dem Erzählten ist er aber kein Mensch, dem Innerlichkeit etwas bedeutet.

Zum Verständnis der latenten, unterschwelligen Leere-Depression des alternden Saul, seiner Liebes- und Beziehungsverarmung, gibt es zwei wichtige Hinweise, die sich ergänzen. Im ersten Zusammenhang (15,10–35) verlässt ihn, enttäuscht und vorwurfsvoll, sein bester Freund und wichtigster Ratgeber, nämlich Samuel, der Gottesmann. Saul könnte zumindest missverstanden und gekränkt reagiert haben. Den Vorwurf Samuels: *Warum hast du denn auf die Stimme des Herrn nicht gehört, sondern hast dich auf die Beute gestürzt und getan, was dem Herrn missfiel* (15,19), will er nicht wahrhaben. *Als nun der Geist des Herrn von Saul gewichen war* (16,14), quält ihn der Verfolgungswahn. In der zweiten auslösenden Situation ist Saul der Konkurrenz mit dem jungen beliebten Volkshelden David nicht mehr gewachsen, als die tanzenden Frauen auf der Straße ihr Lied singen (18,7). Die vorstrukturierte Krankheit kommt zum Ausbruch und beherrscht sein weiteres Leben, ausgelöst durch beide Kränkungen.

Saul ist in seiner narzisstischen Selbstbezogenheit unfähig zu Dankbarkeit und wirklicher Liebe. Er hat Angst vor seiner nachlassenden Kraft und Kampfesfähigkeit, letztlich vor dem Tod. In seinem verzweifelten Klammern an die königliche Macht denkt sein *böser Geist* nur noch eines: seinen Feinden und Freunden den Tod – das, was er am meisten fürchtet – zuzufügen; er hat wohl die Vorstellung, so könnte er seine Konflikte und Leiden beseitigen. Er könnte sich dann weiter im Gefühl seiner königlichen Allmacht wähnen, nämlich Herr über Leben und Tod zu sein.

Seine Kinder, Jonatan und Michal, versagen ihm die Unterstützung beim Ausführen seiner Wahnideen, während David, wehr- und hilflos, musizierend sich ihm als Opfer und Zielscheibe anbietet. Beide Kinder, Opponenten zu Sauls Destruktivität, ermöglichen David die Flucht; sie, die eigenen Kinder, stehen kritischer zu Saul als David. – Unterschwellig klingt die Frage an: Kann dieser David ein besserer König als Saul werden? Oder auch: Wie kann aus dem kindlich-abhängigen, überangepassten und naiven Jüngling ein selbstbewusster, seelisch unabhängiger und an göttlich-guten Werten orientierter König werden?

Im Generationenkonflikt zwischen beiden Männern werden auch Frauen wichtig. Der zunehmend vereinsamte Saul will nach wie vor von ihnen bewundert werden, obwohl seine körperliche Kraft nachlässt. Er hat keine kompensierenden geistigen Kräfte entwickelt, wie zum Beispiel eine lebensnah gereifte Altersweisheit; sie zeichnet später David aus. Die Leistungen anderer Menschen kann Saul nicht anerkennen, er missachtet sie. Blind vor Wut und Angst will er selbst den vernichten, der ihm am meisten hilft und dient. Alle Menschen, insbesondere Frauen, behandelt Saul, besessen von der entfesselten Macht seines Dämons, verächtlich, bestenfalls wie eine austauschbare Ware. So setzt er seine Töchter als Kampfmittel gegen David ein; ihre Gefühle bedeuten ihm nichts.

David ist zu dieser Zeit noch nicht offen für Frauen und für Weiblichkeit, auch nicht für Michal. Aber er lässt sich von ihr leiten, als sie ihn zur Flucht drängt. In dieser Zeit präsentiert David auf der einen Seite seine männliche Stärke als unerbittlicher, unbesiegbarer und kaltblütiger Kämpfer. Fremd muten andererseits seine musisch-sensiblen Fähigkeiten an, mit den ans Herz gehenden Klängen seiner Laute, die zeitweise den Dämon Sauls besänftigen können. Als Lautenspieler, Waffenträger und Dienstmann ist David völlig unterwürfig. Hätte er nicht in Michal und Jonatan zwei Hilfspersonen, die ihn wachsam und kritisch begleiten und auch vor Notlügen gegenüber dem Vater nicht zurückschrecken, David wäre wohl das Opfer Sauls und seiner eigenen lebensgefährlichen Unterwürfigkeit geworden.

Das Bild Davids ist zu dieser Zeit eines Königs nicht würdig. Wie Saul psychisch gespalten ist zwischen verborgener, passiver Liebeshoffnung und destruktivem Agieren, so ist David extrem widersprüchlich geschildert. Unkritisch und komplizenhaft liefert er sich Saul aus, z. B. als dieser von seinem künftigen Schwiegersohn hinterlistig *hundert Vorhäute von Philistern* (18,25) als Brautpreis fordert. David will wohl seine Stärke beweisen und bringt stolz die doppelte Anzahl (18,27). Die Maßlosigkeit der Mordgelüste Sauls erkennt er nicht. David lässt sich von ihm missbrauchen und potenziert Sauls Destruktivität.

Die äußerst bereitwillige, hingebungsvolle Knechtschaft Davids gegenüber Saul, oder moderner ausgedrückt: die latenthomophile »Lehrlingsliebe« und idealisierende Verehrung gegenüber seinem König sporn seine militärischen Leistungen an. Sie offenbart auch eine gefährliche, blinde Abhängigkeitsbereitschaft.

Man könnte sagen, dass der junge David zwar der kräftigste und pfiffigste Muskelmann weit und breit ist, aber in persönlich-nahen Beziehungen (zu Saul, Michal, zunächst auch Jonatan) ist er defensiv-anhänglich, ausgeliefert, willfährig. Immerhin, er spürt dies selbst und fühlt sich eines königlichen Schwiegersohnes nicht würdig. Bescheiden stellt er die ungewöhnliche Frage: *Wer bin ich? ... Wo ich doch ein armer und geringer Mann bin* (18,18.23). David braucht seine kämpferischen Auseinandersetzungen und seine Lehrjahre, um eine eigenständige Persönlichkeit zu werden. Saul hat zwar Samuel, um an einem Vorbild und Gegenüber zu lernen und zu reifen, doch kann sich Saul in seiner Verschlossenheit nicht auf ihn einlassen.

David, in seiner Bereitschaft zu dienen, ist auch ein Knecht und Lehrling seines göttlichen Herrn JHWH. Voll Vertrauen auf seinen göttlichen Meister wagt er sich an die schwierigsten Herausforderungen. In dieser frühen Phase gibt es noch keine Beispiele, wie er sich im geistigen Dialog mit ihm befindet. Aber seiner inneren Offenheit für Hilfe verdankt er die Flucht aus der gefährlichen äußeren Abhängigkeit und seine Rettung. David fragt selbst, in entwertender Diktion, nach seiner Identität: *Wer bin ich?* Als Antwort wird ihm die Aufgabe gestellt, sich auf die Konflikte mit den bösen, destruktiven menschlichen Kräften einzulassen, die unter den israelitischen Stämmen – und in ihm selbst! – für Desorientierung und die Gefahr des Untergangs sorgen.

Bisher interpretierten wir die Szenen auf der Ebene des vordergründigen interaktionellen Geschehens und der bewusstseinsnahen Gefühlswelten. In den beiden folgenden Kapiteln werden wir uns den Bühnen der intrapsychischen und unbewusst-abgewehrten Übertragungs-Konflikte zuwenden, um weitere Antworten auf die Identitätsfrage Davids und Hinweise auf Problemlösungen zu suchen.

In der vorstehenden Interpretation wird die Gegensätzlichkeit zwischen Saul und David nicht als rein dramaturgisch bedingt oder als echt historisch begründet hingestellt, sondern als die zu einem historischen Drama ausgestaltete Idee eines Fortschreitens vom Einseitig-Unvollständigen zum Vielseitig-Vollständigen: und dies nicht nur bezogen auf den Stoff der Samuelbücher, sondern auf das Bild des Menschen (und speziell des Mannes!) als solchen. Saul ist, wie so viele vor und nach ihm, ein »Mann der Tat«, sogar ein besonders eindrucksvoller: kraftvoll, hoch gewachsen – und doch »keine überragende Persönlichkeit«, im Innern »schwach entwickelt«, »kein Mensch, dem Innerlichkeit etwas bedeutet« und in der Folge »zunehmend unzuverlässig und destruktiv-narzisstisch«. Der »göttliche Blick«, den sich die Samuelerzähler zu eigen machen, richtet sich weg von der äußeren Erscheinung des Menschen (und damit weg von seelisch verarmten Kraftmenschen wie Saul oder den älteren Brüdern Davids und erst recht Goliat) hin auf das, was die »subjektiv-individuelle innere Wirklichkeit« eines Menschen ausmacht. So entsteht etwas wie ein Modell David: nicht als historisch präzises Porträt etwa, sondern als Anschauungsbeispiel dafür, wie ein Mensch sein sollte bzw. zu dem werden kann, was er sein sollte.

Es erhebt sich gegenüber dieser gewiss eindrucksvollen und der Grundtendenz der Texte entsprechenden Sicht eine doppelte Frage: Erstens, warum wird auch der junge David in auffälliger Häufung als »rotblonder Jüngling mit schönen Augen und von guter Gestalt«, als »schön von Gestalt« und nochmals als »rotblonder Jüngling von schöner Gestalt« geschildert (16,12.18; 17,42)? Sieht Gott etwa doch – auch – aufs Äußere: zumindest, um seinem Volk (nicht zuletzt auch dessen weiblichen Mitgliedern) die Zustimmung zu dem Mann seiner Wahl ein wenig zu erleichtern? Zweitens häufen sich in der obigen Schilderung Samuels und Sauls Attribute wie naiv, weisungsabhängig, autoritätshörig, starr, unsicher, selbstbezogen und hart, während David – jedenfalls mit Fortschreiten seiner »Entwicklung« – als modellhaft vorgestellt wird. Es sollte nicht übersehen werden, dass, wie Karl Barth feinsinnig beobachtet hat (1959, 404–434), Saul eine David-Seite hat und David eine Saul-Seite – und beide zusammen wohl auch eine Samuel-Seite. Die Akteure der Samuelbücher, gerade die drei zentralen, sind uns als überaus lebendige, farbige Gestalten vor Augen gemalt, vielschichtig, vielgesichtig, faszinierend, gewinnend, in manchem auch abstoßend, eben »echte« Menschen – nicht blasse Menschen allerdings, sondern starke, bedeutende, geschichtsprägende Persönlichkeiten. Ist also, so die Grundfrage, David allein und in allen Zügen das Modell, das uns in den Samuelbüchern vorgestellt werden soll – oder ist er es nicht eher zusammen mit den anderen

Gestalten, mit denen die Erzähler ihn umgeben? Und hat das Modellhafte nicht immer auch Züge des gar nicht Vorbildhaften, des Antimodells sozusagen, auf dass die Rezipienten sehen, wie Menschen sind, sein können, sein sollen, werden sollten – aber auch, wie sie nicht werden und sein sollen?

Der junge David, so lernen wir, ist von »bösen Dämonen« bedroht: Der eine haust in Saul, der andere heißt Goliat. Interessant, diese beiden Bedrohungen – die eine als von innen, die andere als von außen kommend – miteinander zu korrelieren (wiewohl dann der von Saul geschleuderte Spieß von außen auf David zukommt). Der »Dämon Sauls erweist sich als ein viel schwierigerer Gegner als Goliat«.

Diese Dimension gibt dem biblischen Text eine theologisch unheimliche Note. Saul gerät aus dem Gleis: Das beobachtet seine Umgebung und das wird auch er selber gespürt haben. Was niemand weiß außer dem Erzähler (und uns Lesenden, denen er es mitteilt), ist, dass hinter den Krankheitssymptomen »ein böser, von JHWH gesandter Geist« steckt (16,14). Der Text wagt sich zu der Behauptung vor, dass der eigentliche Feind Sauls nicht Samuel oder David ist, auch nicht er selbst, sondern – Gott. Wie ist das möglich? Hat Gott nicht, früheren Erzählungen zufolge, eben diesen Mann zum Königtum ausersehen (1 Sam 9,16) und für seine Einsetzung ins Königsamt gesorgt (1 Sam 10,20–24)? Wollen die Erzähler sagen, Gott habe sich geirrt oder habe gar Saul selbst wie Samuel und ganz Israel zum Narren gehalten? Eher fügen sie sich der schwer begreiflichen Realität, dass Saul uralter Überlieferung zufolge hoffnungsvoll und gottbegleitet begonnen hat und in Hoffnungslosigkeit und Gottverlassenheit geendet ist; der erste König Israels erlag dem Ansturm der Philister, erst David vermochte den philistäischen Druck zu brechen – und beides konnte doch wohl nicht ohne Gottes Wissen und Wollen geschehen sein. Freilich, man handelte sich bei dem Versuch, das Auf und Ab der Geschichte mit Gott in Verbindung zu bringen, düstere Züge im Gottesbild ein – statt diese in missgünstige Götter oder Dämonen auszulagern. Gott schickt Saul den bösen Geist, niemand sonst. Wer sonst käme dafür auch in Frage? Die Wirklichkeit darf sich nicht aufspalten in Bereiche, für die Gott zuständig ist, und solche, für die er es nicht ist oder für die andere zuständig sind. Die Wirklichkeit der Welt ist *eine,* genauso wie Gott *einer* ist. Gott und Welt gehören zusammen und müssen auch in unserem Denken zusammen bleiben: selbst an Punkten, wo sie einander diametral auszuschließen scheinen. Andernfalls muss der Gottesglaube früher oder später vor düsteren Erfahrungen kapitulieren. Dann bleibt der Mensch, der im Dunkel Gott nicht mehr anwesend glauben kann, mit dem Unheil allein. An Gestalten wie Saul (oder schon Kain oder auch Hiob) zeigt die Bibel, wie sich angesichts menschlicher Lebensschicksale das Angesicht Gottes verdüstern kann (vgl. Dietrich, 1997, 282 ff., und 2000, vor allem 70 ff.).

So wäre m. E. darauf zu achten, Saul nicht in einem zu ungünstigen Licht erscheinen zu lassen. Dass ein Mensch durch Gott »verwandelt« wird (1 Sam 10,6.9), das könnte man auch als Wunder ansehen – und nicht unbedingt als »hypnotischen Eingriff«, den da einer »mit sich geschehen lassen muss«. Es stimmt allerdings: In der biblischen Darstellung Sauls vermischen sich bewundernde, rühmende Töne mit eher abschätzigen und abwertenden. Vielleicht war Saul selber eine ambivalente Persönlichkeit. Jedenfalls aber gibt es in der Bibel Traditionen, die Saul wohlgesonnen, und solche, die ihm abgeneigt sind. Das hängt mit einer zunehmend »davidischen« Prägung der Samuelbücher zusammen, die sich nach und nach auch über solche Partien legte, die ursprünglich gar nicht von David, sondern etwa nur von Saul als dem ersten, großen König Israels gehandelt hatten. So mag es jetzt erscheinen, als habe Samuel dem Saul in 1 Sam 10,6 f. eine »problematische Blankovollmacht« erteilt. Auf einer älteren Textstufe war es ein sehr bestimmter Auftrag, dessen Ausführung jetzt erst in 1 Sam 13,4 mitgeteilt wird: Saul überfällt den Philisterposten in seinem Heimatort Gibea, erschlägt den dortigen »Vogt« und setzt damit das Fanal für einen langen Befreiungskrieg von der philistäischen Vorherrschaft, der ihn selbst das Leben kostet, den dann aber David zu einem siegreichen Ende führen kann.

Generell darf nicht in Vergessenheit geraten, dass nicht David der Begründer des Königtums in Israel und der eigentliche Staatsgründer war, sondern Saul. Saul legte die Grundlagen, auf denen dann der Judäer David sein – freilich viel umfassenderes – Reich und Königtum aufbauen konnte (vgl. Dietrich, 1997, 148–201). Die biblischen Autoren wissen das und übermitteln diese Kenntnis der Nachwelt, obgleich ihre Sympathien letztendlich viel mehr bei David als bei Saul liegen. Mindestens aus heutiger Perspektive, die nicht mehr die von Betroffenen ist, sollte es möglich sein, dem Königtum Sauls und damit auch seiner Person, die in der Bibel ja keineswegs einseitig negativ porträtiert wird, Gerechtigkeit widerfahren zu lassen.

Ungeachtet dessen ist die oben gebotene Analyse und Diagnose des Gemüts- und Krankheitszustandes Sauls sehr eindrücklich. Wie weit immer sie die historische Gestalt des Königs Saul trifft: Jedenfalls bietet die Bibel von ihm ein Persönlichkeits- und Krankheitsbild von solcher Präzision und Imagination, dass der moderne Analytiker es sehr genau verstehen und in seiner Terminologie beschreiben kann. Den biblischen Schreibern müssen kranke Persönlichkeiten von der Art Sauls bekannt und wichtig gewesen sein, so dass sie sich mit großer Empathie in sie einfühlen und ihre Gemütszustände und Handlungsweisen höchst realistisch und glaubhaft schildern konnten. Womöglich hatten sie bei der Darstellung des Saul-David-Verhältnisses sogar eine Ahnung von dem für die menschliche (bzw. männliche) Psyche und Entwicklung so grundlegenden Vater-Sohn-Konflikt. Denn immerhin lassen sie Saul den von ihm verfolgten David ausdrücklich und wiederholt mit »mein Sohn« anreden (1 Sam 24,17; 26,21). Selbstverständlich ist dabei nicht an physische Abstammung gedacht, wird vielmehr die familiale Begrifflichkeit, wie oft im Hebräischen und überhaupt in den semitischen Sprachen, symbolisch für andere soziale Beziehungen gebraucht; das ist ja in der modernen Psychoanalyse im Prinzip nicht anders.

David, vorgesehen als eine Art Modellfigur, gibt in dieser Phase ebenfalls kein eindeutig gutes, immerhin aber ein facettenreiches Bild ab. Gute Gaben, die ihn dann zum Vorbild werden lassen, schlummern in ihm, müssen erst noch geweckt werden und sich von dem auch in ihm angelegten negativen Potenzial lösen. Ihn kennzeichnet in seiner Anfangsphase eine bemerkenswerte Ambivalenz und Widersprüchlichkeit. Einerseits ist er – man denke an den Sieg über Goliat, das Siegeslied der Frauen, die zweihundert Philistervorhäute – ein »kaltblütiger Kämpfer«. Andererseits ist er »musikalisch-sensibel« – und vor allem ungemein anpassungsbedürftig und unterwürfig. Er wäre »Opfer seiner . . . lebensgefährlichen Unterwürfigkeit geworden«, hätten ihn nicht Sauls Kinder vor der rasenden Wut ihres Vaters gerettet und ihn zur Flucht gedrängt. Er wirkt Saul und dessen Kindern gegenüber merkwürdig »defensiv-anhänglich«, sogar »latent-homophile Lehrlingsliebe« zu Saul wird diagnostiziert (während die Bibel nur von Sauls Liebe zu David redet: 1 Sam 16,21).

Das Element des Weiblichen spielt zu der Zeit noch keine bedeutsame Rolle. In den Erzählungen über Saul ist davon ohnehin wenig zu vernehmen. Immerhin werden gelegentlich seine Ehefrau Ahinoam und seine Nebenfrau Rizpa erwähnt (1 Sam 14,50; 2 Sam 3,7; 21,8 ff.). Auch hatte er eine Reihe von Kindern, doch merkt man wenig von positiven Beziehungen zu ihnen. Zu seinem Ältesten Jonatan bestehen starke Spannungen (1 Sam 14; 20). Seine Töchter setzt er als »Kampfmittel gegen David« ein; immerhin kommt dieser dadurch doch zu seiner ersten Begegnung mit einer Frau: mit Michal. Von einer wirklichen Beziehung zu ihr hört man nichts.

Auch zu Gott, stellt der Analytiker fest, hat David anfangs eher das Verhältnis eines Kindes, ist »voll Vertrauen« zu ihm, während er den »geistigen Dialog« mit ihm noch nicht aufnimmt. Der Theologe wagt leise zu bemerken, dass biblische »Dialoge« mit Gott, auch wo sie sehr hart ausfallen (etwa in den Klagepsalmen oder in der Klage des Propheten Jeremia, z. B. Ps 6; Jer 20,7–13), immer von »Vertrauen« getragen bleiben – weil sie sonst vermutlich abbrächen. Der Gedanke an ein gleichrangiges Gott-Gegenübertreten, an eine volle Autonomie des Menschen Gott gegenüber, läge dem alttestamentlichen und wohl überhaupt dem gläubigen Menschen fern.

2.2.2 Goliat fordert heraus: erster Kampf mit einem Unhold

Wer sich aufmacht und in Florenz den alten Kommunalpalast Bargello besucht, um die lebensgroßen David-Statuen des Donatello und des Verrocchio zu betrachten, kann etwas Überraschendes entdecken: Zu Füßen des schlanken, lässigen Jünglings David liegt jeweils das mächtige Haupt eines relativ alten, zerquält-zerfurcht aussehenden Mannes mit wallendem Vollbart! Könnte nach Vorstellung beider Künstler der bartlose Jüngling ein Sohn dessen sein, den er getötet hat? Verbirgt sich im Kampf mit Goliat eine Vatermord-Fantasie oder zumindest ein mörderischer Rivalitätskampf mit einem älteren Bruder? Und wenn wir diese, das konventionelle Denken erschreckende Vorstellung bejahen müssen: Was bedeutet sie?

Für beide unbewussten Fantasien und Konfliktfelder gibt es Hinweise im Text. »Unbewusster Konflikt« würde heißen, dass David keinerlei Blick für seine infantilen Abhängigkeiten und Fixierungen hat und auch nicht für die Notwendigkeit, sich mit seiner latenten Aggression gegenüber den Primärobjekten seiner Kindheit (Eltern, Geschwister) auseinander zu setzen. Doch prägen solche Übertragungsbereitschaften bereits sein Verhalten: Vordergründig brav und sympathisch-hilfsbereit, agiert er zunehmend, blindlings und unermüdlich getrieben, seine Selbstbehauptungskämpfe in seinem Umfeld aus, wo er reihenweise und bedenkenlos mächtige Gegner tötet. Sein Verhalten als Kämpfer ist dem vergleichbar, das dem gefürchteten Goliat nachgesagt wird. Obwohl David von Samuel im Auftrag seines Gottes zum künftigen König gesalbt worden ist, fehlt David anfangs jede Einsicht und Motivation, auf dieses Ziel hin zu arbeiten.

Wie stellen sich Davids innere Abhängigkeiten dar? Über die Beziehung Davids zu seinem Vater Isai erfahren wir wenig, aber Wichtiges (17,12–20). Isai wird geschildert als ein fürsorglicher, liebevoller Vater, der David losschickt, um den drei ältesten Söhnen, die sich in Sauls Heer befinden, neuen Proviant zu schicken. Nicht zuletzt wird einer der Offiziere des Heeres reichlich bedacht. Isai legt Wert auf Korrektheit und Kontrolle, er will ein *Pfand* als Bestätigung haben (17,18). Auch soll sich David eilends auf den Weg machen und sich nach dem Befinden der Brüder erkundigen. – Isai ist in seiner aufmerksamen Zugewandtheit, Hilfsbereitschaft und väterlichen Besorgtheit ein gutes Vorbild für David, der später ähnliche Tugenden gegenüber dem gemütskranken Saul zu erkennen gibt. Gleichzeitig ist Isai durch seine wohlmeinende Güte ein Vater, mit dem es schwer sein muss, sich kritisch auseinander zu setzen. Der väterliche Auftrag bedeutet für David die äußere Trennung von seinem Familienverband. David kommt zu Saul, einer väterlichen Ersatzfigur. Bei ihm lernt David die negativen Wesensseiten *(bösen Dämonen)* kennen, die ihm aufgrund der positiven Erfahrungen mit seinem Vater fremd sind. David, in seinem Gehorsam, *ging hin, wie ihm Isai geboten hatte* (17,20).

Ganz anders verläuft die Szene zwischen David und seinem ältesten Bruder Eliab, von dem man Dankbarkeit für den Botendienst erwarten könnte. Kaum, dass sie voneinander hören, geraten sie miteinander in Streit (17,28–30). David hat Goliats Auftreten und die Angst der Israeliten miterlebt. Er fühlt sich herausgefordert, ihn reizt auch die Kopfprämie des Königs. Bevor es aber zum Kampf mit Goliat kommt, muss sich David im Wortgefecht gegen seinen großen Bruder behaupten, denn Eliab mischt sich vorurteilsbeladen, bevormundend und überheblich in die Gespräche Davids mit den anderen Männern ein. Er wirft David Versäumnisse, *Vermessenheit* und einen *schlimmen Sinn* vor. David hat keine Schwierigkeiten, sich gegen den Großen zu behaupten: Mit einer hingeschleuderten Bemerkung fertigt er den Bruder ab und lässt ihn damit einfach stehen, sozusagen, als sei dieser für ihn bereits erledigt.

Solche Formen souveräner Selbstverteidigung fehlen David gegenüber Saul fast völlig. Nur in der symbolischen Szene, wo Saul ihm die königliche Rüstung und sein Schwert anlegen will, besinnt sich David auf seine eigenen besseren Möglichkeiten. Die übergroße Rüstung, der Panzer des Königs, hätte ihn gelähmt und behindert.

Wer ist der »Philister« Goliat? Die ausführliche Beschreibung der Größe dieses gefährlichen Kriegsmannes beeindruckt seit Jahrtausenden, nur – wer nüchtern nachrechnet – die Längenmaße passen nicht zur menschlichen Wirklichkeit. Selbst wenn man die kleinste der verschiedenen Maßeinheiten für eine Elle verwendet (nach Brockhaus, 1997), hätte Goliat mehr als drei Meter groß sein müssen. Wie lässt sich das Geheimnis seiner Faszination, die Wirkung der dichterischen Übertreibung, verstehen?

Goliat korrespondiert mit einem unsterblichen Traumbild. Er ist ein übermächtiger, grandios-bedrohlicher und vieldeutiger männlicher Geist, Riese oder Dämon, wie ihn die meisten Menschen aus Angst- und Albträumen kennen, eine überlegene, imposante Gestalt, die durch ihre archaische Primitivität, bedrohliche Nähe oder vergewaltigende Annäherung meist Unterlegenheits- oder gar Untergangsängste auslöst, die aber auch zum Kampf herausfordern kann. Solch ein Riese erscheint als wenig differenzierte Objekt-Repräsentanz von Männlichkeit in vielen Träumen und Märchen.

In unseren nächtlichen Träumen spiegeln sich in verschlüsselten Bildszenen aktuelle Tageserlebnisse wider. Gleichzeitig wurzeln die Träume in einer

Vorgeschichte, in eingravierten affektbeladenen Kindheitserlebnissen, die unauslöschbar, überwiegend unbewusst, hängen geblieben sind. Traumszenen, sowohl entstanden aus reaktualisierten Engrammen der seelischen Frühzeit wie aus dem aktuellen Tagesgeschehen, beinhalten eine Botschaft, die Erfüllung eines Wunsches (Freud, 1900), oder sogar den Entwurf einer Problemlösung (Benedetti, 1998); in ihnen stellt sich der Träumer in einer momentanen Verfassung selbst dar – in der Sprache seines Traums.

In den letzten drei Jahrhunderten ist dem allgemeinen Denken und Sprechen die Traumfähigkeit weitgehend verloren gegangen. Nach Thomas ist unsere moderne westliche Welt charakterisiert durch ein »Fehlen der Neugier« und durch »Misstrauen« gegenüber der Welt der Träume: »Unsere analysierende und diskriminierende Art zu denken neigt dazu, den Traum der Realität gegenüberzustellen, mit einem impliziten negativen Werturteil über die Traumwelt« (1997, 145).

Durch seine »Kulturanalyse« baut Lorenzer (1986) Brückenpfeiler des Verständnisses zwischen Früher und Heute, Traum und äußerer Wirklichkeit, indem er Gemeinsamkeiten zwischen den Träumen und den Funktionen öffentlicher Kunstwerke – sei es der David des Michelangelo, ein literarischer Text oder ein Gebäude – charakterisiert: »Die ›kulturellen Zeugnisse‹ bergen, analog den Traumbildern, die verpönten Lebensentwürfe. Sind die Traumbilder in der psychoanalytischen Therapie Zwischenstationen der Erkenntnis des Unbewussten, so sind die kulturellen Objektivationen, auf die sich eine Kulturanalyse richtet, Zwischenstationen der Äußerung sozial unterdrückter Praxisentwürfe – oder Bollwerke wider sie. Anders ausgedrückt: Die kulturellen Objektivationen sind entweder Symbole der Freiheit oder Symptome des Zwangs« (S. 85). Der literarische Traumsieg Davids über den so mächtig erscheinenden, hoch gerüsteten Goliat lässt sich als ein symbolischer Akt der Freiheitssuche und Selbstbehauptung verstehen. In ihm werden Denk- und Handlungsmuster »öffentlich« zur Diskussion gestellt, »es gilt, die Wirkung, die sich im ›Leser‹ einstellt, zu verstehen und im ›Leser/Interpreten‹ einsichtig zu machen, um so die Grenze zu den noch-nicht-bewusstseinsfähigen Lebensentwürfen zu verändern« (S. 86).

In der mythischen Erzählung beginnt David, der Jüngste und in Kinderzeiten Schwächste seiner Familie, seinen »verpönten Lebensentwurf« zu realisieren; er besiegt seinen ersten übermächtig erscheinenden »Rivalen«, allen besserwisserischen Zweiflern (besonders Eliab und Saul) zum Trotz. Er beweist allen, wozu er fähig ist. Das alte Traummotiv Stirb-und-Werde kennzeichnet visionär in einem ersten Reifungsschritt das Überwinden alter Unterwürfigkeitsmuster und den Beginn eines mutigen Ja zum Wachsen eigener körperlicher und geistiger, libidinöser Kräfte. David fühlt sich zu mehr fähig als zu Dienstleistungen und kämpft dafür.

David erschlägt in Goliat einen gefürchteten Dämon, aber was bedeutet seine unkritische und hörige Ohnmacht, sein Gelähmtsein gegenüber dem *bösen Geist* in König Saul? Davids psychische Reaktionen auf Rivalitätskonflikte sind kontraphobisch: Alle anderen geraten in Angst und Panik, nur er – sein bewusstes Ich – nicht; er zeigt, dass er keine wilden Tiere und keine Wildheit von Männern wie Goliat scheut, er ist voll übermütigem Selbstvertrauen und ist positiv identifiziert mit seinem dienstbereiten Vater (nicht zuletzt auch seinem Gott-»Vater«).

Jedoch, wenn man davon ausgeht, dass die anderen Gestalten – die israelitischen Krieger und Saul – in der Goliatszenerie projizierte andere Aspekte seines David-Ich widerspiegeln, dann zeigt sich eine starre Abwehr realitätsgerechter Ängste. Ängste erkennt Davids Ich ausschließlich in den anderen: Die lähmende Angst der »anderen« Männer (Israeliten) zeigt, wie sehr sein bewusstes David-Ich eigene Ängste noch verleugnen muss – denn so wie die anderen will sein Ich nicht sein. Davids Leben wäre höchst gefährdet, bliebe er auf diesem psychischen Entwicklungsniveau einer recht eingeschränkten Realitätsprüfung fixiert. Und tatsächlich muss David bald von Jonatan und Michal zur Flucht gedrängt werden, damit er sich retten kann, nun vor der übermächtigen Aggressivität des *bösen Geistes* in der Vaterfigur des Saul, den er blindlings als königliches »Objekt« idealisiert und dadurch verkennt. Mit seiner Musizierkunst ist er ihm nicht gewachsen.

Das »Objekt« ist ein zentraler Begriff psychoanalytischen Denkens. Es lohnt sich, ihn etwas zu erläutern, da wir dann die komplexen »Objektbeziehungen«, Schicksale und Konflikte unserer Romangestalten differenzierter verstehen können. Vereinfacht lässt sich sagen, dass aus der kindlichen, selbstbezogenen Sicht eines Subjekts andere Menschen »Objekte« sind, d. h. »Gegenstand« seiner Bedürfnisse und einer notwendigen altersgemäßen Bedürfnisbefriedigung. Befriedigt ein Objekt (z. B. Mutter oder Vater) die elementaren Bedürfnisse eines Kindes ausreichend gut, bleibt es als »gutes Objekt« in Erinnerung; wird ein Kind hingegen zu sehr vernachlässigt, macht sich Frustration und ein Gefühl von schlecht sorgenden »bösen Objekten« breit. Die frühen Erfahrungen werden allmählich verinnerlicht und hinterlassen intrapsychisch unauslöschliche Erinnerungsspuren (Repräsentanzen): entweder angenehme Grundgefühle von Vertrauen in die Verlässlichkeit anderer Menschen, in die Welt schlechthin und eine positive Einstellung für die eigenen Wünsche, Kräfte und Möglichkeiten – oder basale Gefühle von Misstrauen, Verzweiflung, Angst, Hoffnungslosigkeit und

u. U. von rachsüchtiger Wut. Letztere hinterlassen vor allem schwer erträgliche Zustände von Selbst-Unsicherheit und die Schwierigkeit, für sich selbst in ausreichender Weise zu sorgen.

Der erstaunlich typisierend-präzise beschriebene Krankheitsausbruch Sauls – als ihn ein *böser Geist* zu quälen begann (16,14) und er *sehr ergrimmte* und *außer sich geriet* (18,8.9) – lässt sich aufgrund der Objektbeziehungs-Theorie besser verstehen, indem wir seine Affekt-Reaktionen in Analogie zu den Reaktionen eines höchst bedürftigen Kleinkindes bringen: Als JHWH seine Aufmerksamkeit von Saul abwandte und Samuel sich zurückzog, wurde Saul die Grundlage dessen genommen, was ihn »groß« und bedeutend gemacht hat. Aus seiner Einsamkeit und inneren Leere (an positiven inneren Objekt-Repräsentanzen) heraus wurden übermächtige »böse innere Objekte« und die mit ihnen verbundenen Affektwelten wiederbelebt. Davids Harfenspiel und selbstlose Zuwendung linderte zunächst Sauls Verlassenheitszustände soweit, dass er David *sehr lieb gewann* (16,21). Als David jedoch eigenen Interessen nachging und beim Volk beliebter wurde als Saul, brach dessen Gleichgewicht erneut zusammen und ein rasender Neid – auf das völlig für sich beanspruchte Liebes-Objekt – verdrängte alle anderen Gefühle; er sann paradoxerweise nur noch danach, David zu eliminieren und zu vernichten, anstatt seine Hilfe weiter in Anspruch zu nehmen.

An der Kollusion zwischen Saul und David wird deutlich, wie ein Zwei-Personen-Konflikt auch eine zweiseitige Sicht erfordert: hier wurde eben aufgezeigt, wie Saul übersteigerte Affekt-Reaktionen aufgrund ungestillter Bedürfnisse nach liebevoller Aufmerksamkeit und Zuwendung auf David überträgt. Zu bedenken ist aber auch die naiv-idealisierende Vater-Übertragung Davids auf Saul, die sicher Sauls jähzornige Reaktion förderte. Denn später, als David Saul in anderer Weise gegenüber tritt – selbst- und machtbewusster, den Konflikt klar ansprechend und gleichzeitig sensibel und rücksichtsvoll – reagiert auch Saul verändert (vgl. 4.4 bzw. 1 Sam 24,17–19).

Psychoanalytische Objektbeziehungs-Theorien versuchen, typische Verhaltensweisen von der Reifung, von den Formen der Bezogenheit her (bzw. Differenzierung von Ich-Funktionen) her zu beschreiben. So lässt sich sagen, dass Goliat Besitzgier, Hass und Aggression auf einem reiferen Objektbeziehungs-Niveau verarbeitet hat als Saul: ihm geht es nicht mehr um ein Beseitigen der begehrten Objekte (Israeliten), sondern um »Herrschaft und Besitz« (Abraham, 1969, 175–177). Goliat verhöhnt die Israeliten: *Bin ich überlegen ..., so sollt ihr unsere Knechte sein und uns dienen* (17,9). Goliat will das Objekt unter seine völlige Kontrolle und Gewalt bringen. Auch Goliat ist aber zum Scheitern verurteilt, da ihm solch ein übermächtiger, totalitärer und abgespaltener Machttrieb den Blick für die Realitäten des Objekts (des starken Gegners David) verstellt. – David braucht einen mühsamen Lernprozess, um aus seiner Naivität heraus Fähigkeiten zur Objekt-Wahrnehmung und Objekt-Liebe reifen zu lassen und um einigermaßen fähig zu werden, seine elementaren Triebkräfte zu kontrollieren.

Die wesentliche Erkenntnis dieser Auslegung der Geschichte von David und Goliat ist, dass wir es in ihr mit einem – gleichsam nur sekundär in »Historie« übersetzten – »Traumbild« zu tun haben. Der Weg zu einer solchen Interpretation ist frei mit der Einsicht in die Unhistorizität der Erzählung (vgl. dazu Dietrich, 1995 und 1996, sowie, viel breiter und mit anderem Ansatz und teilweise anderer Zielsetzung, Nitsche, 1998). David hat Goliat nicht erschlagen. Ein ungewöhnlich, aber nicht übernatürlich großer philistäischer Einzelkämpfer namens Goliat wurde von einem gewissen Elhanan erschlagen, einem Gefolgsmann Davids (2 Sam 21,19). Dass Elhanan wie David aus Betlehem stammte, mag mit dazu beigetragen haben, dass diese Heldentat ihm irgendwann ab- und dem berühmteren Betlehemiter David zugesprochen wurde. In der jetzigen hebräischen Textform von 1 Sam 17 (die griechische dürfte auf eine gekürzte Fassung zurückgehen) sind zwei David-Goliat-Geschichten zusammengewoben und von dem Gesamterzähler der Davidgeschichte sowie verschiedenen Ergänzern zu einer Symbolgeschichte von Stark und Schwach, von Sieg und Niederlage, von Vertrauen auf die eigene Macht und Vertrauen auf die Macht Gottes ausgestaltet worden.

Der große Doppeltraum von panischer Angst der Schwachen vor den Starken und vom völlig unerwarteten Sieg eines Schwachen über den Allerstärksten ist hier urbildhaft in eine Historienerzählung gegossen worden. Dass sie etwas mit Vatermord-Fantasien zu tun hat, beweisen nicht nur verschiedene Statuen und Gemälde, sondern auch die eigene Erfahrung des hier Schreibenden: Einer seiner Söhne, etwa vierjährig, schwang über dem Vater, als dieser vor ihm die Treppe hinunterging, ein gewaltiges Holzscheit; und als der Vater ahnungsvoll herumfuhr und das Kind ob seines bedrohlichen Tuns schalt, antwortete dieses mit schuldlosem Lächeln: »Ist ja nur David gegen Goliat, Papa!« Für die Kinder und Schwachen und Unterdrückten aller Zeiten und auch für die meisten Künstler war die Geschichte von David und Goliat immer ein Quell der Ermutigung.

Freilich hat diese herrliche Ermutigungsgeschichte auch ihre Widerhaken. Goliat ist der erste Feind, den David (eben: der Legende nach) fällt. Es werden danach noch viele sein. David erweist sich als der Größte und Stärkste: auch das ein Traum, aber, wenn nicht irgendwann korrigiert bzw. kultiviert, ein höchst bedenklicher.

Die Geschichte von Davids Sieg über Goliat könnte von kleinen oder auch größeren Männern als Aufforderung missverstanden werden, noch mehr Goliat zu sein als Goliat. Doch wehrt sie sich entschieden dagegen. Goliat ist so monsterhaft gezeichnet, dass ihn sich in Wirklichkeit niemand zum Vorbild nehmen will. Die normalerweise als probat geltenden Mittel, mit solch gefährlichen Kerlen fertig zu werden – eine angemessene Bewaffnung, wie Saul sie David anbietet –, werden hier gerade verworfen (17,38 f.); kein Polizist dürfte in einen gefährlichen Einsatz so gehen, wie David dem Goliat entgegengeht. Der gelungene Schuss mit dem Schleuderstein ist derart glückhaft, ja geradezu unwahrscheinlich, dass die Geschichte sich für keine echte Soldatenausbildung eignet. Männer, die, auf dem Schlachtfeld oder im alltäglichen Kampf des Lebens, Heldentum à la David-gegen-Goliat ausleben wollten, lebten gefährlich und gefährdeten andere.

Im Text selbst wird einem militanten oder militaristischen Missverständnis der Goliatgeschichte vor allem dadurch vorgebeugt, dass der Sieg über den Riesen nicht eigentlich David und seinem geschickten Umgang mit der Schleuderwaffe zugeschrieben wird, sondern – Gott. »Du kommst zu mir mit Schwert, Speer und Wurfspieß«, erklärt David seinem Gegner kurz vor dem entscheidenden Punkt der Begegnung; »ich aber komme zu dir mit dem Namen JHWHs der Heerscharen . . . JHWH schafft Sieg nicht durch Schwert und Speer; denn JHWHs ist der Krieg, und er wird euch in unsere Hände geben« (17,45.47). Die Erzähler nehmen damit allen Kriegsbegeisterten und selbst ernannten Goliattötern die Waffen weg und geben Krieg und Sieg Gott in die Hand. Nicht, wer gut bewaffnet ist und geschickt mit Waffen umgeht, wird überleben, sondern wer Gott vertraut. Waffenglaube und Gottesglaube geraten in Gegensatz: ein bemerkenswerter Vorgang angesichts einer streckenweise äußerst kriegerischen Geschichte von so genannt biblischen Religionen (der christlichen vor allem, in gewisser Weise auch der muslimischen, kaum dagegen bis in allerjüngste Zeit der jüdischen).

2.2.3 *Goliat als Projektion gefürchteter Größe*

Wer einem anderen Menschen gegenübertritt, begegnet in der Art seines subjektiven Blickes immer auch sich selbst. Im Erfassen des Fremden versuchen wir, uns ein Bild zu machen. Je länger wir betrachten und je weniger die fremde Gestalt uns mitteilt, um so mehr werden unsere Vorstellungen über andere von eigenen unbewussten, uns fremden Fantasien geprägt (Vorgang einer Projektion).

Hierbei kommt es nicht nur zu einer unbewussten Übertragung von real vorgegebenen Eltern- oder Geschwisterbildern auf die andere Person, wie im vorigen Kapitel dargestellt (Objekt-Stufe). Bei einer Projektion auf der Subjektstufe geht es um unbewusste Selbstbilder, mit denen wir im Konflikt sind und Schwierigkeiten haben.

Die unterschiedlichen Sichtweisen hat Kemper herausgearbeitet (1955, 155): »Trotz der Erkenntnis FREUDS, dass die im Traum auftretenden Personen, Figuren oder sonstigen Objekte auch Anteile des Träumers selbst seien, hat erst JUNG die systematische Anwendung dieser Art der Deutung eingeführt. Er hat sie mit der Bezeichnung »Subjektstufendeutung« der von Freud bevorzugten »Objektstufendeutung« gegenübergestellt und ihr bald auch eindeutig den Vorrang gegeben. Diese Deutung auf der Subjektstufe hat zweifellos den großen Vorzug, dass sie dem Träumer wegen ihrer nahen Verwandtschaft mit seiner inneren Befindlichkeit meist unmittelbar zugänglich ist. Statt dass der Traum nur dazu dient, um zu den erhellenden Einfällen über (noch so wichtige) aktuelle oder frühere Personen oder Situationen zu gelangen (= Objekt-Stufe), fühlt der Träumer sich bei der Interpretation seines Traumes auf der Subjektstufe vom Therapeuten unmittelbar auf seine aktuelle innere Verfassung und Befindlichkeit angesprochen.«

Ein Grundmuster der Projektionen ist, dass eine Person das, was für sie unangenehm oder unverträglich ist, in irgendeiner Form affektiv intensiviert an anderen Menschen wahrzunehmen glaubt. Dieser vermeintlichen Wahrnehmung liegt meist eine Verzerrung zugrunde, weil sie einseitig, subjektiv überbewertet wird. Verkennung und empathische Einfühlung können hierbei eng verschwistert sein. Dieckmann (1977, 21) beschreibt die Vorgänge, die wir in der Subjektstufen-Deutung eines literarischen Textes erfassen, recht treffend: »Zur Behandlung von Märchenstoffen auf der Subjektstufe werden die in ihnen enthaltenen Figuren und Symbole als Teilaspekte der Psyche eines einzelnen aufgefasst, d. h. bestimmte, im Subjekt miteinander kollidierende Wünsche, Strebungen, Triebansprüche und Teilseelen sind in den auftretenden Personen figürlich ausgedrückt und stehen mit der bewussten Ich-Funktion teils in Partnerschaft, teils im Konflikt«.

In Goliat sehen die israelitischen Kämpfer um Saul das Feindbild eines übergroßen, gefährlichen Mannes und unbesiegbaren Kämpfers. Ihre Angst ist übersteigert, von Projektionen gespeist, denn so hemmungslos und schlimm, wie sie ihn sehen, wollen sie selbst – vor ihrem Selbstbild – keinesfalls sein. Dieser

Riese präsentiert sich ihnen nicht nur »real« mit den vermeintlich überdimensionalen Ausmaßen seines Körpers und seiner Rüstung. Goliat zeigt auch, in projektiver Hinsicht, das narzisstisch geprägte Bild eines überheblichen, anmaßenden und höhnischen Verhaltens. Er erscheint erstarrt in der eigenen Selbstherrlichkeit, in ausbeuterischer Macht- und Besitzgier und ist schamlos orientiert am eigenen Vorteil; ein Typ, der blind ist für Schwächere wie David und für eigene Schwächen; einen differenzierenden Blick für neue Verhältnisse hat dieser scheinbare Riese nicht entwickelt; sein Denkvermögen hat sich reduziert auf narzisstische Bahnen von eigener Überlegenheit und Stärke. So stirbt Goliat an seinem primitiven, infantilen Überlegenheitswahn, und niemand betrauert ihn. – Unschwer kann sich der unbefangene Betrachter daran erinnern, dass letztere – in Goliat gesehenen – narzisstischen Wesenszüge (Eigen-Mächtigkeit, bezogen auf die Vorstellungen ihres Gottes, und Selbstbereicherung) sehr ähnlich denen sind, die der Gott der Israeliten so oft schon seinem Volk vorgeworfen hat, zuletzt unmittelbar im Kampf mit den Amalekitern (1 Sam 15). In Goliat könnten die Israeliten ein eigenes Spiegelbild erkennen, doch sie sind starr vor Angst und Abwehr.

Goliat, Inbegriff eines übermächtigen Feindbildes, lässt also nicht nur Züge eines arroganten großen Bruders wiedererkennen oder die überlegene Macht des Vaters, bei dessen Forderungen sich Söhne im Alter um die Pubertät oft gedemütigt und als »Knechte« fühlen. Der scheinbar nur *bescheidene Knabe* David mit seinem geringen Selbstwertgefühl begegnet in Goliat darüber hinaus auch eigenen, abgewehrten Größenfantasien, ausufernden narzisstischen Wünschen, groß und stark zu sein und alle zu beherrschen. Bei der inneren »Aufspaltung« (Kohut, 1973, 215) sind die Ich-Strukturen seines Denkens und Fühlens noch recht unentwickelt bzw. eng fixiert: David präsentiert sich nach außen als der nur brave, dienende Sohn und Knecht, jeder »böse« Geist scheint ihm abzugehen. Die als »negativ« erscheinenden Selbstaspekte, in denen sich auch kraftvolle Wunschträume verbergen, sind bei David abgespalten, aus dem Bewusstsein verdrängt und auf andere Menschen projiziert (Goliat und Saul). David fühlt sich in seiner Jugend den primitiven Natur- und Triebkräften gegenüber insofern sicher, dass er stolz ist auf seine Ideale, gefestigt im Gefühl seines Geringseins und der Verzichtbereitschaft auf Macht und Besitz. Gerade er wird durch seinen Gott erwählt und herausgefordert, groß und mächtig, eine verantwortungsfähige Führerpersönlichkeit zu werden.

Dies ist ein – kleines, aber gehaltvolles – Beispiel tiefenpsychologischer Bibelauslegung, dem der Theologe kaum viel hinzuzufügen vermag. Eher möchte er verstehend nachvollziehen, was dem Analytiker an dem Gegenüber von David und Goliat deutlich wird. In Goliat treten David nicht nur verdrängte Angstbilder vom Vater und den Brüdern gegenüber, sondern auch ein »abgespaltenes« Bild seiner eigenen Wünsche. Selbstverständlich ist Goliat so abstoßend-erschreckend und brutal-überheblich geschildert, dass kein aufrechter Israelit mit ihm irgendetwas gemein haben möchte. So jedenfalls urteilt das klare Bewusstsein; was im Unterbewussten vor sich geht, ist eine andere Frage. Unbewusst wäre jeder aufrechte Mann gern Goliat, ein bisschen wenigstens.

David nun erscheint als der rechte Mann, diesem von eigener Größe und Stärke besessenen Goliat entgegenzutreten. Seine gewinnende Bescheidenheit, gepaart mit schlichter Frömmigkeit, sollten ihn einigermaßen immun machen gegen Größenwahnideen, die ihn nach einem Sieg über Goliat ankommen könnten. Dass Gott sich gerade einen solchen Mann erwählt, ist durchaus symptomatisch für biblisches Denken; die Bibel mit ihrem großen und einen Gott lässt die Vergötterung von Menschen, auch noch so großen, nicht zu. Wenn in Israel ein wahrhaft großer König erstehen soll, dann darf er nicht von Haus aus groß und mächtig sein, sondern muss mitten aus dem Volk kommen.

Nun kann aber nicht verschwiegen werden, dass David sich vor dem Zweikampf mehrfach und sehr angelegentlich erklären lässt, was derjenige gewinnt, der diesen Riesen besiegt: für sich selbst Reichtum sowie des Königs Tochter und für seines Vaters Haus Steuerfreiheit (17,25.27.30). Ganz so arglos ist der »bescheidene Knabe« also nicht zum Kampf gegen Goliat angetreten. Darum ist die Vermutung gar nicht textfremd, David begegne »in Goliat auch eigenen, abgewehrten Größenfantasien«. Nun soll und will er sich aber nicht radikal von aller Größe und Stärke lossagen, sie gar in sich niederschlagen. Er soll der große und starke König werden, den Israel benötigt, um mit diesem und allen anderen Goliats fertig zu werden – und er will dies auch. Schließlich ist er, dem biblischen

Kontext zufolge, bereits gesalbt und wartet darauf, wie die ihm damit gegebene Zusage sich erfüllen wird. Dazu muss er den Wunsch nach Größe und Stärke nicht niederschlagen, sondern ihn in sich »zulassen« und »kultivieren« – biblisch würde man vielleicht sagen: sich durch die lenkende Hand Gottes zu dem Menschen prägen lassen, den Israel in dieser Situation an seiner Spitze braucht.

3 Rekonstruktion: Die geistig-seelischen Hintergründe des Romans (1 Sam 1–8)

Richtet euer Herz auf den Herrn
und dient ihm allein,
dass er euch aus der Hand der Philister errette.
1 Sam 7,3

Willfahre dem Begehren des Volkes ...
1 Sam 8,7.9.22

3.1 Davids ideelle Eltern: ein Mythos von der Geburt des Helden (1 Sam 1–3)

Der revolutionäre Entwicklungsroman beginnt mit besonderen Geburtsumständen, wie wir am Beginn eines Heldenlebens erwarten. Erstaunlicherweise wird jedoch Samuel geboren und nicht David. Was ist der tiefere Sinn der Geschichte, deren faktischen Ablauf wir vordergründig als verwirrenden Bruch und Widerspruch erleben? Was verbindet Samuel und David? Wie lässt sich solch ein »Mythos von der Geburt des Helden« (Rank, 1922) verstehen?

Wir hören in 1 Sam 1 von den erheblichen Schwierigkeiten Hannas, schwanger zu werden, von seelischen Konflikten, wie sie jederzeit und überall sich ereignen können. Allen Widrigkeiten zum Trotz: die ersehnte und erhoffte Geburt, Sinnbild einer neu erschaffenen Gestalt oder auch einer neuen Idee (der Idee des Königtums), wird möglich. Bevor versucht wird, den mythischen und literarischen Gehalt der Geburt Samuels aus einer psychoanalytischen Sicht zu interpretieren, ihre latente Bedeutung für die Geschichte und Gestalt Davids aufzuzeigen, sei der Text nacherzählt:

Elkana, der Vater, hat zwei Frauen: Hanna, die ihm bisher keine Kinder schenkte, und Peninna, die ihm zahlreiche Kinder, Söhne und Töchter, geboren hat. Elkana begnügt sich nicht mit dieser Situation. Jahr für Jahr sucht er Rat, er betet und ist unverdrossen bereit, Opfer zu bringen. Er beschenkt nicht nur Peninna und die gemeinsamen Kinder, sondern der unglücklichen

Hanna wendet er sich doppelt zu. Sie hat auch doppelt zu leiden: Nicht nur, dass *der Herr ihren Schoß verschlossen hatte,* wie es heißt (1,6), sie leidet unter der Überheblichkeit der stolzen und selbstzufriedenen Peninna.

Hannas Schmerz wird immer bedrohlicher. Sie überlässt sich ihrem Unglück und den Tränen und verweigert zunehmend die Nahrung. Als sie sich in ihrem Kinderwunsch und ihrer Not immer mehr verzehrt, fasst sie einen heroischen Entschluss. Wie von Sinnen betet sie und entschließt sich dabei zu einer ungewöhnlichen, fast paradoxen Konfliktlösung: Wenn ihr endlich ein Sohn geschenkt werden sollte, dann wäre sie auch bereit, ihn abzugeben. Er soll ein Mann Gottes werden: *Kein Schermesser soll auf sein Haupt kommen* (1,11). Sie ringt sich zu dem Gelübde durch, das ihr Liebste und Wichtigste wieder freizugeben. In ihrer Haltung und in ihrem eigenständigen, leidenschaftlichen Entschluss muss sie auch lernen, sich gegen die Verachtung des Priesters Eli zu behaupten, der sie für betrunken hält. Sie eröffnet ihm ihren Kummer, worauf er ihr Erfolg verheißt. Nach ihrem Gelübde wird sie durch Elkana schwanger. Ihren Sohn nennen die Eltern Samuel. Sie sind sich einig, dass Hanna ihn zunächst ausreichend stillen soll. Vielleicht währte die Zeit bis zur Entwöhnung drei Jahre, denn so alt ist der Stier, den die Eltern dann opfern. Danach wird Samuel, der Erstgeborene, ein Tempelknabe. Hanna und Elkana werden noch fünf weitere Kinder, Söhne und Töchter, geschenkt.

In einem ungewöhnlich poetischen Lied drückt Hanna ihr Glück aus. Sie beginnt ihr Danklied mit (2,1):

Mein Herz ist fröhlich in JHWH;
hoch ragt mein Horn!

Zum Symbol von Hannas *Horn* merkt die Zürcher Bibel an: »*Im Alten Testament häufiges Sinnbild von Kraft. Vgl. Vers 10.*« –

Im Vers 10 beschließt sie ihr Lied mit:

Er gebe seinem König Stärke
und erhöhe das Horn seines Gesalbten!

Samuel kommt durch das Gelübde seiner Mutter in keine gute Umgebung. Der leitende Priester, Eli, ist ein schwacher, alter Mann, der keine Autorität darstellt. Seine beiden Söhne hat er völlig disziplinlos erzogen. Sie verspeisen bedenkenlos Opfergaben, die andere mitbringen; sie schlafen außerdem hemmungslos mit den Frauen, die an der Kultstätte ihr Leben dem Dienst Gottes weihen. Samuel lässt sich schon in jungen Jahren nicht beirren, sondern wird als zuverlässiger und treuer Schüler und Diener Gottes beschrieben. Seine Eltern besuchen ihn regelmäßig, nach wie vor sorgt seine Mutter für die Kleidung.

In einer Nacht, als Samuel im Tempel schläft, hat er einen Offenbarungstraum, dessen Thematik sein weiteres Leben begleiten und bestimmen wird. In dieser Nacht schreckt er wiederholt aus dem Schlaf hoch. Er läuft zu Eli, weil er sich von ihm gerufen fühlt. Beim dritten Mal erkennt Eli die

Verwechslung und deutet ihm, dass Gott im Traum zu ihm sprechen will. Eli, wissend um das Geheimnis einer tiefen *Offenbarung*, die nicht vom wachen Verstand und von der Willenskraft erzwungen werden kann, empfiehlt Samuel, sich gelassen wieder schlafen zu legen und dabei gleichzeitig innerlich bereit zu sein, um die Traumszene aufnehmen zu können, bereit zu sein für eine neue Botschaft: *Rede, Herr, dein Knecht hört* (3,10). Eli, selbst auch offen, interessiert sich am nächsten Morgen für die Botschaft von Samuels Traum. So sorgt er dafür, dass der Inhalt nicht überhört und vergessen wird.

Das Wort Gottes im Traum Samuels stellt sich als eine kritische und kompromisslose Offenbarung heraus: Elis Haus wird unwiderruflich verurteilt, weil Eli keinen Widerstand gegen die Frevel und Gotteslästerungen seiner Söhne leistet. Über dies hinaus soll die Verurteilung von Elis Versagen, der sich als Mann und Vater unfähig erwiesen hat, jedem Israeliten *in beiden Ohren gellen* (3,11). Ferner wird berichtet, dass Samuel allmählich die Nachfolge Elis als Prophet antritt; *und JHWH war mit ihm und ließ keines von seinen Worten auf die Erde fallen* (3,19).

Hier, in den ersten drei Kapiteln, ist Gut und Böse noch klar und einfach geschieden: Verkündet wird, dass die missratenen Söhne Elis bestraft werden und sterben müssen. Hingegen wird Samuel, in seiner Reinheit, Nachfolger Elis. Wie ein geistiger Wächter und viel beschäftigter Richter ist Samuel später die weltliche Stimme der göttlichen Instanz. Wie lässt sich das Werden und die Jugend Samuels und seine Bedeutung für den David-Roman interpretieren? Die Vorgeschichte der Geburt Samuels ist mit feinsinniger Einfühlung und psychischer Dramatik erzählt. Von den Handlungen her gesehen, lässt sich durchaus nachvollziehen, dass es in der Sippe von Elkana so oder ähnlich zugegangen sein mag. Erweitern wir darüber hinaus unseren Blick und versuchen, das Geschilderte als dynamische Familienszene mit emotionalen Konflikten, psychischen Blockierungen und einem erstaunlichen Entwicklungs- und Heilungsprozess zu sehen, so bekommt diese Alltagswelt auf einmal mehr Farbe und eine neue Perspektive: Wir spüren mit, wie aus der Not einer ausweglos erscheinenden, sterilen Finsternis eine neue Gestalt wird, von deren reicher, fähiger Lebendigkeit in besonderer Weise Hoffnung und Heil erwartet wird.

David betritt die Bühne erst, als er schon ein junger Mann ist. Das überrascht, wenn man bedenkt, dass die Eltern, die Geburt und die frühen Lebensjahre Samuels ausführlich geschildert sind, seine lebenslange Amtszeit als Richter und Volksführer recht knapp, wohingegen es bei David umgekehrt ist. Ein tieferes Verständnis für das literarische Persönlichkeitsbild Davids mag sich eröffnen, wenn wir uns fragen, wie wohl seine – modellhafte – Kindheit in den Blicken der Erzähler gewesen sein mag. Bei allen Wirrnissen zeichnet den Lebensweg Davids ein Movens (eine Voraussetzung für Bewegung und Veränderung) an erster Stelle aus: Seine Offenheit für wichtige Botschaften. Würden wir seine Denk- und Verhaltensweisen mit einem modernen psychoanalytischen Begriff benennen, so könnten wir davon sprechen, dass er von recht verlässlichen »positiven inneren Objekt-Repräsentanzen« (verinnerlichten Elternbildern) geleitet wird.

Samuel, der Prophet und Mentor Sauls und Davids, lässt sich verstehen als die idealisiert gezeichnete »Neugeburt« einer positiven Führerschaft und guten psychischen Objektrepräsentanz. Was repräsentiert er? Seine größte Fähigkeit zeigt er schon als Jugendlicher in seinem Offenbarungserlebnis: Er ist fähig zu hören, offen zu sein für eine überraschende, neue kritische Botschaft und damit für das Wagnis einer kulturellen Neuorientierung. Samuel wird nun im ersten Samuelbuch die Inhalte des göttlichen Denkens aussprechen, eine mitunter lebensgefährliche Aufgabe. Auch zeigt er sich fähig, sie aktiv zu vertreten – Letzteres jedoch nur in beschränkter Weise.

Um Fähigkeiten zu entwickeln, die erforderlich sind für einen lebenslangen kreativen Lernprozess, braucht ein Kind Elternfiguren wie Hanna und Elkana. Sie sind keine Eltern, die es bequem hatten und durch ein geradliniges, konfliktarmes und harmonisches Leben verwöhnt wurden. Sie lassen sich trotz aller Ungewissheit auf einen Prozess der Suche und des Heils ein, sie suchen diesen Weg beide. Hanna beeindruckt durch die Offenheit für ihre leidenschaftlichen Gefühle und Wünsche. Nicht die Vielzahl der Kinder repräsentiert (in Peninna) eine schöpferische Weiblichkeit und Mütterlichkeit, sondern Hannas Liebes-, Leidens- und Konfliktfähigkeit.

In Hannas Geschichte und Lied tritt ihr Liebespartner in zweierlei Gestalt auf: als konkreter Ehepartner (Elkana) und als von ihr idealisiertes Bild des mächtigen, weisen und schöpferischen Gottes. Sie besingt in dem Lied weder sich noch ausschließlich ihn – sie besingt die produktiven und revolutionären Möglichkeiten eines liebe- und kraftvollen Umgangs miteinander. Nicht zuletzt besingt sie auch im Bild JHWHs, von dem sie sich beglückt fühlt, die kämpferische und emotionale Kraft *(Horn)*, deren Umsetzung in sichtbare Ergebnisse Frauen in patriarchalen Kulturen so oft fehlt. Hanna hat sich ihren Kinderwunsch erfüllen können. Sie findet zu ihrer Weiblichkeit.

Elkana wird geschildert als ein gottesfürchtiger Mann, der mitfühlt, der liebevoll zu Hanna steht und auf sie hört und der gleichzeitig seinen Pflichten weiter nachgeht. – Beide Eltern haben eine besondere Fähigkeit: Für sie existiert der Blick auf etwas Drittes, außerhalb ihrer intensiven ehelichen Zweisamkeit. Das Zulassen ihrer Not und der Hilfe von außen lässt sie zu fruchtbaren, schöpferischen Elternfiguren werden, würdig, auch als Symbolfiguren für eine höhere, göttliche Liebe eingesetzt zu werden.

Samuels Traum weist vor allem auch in seine persönliche Zukunft. Die manifeste und unmissverständliche Aussage des Traumes ist die befreiende Kritik an seinem Ziehvater und Lehrmeister, dem Richter und Priester Eli; Samuels »hörige« Identifizierung mit ihm wurde durch den Offenbarungstraum sicher problematisiert. Aber lässt sich Samuel herausfordern, selbst ein besserer, reiferer Vater und Volksführer zu werden als Eli – im Sinne der göttlichen, kritischen Weisheit seines Offenbarungstraumes? Und damit eine qualifiziertere Leitfigur und Autorität für das ganze Volk?! Erst in seiner weiteren Entwicklung kann sich zeigen, ob Samuel die latente Botschaft des Traumes, einen wegweisenden Auftrag für sein eigenes Leben, wirklich verstanden hat. Denn gefordert ist eine starke, verantwortungsbewusste, konfliktfähige, kurz: königliche Vaterfigur.

Vom psychischen Zusammenhang her gesehen geht es in der Geburtsszene Samuels um eine ideelle Elternschaft für den Hauptheldеn. Später salbt Samuel David zum neuen König. Davids außergewöhnliche Entwicklung zu einer positiven lebensnahen, kraftvollen geistigen und emotionalen Persönlichkeit ist ohne das, was Samuel zu repräsentieren hat – nämlich eine von einem spezifischen göttlichen Denken gelenkte Vaterfigur zu sein – nicht zu verstehen. – Samuel hat in seinem Leben ein frühes Trennungstrauma zu bewältigen, er wurde als Kind von seinen Eltern dem Tempel übergeben und dort großgezogen. Nach Rank (1922) kennzeichnet die Fantasie einer Aussetzung und doppelten Elternschaft die meisten Mythen, die von der Kindheit und Jugend eines Nationalhelden oder Religionsstifters erzählen. Eine solche Geschichte hebt die geistige, soziale und reformerische Bedeutung hervor (vgl. Joseph, Moses, Osiris, Ödipus, Perseus, Herakles u.v. a.). David wird ein lebensbedrohendes frühes Trauma erspart. Ihn zeichnen die Erzähler als einen aus dem Alltag kommenden Helden. Er ist der leibliche Sohn des Isai, während Samuel früh an den Tempel gegeben wurde.

In seiner Rolle als »Sprachrohr« Gottes verbreitet Samuel »nur« göttlich-gute Botschaften – eine wirklichkeitsfremde Einseitigkeit, mit der sich die Autoren der beiden Samuelbücher in beeindruckender Weise auseinander setzen: Sie gestalten als dramaturgische Gegenfigur Saul, den ersten König, eine in seiner Entwicklung zunehmend negative Gestalt, als Mann, Vater und König.

Mit dem Namen Samuel hat es eine besondere sprachliche Bewandtnis. Er wird in der Erzählung abgeleitet aus dem hebräischen Verb für »(er)bitten«: »Hanna ›bittet‹, Eli verheißt ihr die Erfüllung des ›Erbetenen‹«. Doch enger als der Name Samuels hängt mit dem Wort für »erbitten« der Name Sauls zusammen. »In geheimnisvoller Weise wird der Name des ersten Königs schon genannt und noch nicht genannt. Zuerst muss Samuel kommen, der Gottesmann, und erst nach ihm und durch ihn der Mann der Macht!« (Dietrich, 1997, 35)

Samuel und Saul, die beiden »Erbetenen« (Samuel von seinen Eltern, Saul vom Volk), werden in einer ausgesprochen divergenten Entwicklung geschildert: Samuel wird das Bild des reinen und prinzipienstrengen Gottesmannes personifizieren; jedoch scheut er sich in seiner frommen Strenge nicht, eigenhändig und ohne Skrupel den König der Amalekiter zu erschlagen (1 Sam 15,32). Durch diese Tat offenbart sich am deutlichsten sein – inneres und verborgenes – zweites Gesicht. Saul, der gesalbte König, ursprünglich ein pflichtbewusster, eifriger Sohn seines Vaters, wird seine negative Einstellung so weit steigern, dass er Priester rache- und hasserfüllt verfolgt und ausrottet. Und doch ist er auch als ein Mensch geschildert, der bis unmittelbar vor seinem Tod seines Gottes Nähe und Wahrheit sucht.

Diese Geschehnisse um die beiden Vaterfiguren des jugendlichen David spielen sich im Verlauf des ersten Samuelbuches auf der äußeren, politischen Bühne ab. Die Interpretation wird zeigen, wie sich parallel auf der intrapsychischen Bühne in David und in seinen Aktivitäten der politisch-soziale Ambivalenzkonflikt um Gut und Böse widerspiegelt und von dort aus eine eigene Dynamik entfaltet. Dies ist möglich, weil sich, personifiziert in den Namensverwandten Samuel und Saul, zwei diametral entgegengesetzte und komplementäre, allgemeinmenschliche Wesensseiten aufgespalten wiederfinden. Wir begegnen in den dramatischen Szenen ihrer Konflikte einer der schicksalhaftesten psychischen Antinomien. Die Antinomie lässt sich vereinfacht charakterisieren als Konflikt zwischen trotzig-rebellischer, entwertender Auflehnung, die zu vernichtendem Hass entarten kann (Saul) und auf der anderen Seite dem Bemühen um brave, kritiklose Unterordnung unter eine Autorität, deren Macht und Gebote idealisiert und überbewertet werden (Samuel).

Der psychisch wichtige Autonomie-Konflikt spiegelt sich wider in der Frage nach der »religio«, der »Rückbindung« an eine steuernde bzw. göttliche Instanz. – Schon jetzt sei ein Ergebnis vorweggenommen: Es wird sich herausstellen, dass die Aufspaltung der Doppelgesichtigkeit dieses Identitätskonfliktes sowohl in Samuel wie in Saul zunehmend zu einer psychischen Erstarrung führt, an der beide, jeder auf seine Weise, mehr oder weniger scheitern. Beide entwickeln sich nicht zu positiven schöpferischen Persönlichkeiten. Bei David hingegen können wir von Anfang an mit verfolgen, wie er aufgrund zahlloser Auseinandersetzungen lernt, die Gegensätze – innerlich und in seiner Politik – allmählich zu integrieren.

Die initiale Szene, eine dichterische Ausmalung der Umstände von Samuels Geburt nach langer unfruchtbarer, konfliktvoller Zeit und vergeblicher Mühe, symbolisiert die Urszene eines schöpferischen, geistigen Ringens: Der kreative Akt entsteht in und aus tiefer Versenkung und leidenschaftlicher Verbundenheit. Was als konkrete Familienszene bildlich dargestellt ist, zeigt sich später auf geistig-seelischer Ebene als kommunikative und interaktive Fähigkeit Davids (nicht Samuels), mit Gott als einer schöpferischen Kraft (oder seinen Repräsentanten) in einen offenen Dialog zu kommen, um mit dieser Hilfe das Leben und die unvermeidlichen Konflikte zu bewältigen.

Mit dem Abtreten der beiden Symbolfiguren Samuel und

Saul am Ende des ersten Samuelbuches verändert sich die Davidsgeschichte, die Thematik und Dynamik des Entwicklungsromans: Der religiöse und antinomische Konflikt, der zunächst als externalisierter Konflikt in den Gestalten Samuel und Saul inszeniert ist, erscheint nun noch ausgeprägter als geistige und innerpsychische Auseinandersetzung für David. Er wird zu einem lebenslangen konstituierenden Lern- und Reifungsprozess, zu einem Individuationsprozess.

Welches Bild entwickeln die israelitischen Erzähler und Vordenker von ihrem Gott in diesem Prozess eines Reifens an den menschlichen Grundkonflikten? Erste Hinweise finden sich verdichtet in Hannas Lied (2,1–10), das sie betete, als sie den dreijährigen Samuel in die Priesterschule zu Eli brachte; Samuel sollte dort bleiben, sie wollte *sein ganzes Leben JHWH leihen* (1,28). Es lohnt sich, zwei Übersetzungen der Verse 3 und 4 nebeneinander zu stellen:

Zürcher Bibel:
3 *Machet nicht trotziger Worte so viel,*
Vermessenes entfahre nicht eurem Mund!
Denn der Herr ist ein Gott, der alles weiß,
und von ihm werden die Taten gewogen.
4 *Der Bogen der Helden wird zerbrochen,*
Wankende aber gürten sich mit Kraft.

Stolz (1981, 28 f.):
3 *Hört auf, weiterhin so hochfahrend zu reden,*
so dass (lauter) Vermessenheit aus eurem Mund kommt;
denn ein Gott der Erkenntnis ist JHWH,
und (von ihm) werden die Taten gewogen.
4 *Die Bogen der Helden sind zerbrochen,*
aber Hingestürzte gürten sich mit Kraft.

Suche nach Erkenntnis und Wissen zeichnet das göttliche Denken in der Geisteshaltung der Verfasser aus. Die gegnerischen, erkenntnisabwehrenden Kräfte sind bereits identifiziert, nämlich Überheblichkeit, hohles Gerede und trotzige, maßlose Ansprüche; oder mit anderen Worten: angegriffen werden selbstverliebte, narzisstische Arroganz und Erstarrung. Sowohl die Worte wie die Taten werden kritisch beurteilt. Ausdrücklich wendet sich der Text gegen falsche Helden, Kriegshelden, Negativ-Helden wie z. B. Goliat. Ihre Militanz und Stärke wird zerbrochen werden. Hannas Lied ermutigt solche Helden, die Schwäche erleben und wanken, ohne sich kraftlos aufzugeben.

Gesucht wird von den Autoren der Samuelbücher wohl ein tieferes Verständnis der fatalen Folgen selbstdestruktiver, orientierungsloser Stammeskämpfe, mit denen sich Israel wiederholt an den Rand des Unterganges gebracht hatte. Dietrich (1997, 21) spricht davon, dass sich nach Darstellung des Richterbuches in der Phase von der vorstaatlichen zur staatlichen Zeit ein »blutig-brutales Chaos« ausgebreitet hatte. Das Richterbuch schließt mit dem Satz: *Zu jener Zeit gab es noch keinen König in Israel; ein jeder tat, was ihn recht dünkte* (Ri 21,25). Das Ergebnis des Nachdenkens der Erzähler ist die Idee einer geführten, partnerschaftlichen, Unterschiede ausgleichenden Beziehungskultur: Kollektive Stärke soll entstehen durch Solidarisierung, durch sozialen Ausgleich zwischen Stärkeren und Schwächeren, Armen und Reichen, Geringen und Edlen – anstelle von skrupelloser, machtgieriger Ausbeutung. Das aktuelle allgegenwärtige Scheitern am destruktiven Narzissmus *(ein jeder tat, was ihn recht dünkte)* wird im Folgenden einer noch tiefer gehenden Analyse unterzogen. Die Erkenntnisse werden an der Lebenspraxis der Volksführer exemplifiziert.

Das Lied einer Frau verkündet die Botschaft, eine neue göttliche Weisheit. Ihre achtungsvolle Kraft, Dankbarkeit und Liebe, Hannas kreative Form von Weiblichkeit, Empfängniswillen, Konfliktbewältigung und ihre Worte vermitteln ein erstes Bild für neue Elemente in einem konstruktiven sozialen Miteinander.

David ist zweifellos die Hauptgestalt der Samuelbücher. Das zweite Buch dreht sich zur Gänze, das erste zur Hälfte um ihn. Warum aber handelt die erste Hälfte des ersten Buches von ganz anderen Figuren: Eli, Samuel, Saul?

Der Gedanke ist verlockend, dass diese drei und alle übrigen, mit ihnen verbundenen Gestalten (Elkana, Hanna, die Eli-Söhne usw.) gewissermaßen das Rohmaterial liefern, aus dem dann der Davidstoff gewebt wird. Von Davids Herkunft, Geburt und Kindheit vermelden die Texte schmerzlich wenig – dafür umso mehr von Samuels. Die Geburts- und Kindheitsgeschichte Samuels ist gleichsam Substitut für diejenige Davids. Hanna und Elkana sind

Davids Ersatzeltern: liebevoll und lebensbejahend. Eli steht für versagende Elternschaft, die David wohl erspart blieb. Die jeweiligen Sprösslinge – der junge Samuel und die Söhne Elis – markieren die Möglichkeiten guter und schlechter Entwicklung junger Menschen, wovon natürlich David das bessere Teil erwählen wird. Allerdings, gänzlich in die Fußstapfen Samuels darf er nicht treten. Dieser erscheint als ambivalente Gestalt: als »Erbetener« zwar und von Gott Erwählter, dann aber als ein in Abhängigkeit und Unbeweglichkeit erstarrter Ewiggestriger. Deutlicher noch ist Samuels »Namensverwandter« Saul eine Negativfigur, von der David sich auf die Dauer nur wird absetzen können. So verschieden Samuel und Saul sind und so heftig sie einander am Ende befehden: beide stellen in der Entwicklung ihrer ungünstigen Eigenschaften Gegentypen zu David dar. Beide sind sie ideelle Vaterfiguren Davids. Damit wird der Gedanke an bevorstehende Generationenkonflikte wach, an das explosive Gemisch von Bindungswunsch und Ablösungszwang, welches das Verhältnis von Söhnen zu Vätern üblicherweise kennzeichnet.

So anregend diese Sichtweise ist, weckt sie doch auch einige Fragen, namentlich im Blick auf Samuel: Warum werden dessen frühkindliche Erfahrungen, soweit sie positiv sind (ein fürsorglicher Vater, eine liebe- und kraftvolle Mutter), flugs David gutgeschrieben, sofern sie aber negativ erscheinen (»Aussetzungstrauma«), Samuel selber? Ist Samuel, als er dann zum religiösen und politischen Führer herangereift ist, wirklich der Vertreter eines überholten Glaubens und eines veralteten Gesellschaftsideals – und nicht vielmehr eine unentbehrliche Gestalt des Übergangs (vgl. Mommer, 1999): ausgestattet genau mit den Gaben, die nötig sind, um Israel vom tribalen zum monarchischen System zu führen? Seine Autorität sorgt für relative Stabilität in einer labilen Situation, seine Bescheidenheit lässt ihn eigene Ambitionen hinter das Gemeinwohl zurückstellen, seine Treue zu Gott ermöglicht ihm die solidarisch-kritische Begleitung der Anfänge des Königtums. Neuere narratologische Textanalysen (z. B. Polzin, 1989) gefallen sich darin, die vermeintliche Begrenztheit und Unvollkommenheit Samuels herauszustellen und ihn zu einem Erzähl-Charakter unter anderen – und gar zu einem besonders fragwürdigen – zu machen. Das mag man tun, sollte sich dabei aber nicht auf der Seite der Erzähler wähnen. Diese treiben nicht ihr Spiel mit und durch Samuel, sondern ringen in großer Ernsthaftigkeit um das Für und Wider einer richterlich-tribalen und einer königlich-staatlichen Ordnung (vgl. Dietrich, 2002, 217–235). Samuel steht mitten in dem Riss zwischen dem erprobten, aber nicht immer bewährten Alten und dem lockenden, aber höchst riskanten Neuen. Wie sollte er da anders sein als ambivalent? David wird einen anderen Platz in der – nach Überzeugung der Erzähler: von Gott gelenkten – Geschichte Israels auszufüllen haben. Er könnte nie und nimmer Samuel plagiieren (und auch Saul nicht!), er muss zu seinem eigenen Selbst finden, und dies so, dass er mit den Erfordernissen und Gefahren der geschichtlichen Situation zu Rande kommt.

3.2 Das Scheitern der Väter an den Söhnen und der Söhne an den Vätern

Im Alten Testament gibt es zahlreiche Beispiele für ein sich zwangsläufig wiederholendes Konfliktmuster: Auf einen beeindruckend aufrechten, frommen Vater folgen undisziplinierte, mehr oder weniger eigenmächtige und selbstsüchtige Söhne. So war es schon bei Isaak und Jakob oder ist es hier bei den Priestern Eli und Samuel. Auch David wird im hohen Alter in Nachfolgekämpfe mit seinen Söhnen geraten. Oft erscheint es, als ob die Söhne ihren Drang, an die familiäre Macht bzw. an die Stelle des Familienoberhauptes zu kommen, nicht ausreichend zügeln können.

Eigentümlich intensive Beziehungsmuster verbinden oft Väter und Söhne. Die Liebe zwischen Mann und Frau (und Nebenfrauen), Vater und Mutter hingegen bleibt blass. Die Erzählung der Liebe zwischen Elkana und Hanna ist ein außergewöhnliches Gegenbeispiel; durch das Gelübde der Mutter entgeht Samuel als Sohn der verbreiteten problematisch-engen Vater-Sohn-Kollusion (Verwicklung).

Die Vater-Sohn-Beziehung spiegelt sich in der Gott-Volk-Beziehung wider, aber mit einem Unterschied: Durch die Schwäche und Ohnmacht der irdischen Väter lässt sich der göttliche Vater herausfordern. Gott-»Vater« vermag in den Erzählungen oft das, was dem Volk unmöglich erscheint, während die realen Väter – erstarrt in ihren Denkmustern – erstaunlich schwach bleiben.

Betrachten wir eine Familienszene zwischen Eli, seinen Söhnen und einem göttlichen Boten (2,27–36); sie geht dem Offenbarungs-Traum Samuels unmittelbar voraus. Eli unternimmt einen halbherzigen Versuch, sich mit seinen beiden *nichtswürdigen* Söhnen auseinander zu setzen. Doch scheint, als wolle er nicht einmal die tatsächliche Wahrheit ihrer Frevel in sich zulassen, sondern er beschwichtigt, indem er von »Gerüchten« spricht: *Nicht doch, meine Söhne! Denn das ist kein gutes Gerücht, das ich vom Volk JHWHs verbreiten höre ... Doch sie hörten nicht auf ihren Vater* (2,24.25). Der Gott-»Vater« will sich dieses Treiben nicht länger anschauen! Er schickt zu Eli einen Boten, der ihm die Meinung Gottes sagt und der ihn mit der Korruptheit seiner priesterlichen Familiendynastie und seines väterlichen Gewissens konfrontiert.

Der Text vermittelt uns, dass die braven, altruistischen Väter nicht nur an ihren fehlerzogenen Söhnen scheitern, sondern primär an sich selbst, an ihren Idealen, durch die sie ihre eigenen Bedürfnisse und ihre Ansprüche an die Söhne verleugnen. Folge der elterlichen Schwäche – meist sind es ehrbare, überbemühte, aggressionsgehemmte Männer und Frauen – ist die Verwilderung der Triebnatur der Kinder. Diesen fehlt in der Kindheit die Steuerung durch ein respektforderndes Gegenüber. Das Vaterbild Gottes übernimmt im Text eine wichtige kompensatorische Funktion, indem er dem schwachen Eli das Versäumnis deutlich macht und dabei das eigene Anliegen nicht aus den Augen verliert: Der Gott-»Vater« fordert mit aller Strenge den Respekt für sich ein.

Ein zweites problematisches Merkmal der Vater-Sohn-Verwicklung, wie auch der Gott-Volk-Beziehung, lässt sich an einem Leitspruch zeigen: *Richtet euer Herz auf JHWH und dient ihm allein, dass er euch aus der Hand der Philister rette* (7,3). In der Formulierung, die sich vom ersten Gebot ableitet, gibt es nur eine radikale Polarität zwischen »Gut« (rettender Gott) und »Böse« (Philister). Mit solch einer immer nur guten, rettenden Autorität, sei es der Vater oder Gott, lässt es sich als Sohn nicht streiten und lassen sich die geistigen und emotionalen Kräfte nicht entwickeln und kultivieren. Solch eine rein dienende Ergebenheit der Väter gegenüber ihrem Gott gibt zwar vordergründig einen Sinn, aber gleichzeitig werden Charakterhaltungen eines Untertanengehorsams propagiert, die sich in ihrer Einseitigkeit und Starre leicht verselbstständigen bzw. generalisieren. Für die Söhne bleibt nur Unterwerfung als passive Anpassung unter den altruistischen Vater oder die Rebellion gegen ihn.

Mit anderen Worten: Idealisiert werden zu Beginn der Samuelbücher relativ primitive, gewissenhaft-überstrenge oder unangemessen-gewährende Denk- und Sozialstrukturen, in denen jede Orientierung nach einem bipolaren dyadischen Grundmuster vorgegeben und festgelegt ist: Freund-oder-Feind; Oben-oder-Unten; Ja-oder-Nein; Schwarz-oder-Weiß; Tod-oder-Leben; Alles-oder-Nichts; Wenn-nicht-dann ... Es gibt keine Zwischenlösungen und Kompromisse und keine neuen, eigenen Wege. Unlösbare Konflikte sind vorprogrammiert, da zwei persistierende Abhängigkeitsformen, Bravheit und Rebellion, die Persönlichkeitsentwicklungen prägen und hemmen. Unterentwickelt bleiben in der Fixierung auf beide Abhängigkeitsmuster sowohl Autonomie, eigenverantwortliches Denken, Fühlen und Handeln, wie auch Fähigkeiten, psychische und soziale Konflikte zu erkennen und differenzierend zu meistern. Samuel und Saul repräsentieren die beiden, jeweils dyadischen, Abhängigkeitsmuster und können sich nicht über sie hinaus entwickeln.

Das kritisch-göttliche Denken der Erzähler hat diese Gefahren fehlender produktiver Auseinandersetzungen erkannt und lässt nun den Boten bei Eli ein richtungsweisendes Ideal verkünden, das dieses kompromisslos polarisierende Denken auflockert: *Jetzt aber spricht JHWH: Wer mich ehrt, den ehre ich; wer mich verachtet, der wird zuschanden* (2,30). – Formuliert wird ein Programm, eine Vorschrift für Beziehungen; die göttliche Instanz selbst, wie auch immer sie zu verstehen sein mag, bietet sich als Gegenüber an. Sie bringt eine wegweisende Struktur in die neue Partnerschaft ein, das Gebot einer gegenseitigen Achtung. Man könnte auch von einem väterlichen Gebot der »bedingten Liebe« sprechen: Liebevolle Zuwendung des Vaters ist nun an die Bedingung von Gegenliebe und Gegenleistungen geknüpft. Der Bote Gottes verdeutlicht dem verurteilten Eli auch hier eine neue soziale Umgangsform: *Ich aber will mir einen treuen Priester bestellen, der nach meinem Herzen und nach meinem Sinn tut; dem will ich ein dauerndes Haus bauen* (2,35 f.).

Das in dem Gebot vermittelte neue Menschenbild beinhaltet eine höchst moderne und aktuelle Vorstellung: Vorbildlich ist der Mensch, *der nach meinem Herzen und nach meinem Sinn tut*

(2,35). Das heißt, dass die göttlichen Vorstellungen ein Bildungsideal ganzheitlicher Menschlichkeit vertreten, in dem »*Herz*«, *sinn*orientiertes Denken wie auch aktives »*Tun*« nicht im Konflikt zueinander stehen, sondern im Einklang sind.

Das Ideal der Achtung anderer und der Selbstachtung beansprucht ein sehr viel höheres psychisches und soziales Funktionsniveau als das andere Ideal, in dem »Gut« und »Böse« primitiv-polar aufgespalten sind und autoritär gewertet und diktiert werden. Saul und David, als königliche Modellfiguren, werden an den neuen Idealvorstellungen gemessen: dem Ideal einer Fähigkeit zu offener und kritischer Partnerschaft und zur Gegenseitigkeit (an dem Saul versagt), wie auch dem Ideal innerer ganzheitlicher Integrität und verantwortungsbewusster Autorität (mit dem sich David lebenslang auseinander setzen muss). Neue Beziehungsstrukturen werden sich entwickeln müssen. Das alltägliche Konfliktmuster des Scheiterns, bestehend aus der Hoffnung auf einen allmächtigen, rettenden Vatergott und aus einem gleichgültigen, willkürlich-passiven und JHWH gegenüber ansprüchlichen Volk ohne Bereitschaft zur Mitarbeit und Mitverantwortung, ist anhand der Geschichte Elis und seiner Söhne erkannt. Das Volk und sein Führer, ob Prophet oder König, sind gefordert: Solange es die Erfüllung seiner eigenen Wünsche an einen Gott delegiert und delegieren darf und selbst – erfüllt von Erwartungen an magische Kräfte – zu positiven Veränderungen nichts beiträgt, sie mitunter sabotiert, kann nichts besser werden.

Dies ist ein Kapitel über die Beziehung von Vätern und Söhnen und über die Erziehung von Söhnen durch die Väter (auch der »Söhne« Israels durch den »Gottvater«!). Einer Hauptgefahr erliegen die Väter immer wieder: ihren Söhnen allzu wohlgesonnen zu sein und im Gegenzug von den Söhnen vollkommenes Wohlverhalten zu erwarten. Die Söhne wiederum erwarten von ihren Vätern (auch von Gott!) nichts als Wohlwollen, was entweder zu übermäßiger Anpassung oder zu unkontrollierter Unangepasstheit führt. Was demgegenüber vonnöten wäre (und von den biblischen Autoren propagiert wird), sind liebevolle und zugleich fordernde Väter, die ihre Söhne bei Bedarf in die Schranken weisen und sie in soziales Verhalten einweisen.

Wohl wahr. Und wohl wirklich ein Thema der Anfangskapitel

des ersten Samuelbuches. Seltsam modern klingt, was den alten Texten an Einsicht entnommen wird. Ob man im alten Israel schon mit ähnlichen Problemen zu kämpfen hatte wie in der Zeit des Laissez-faire und der Postmoderne? Damals freilich, in der (vor-)biblischen Zeit, suchte man den Problemen noch mit den improbaten Mitteln einer absoluten Autoritätsgläubigkeit beizukommen: Hätte man einen wirklich guten Vater – was doch zumindest bei Gottvater anzunehmen ist –, dann könnte man sich ihm blindlings anvertrauen. Wer kann Israel vor den Philistern retten? Gott! Der gute Gott (und mit ihm jeder gute Vater) bewahrt vor dem Bösen. Doch die biblischen Autoren sind sich der damit verbundenen Problematik bewusst geworden; sie erstreben und propagieren ein anderes Ideal: dasjenige »offener und kritischer Partnerschaft und . . . gegenseitigen Interessenausgleichs«. Daran werden später David und Saul gemessen, sie sind gleichsam Modellfiguren für das Gelingen bzw. Misslingen der entsprechenden »göttlichen« Erziehungsbemühungen.

»Gott« ist für die Autoren der Ausdruck einer übergeordneten Autorität in den genannten, grundlegenden Erziehungsfragen. Ihn lassen sie als Ersten der Unzulänglichkeit der alten Ideale gewahr werden. Die Rede des namenlosen Gottesmannes in 2,27–36 gerät zum Herzstück der vorliegenden Interpretation; hier wird das neue »richtunggebende Ideal« »gegenseitiger Achtung« verkündet, nach dem fortan alles Erziehen und alles Reifen bemessen wird. Wer den Textabschnitt liest, ist vielleicht überrascht über diese hohe Bewertung. In der kritischen Exegese gilt er als Einschub von der Hand eines relativ späten, deuteronomistischen Autors, der hier die künftige Geschichte des Priestertums in Israel in prophetischer Weise voraussagen und nach dem Maßstab des deuteronomischen Gesetzes (5. Buch Mose) beurteilen lässt (vgl. Veijola, 1975, 35 ff.). Die Rede des Gottesmannes hat insofern wirklich etwas Belehrendes – ob sie aber über die Ideale göttlicher und menschlicher Erziehung belehren will? Und ob das hier in einer vergleichsweise progressiven, psychologisch einfühlsamen Weise geschieht? Ist die Maxime »Wer mich ehrt, den ehre ich, und wer mich verachtet, der wird zuschanden« nicht eher Ausdruck eines starren Vergeltungsdenkens als geistiger Innovativität? Gewiss, hier wird festgestellt, dass man die Liebe Gottes nicht für nichts haben kann; es wird für eine Leistung eine Gegenleistung gefordert – doch dieser Gedanke ist uralt und scheinbar ewig gültig; wirklich neu wäre etwa der

Zuspruch voraussetzungsloser Liebe – und daraufhin der Anspruch auf selbstverständlicher Gegenliebe. Kann es denn »bedingte Liebe« geben, und könnte, wenn es sie gäbe, auf ihr wirklich Verheißung ruhen? Ungeschuldete, unbedingte Liebe muss bei den damit Beschenkten nicht zu Maßlosigkeit führen, sondern kann (und wird) einerseits ein gesundes Urvertrauen, andererseits den Wunsch hervorrufen, sich der unverdienten Liebe würdig zu erweisen und im Umgang mit dem (Gott-) Vater wie mit der Mitwelt die Liebe zum Maßstab allen Handelns zu nehmen.

Es ist hier vielleicht der Ort, auf eine sprachliche – und damit zugleich gedankliche – Besonderheit der hier vorliegenden Interpretation hinzuweisen. Verschiedentlich wird den Erzählern der Davidgeschichten »göttliches Denken«, »göttlicher Einfluss«, »göttliche Wunschvorstellungen« u. dgl. zugeschrieben. Solche Formulierungen überraschen, sind aber wohl überlegt. »Gott« ist dem Therapeuten aufgrund seiner wissenschaftlichen Prämissen keine selbstständige Größe. Es kann mit dieser nur soweit und in dem Sinne operiert werden, wie Menschen von ihr sprechen. Trotzdem ist »Gott« nicht einfach nur eine »Projektion menschlicher Wünsche« oder gar, trivial, ein Hirngespinst, sondern steht für eine durchaus transzendente Dimension: Die Autoren der Samuelbücher schildern ihn als eine über ihnen und ihren Lesern stehende Autorität, die menschlichen Gedanken und Taten jeweils voraus ist. Unter Berufung auf sie werden die neuartigen, gar revolutionären Ideen zu Mensch und Gesellschaft vorgetragen, welche die Samuelbücher bieten. Vielleicht ließe sich sagen, dass als »göttlich« der Antrieb zu weiterführendem, neue Welten eröffnendem Denken zu gelten hat.

3.3 Das Hin und Her der Lade: Szenen eines Ambivalenzkonfliktes (1 Sam 4–6/7)

Wir hatten vom schwärmerischen Danklied der Hanna gehört, in dem sie besingt, wie ideal und hilfreich sie ihren Gott sich wünscht und vorstellt, traumhaft wohltuende Verheißungen, die bereits eine neue soziale Heilsordnung anpreisen; von einer auf Gegenseitigkeit, Achtung und Ausgleich ausgerichteten Beziehungskultur war die Rede gewesen. Wir hatten auch von der kompromisslosen Verurteilung des Priesters und Vaters Eli und seinen beiden Söhnen gehört; ihr Tod war Samuel offenbart worden; das Bild eines mächtigen strafenden Gottes verfolgt hier bis in den Traum – *und der Wandel seiner Söhne vor dem Herrn wurde immer schlechter* (3,21).

Aus diesen familiären Zusammenhängen heraus setzt überraschend die Lade-Erzählung ein und wirkt auf den ersten Blick schlecht platziert, wie ein literarischer Fremdkörper: *In jenen Tagen nun sammelten sich die Philister wider Israel zum Streite …* (4,1). Israel unterliegt in einem harten Kampf. Auch Eli und seine Söhne verlieren ihr Leben. Aus historischer Sicht erfahren wir keine nennenswerten Tatsachen, genau genommen wissen wir nicht einmal objektiv, wer den Konflikt begonnen hat – jedoch beginnt nach der Feststellung der Niederlage ein literarisches Meisterwerk frühgeschichtlicher religiöser Erzählkunst und psychosozialer Konfliktbewältigung. Entwicklungspsychologisch betrachtet passt die fantasievolle Ladegeschichte genau in die aktuelle Auseinandersetzung und Umbruchsphase der Zeit, vernehmen wir doch sowohl von den Wünschen und Nöten, wie von den inneren Abhängigkeiten und Glaubensschwierigkeiten des Volkes und auch von dem Bedürfnis nach mehr Autonomie und Kampfgeist.

In der Lade ist Gott symbolisiert. Das göttliche Wirken zentriert sich in der Ladeerzählung nicht um die Autorität einer menschlichen Gestalt, mit der Kommunikation möglich ist (einem Propheten, einem Boten oder einer »weisen Frau«), sondern um ein kultisches Objekt, das speziell in diesen drei Kapiteln eine wundersame kämpferische Eigendynamik entwickelt. Nach Dietrich und Naumann (1995, 121) fließen in der Ladegeschichte »die Vorstellungen von einem Ort der Realpräsenz Gottes und von einem Gegenstand geradezu göttlicher Potenz ineinander«. Nachdem die Lade ihre erwünschte Funktion erfüllt hat, verschwindet sie wieder. Und mit ihr tritt auch eine Glaubensform – im Text – in den Hintergrund.

Über den konkreten Inhalt der Lade wissen wir wenig. Im Alten Testament gibt es vor allem einen Hinweis: *In die Lade aber lege das Gesetz, das ich dir geben werde* (2 Mose 25,16). Wie immer es um die historische Korrektheit dieser Aufforderung steht, wir können davon ausgehen, dass die Lade und ihr Inhalt als Kultgegenstand einen in dieser Zeit besonders bedeutsamen

Aspekt göttlicher Autorität für die israelitische Stammesgesellschaft symbolisiert. – Zunächst sei versucht, den höchst verdichteten, detailreichen Text kurz zusammenzufassen. Dabei werden nur diejenigen Entwicklungslinien nachgezeichnet und dann interpretiert, die zum Verständnis des Neuen, in David Symbolisierten, erforderlich sind.

Das Bemerkenswerte der Ladegeschichte ist, wie die *Ältesten* der Israeliten auf eine Niederlage durch die Philister reagieren. Sie hinterfragen ihre Niederlage und kommen zu einer klaren Deutung und Handlungsanweisung: *Warum hat JHWH uns heute den Philistern erliegen lassen? Lasst uns die Lade unseres Gottes von Silo zu uns her holen, dass er in unsre Mitte komme und uns aus der Hand unsrer Feinde errette* (4,3).

Noch mehr überrascht der laute Jubel, der im Lager der Hebräer ausbricht, als die Lade in ihr Kriegslager kommt: Wie nachlässig, vergesslich, gottlos, irgendwie geistig-desorientiert müssen sie vorher gewesen sein, dass sie sich erst nach der Niederlage auf ihren Gott, ihre Leitfigur, die *Lade JHWHs der Heerscharen besinnen* (4,4). Sehr viel respekt- und kraftvoller reagieren die gegnerischen Philister. Sie erfassen – so aus der Sicht der israelitischen Erzähler! – in ihrer erstaunlichen Gottesfurcht besser als die Israeliten, worum es geht: *Als sie erfuhren, dass die Lade JHWHs ins Lager gekommen sei, fürchteten sie sich; denn sie dachten: Gott ist zu ihnen ins Lager gekommen! Und sie sprachen: ... Wehe uns! Wer wird uns aus der Hand dieses gewaltigen Gottes erretten? Das ist der Gott, der die Ägypter mit allerlei Plagen und mit der Pest schlug. So seid nun tapfer und zeigt euch als Männer* (4,6–9). Die Philister kämpfen selbst- und kraftbewusst gegen die Israeliten und erobern die Lade für sich. Wo die Israeliten träge und desinteressiert sind, zeigen ihnen die Philister, wie Erfolge durch die richtige Einstellung erkämpft werden können.

Wie steht es um die Bindung der Israeliten an die Gebote ihres Gottes? Offensichtlich mehr schlecht als recht. Als die Lade ins Kriegslager geholt wird, wird sie begleitet von den beiden Söhnen des alten Eli – *nichtswürdige Buben, die sich nicht um JHWH kümmerten* (2,12). Sie charakterisiert eine letztlich totale Verweigerungs- und Willkürhaltung gegenüber den göttlichen Geboten. Durch sie gerät die Lade mehr in die Gefahr des Verlustes, als dass sie geehrt und geschützt wird. Als Eli hört, dass die Lade und beide Söhne verloren gegangen sind, stürzt er und bricht sich das Genick; seine zu schwache Autorität hat sich selbst gerichtet (4,17.18). Denken wir auch an das Votum Gottes im vorherigen Kapitel, dass Eli *und sein Haus auf ewig verurteilt wurde, weil er wusste, dass seine Söhne Gott lästern, und er ihnen doch nicht wehrte* (3,13). Das 4. Kapitel mit den beiden Niederlagen gegen die Philister endet dann in einem Bild, das erschütternd Ohnmacht, Depression und Leere ausdrückt, indem noch zusätzlich die hochschwangere Schwiegertochter Elis mit einer Sturzgeburt zu Tode kommt.

In den beiden folgenden Kapiteln erzählt eine erstaunliche Fantasie die Reaktionen der göttlichen Macht. Ein metaphorischer Begriff, die *Hand*

JHWHs, wird in den Kapiteln 5 und 6 siebenmal gebraucht. Seine *Hand* kämpft, »handelt« demonstrativ gegen die Feinde – seien es die Philister oder auch die feindlichen seelischen Kräfte im israelitischen Lager. In beiden Kapiteln ist also nicht mehr von Gefühlsreaktionen, Kritik, Strafmaßnahmen und Verheißungen dieses *gewaltigen Gottes* (4,8) die Rede wie in den vorherigen Kapiteln; Gott spricht nicht mehr zu seinem Volk, dem er verloren gegangen ist, er »handelt« und zeigt operativ seine Macht.

Als die Lade in die Hand der Philister fällt, wird sie in das Haus ihres Gottes Dagon gebracht. Nach einem nächtlichen Geschehen liegt dieser auf dem Boden und ist zerbrochen. Wohin die Lade jetzt auch gebracht wird, überall erkranken die Bewohner *vom Kleinsten bis zum Größten* an einer Beulenkrankheit und an *tödlicher Bestürzung* (5,11). Nach sieben Monaten, als viele Philister gestorben sind, entschließen sie sich, die Lade zurück zu bringen. Ihr Respekt vor der *Lade des Gottes Israel* ist so gestiegen, dass sie Buße entrichten: *Fünf goldene Beulen und fünf goldene Mäuse, nach der Zahl der Fürsten der Philister ... So macht nun Abbilder eurer Beulen und Abbilder eurer Mäuse, die das Land verheeren, und gebt dem Gott Israels die Ehre* (6,4.5). Von zwei säugenden Kühen gezogen, entgegen den mütterlichen Trieben der Tiere, findet die Lade mit der goldenen Buße-Leistung zurück zu den Israeliten.

Zuletzt werden die Israeliten »sehend«. Als hätten sie mitbekommen, was sich zwischen der Lade und den Philistern Schlimmes abgespielt hat und wovor sie selbst nach ihrer Niederlage verschont geblieben sind: *Als sie nun ihre Augen erhoben und die Lade sahen, da liefen sie ihr freudig entgegen* (6,13–16).

Wie lassen sich die Anspielungen und Szenen verstehen? Der wichtigste Gedanke ist sicher der der Symbolisierung, nämlich *Abbilder zu machen* von den gefährlichen, zerstörerischen Mächten. Dadurch sind sie leichter zu erfassen und zu handhaben. Symbole ermöglichen eine offene gedankliche Auseinandersetzung. Durch die bildhafte, metaphorische Sprache lässt sich eine schwierige Ansicht oder Meinung deutlich – und doch »verschlüsselt-aufschließbar« – dem Gesprächspartner anbieten.

So werden kleine *Mäuse* zu den Mächten, die *das Land verheeren.* In ihnen können die Philister einerseits die Krankheitserreger und Verbreiter der Beulenpest sehen; jedoch symbolisieren andererseits die *fünf Mäuse* auch die fünf Könige! Ihre Macht und Potenz erscheint lächerlich klein, depotenziert, stark nur in ihrer Gefährlichkeit für das Volk; sie müssen sich der *schweren Hand* des Gottes Israels unterwerfen, dem sie Abgaben in reinem, unzerstörbarem Gold zu entrichten haben. – Vielleicht bedeutet diese Symbolik der Krankheitsbeulen und der gefährlichen *Mäuse* auch einen Hinweis an die Adresse der störrischen Israeliten, denn auch sie wünschen sich eine Königsherrschaft.

Literarisch ist die Lade-Erzählung eine höchst kunstvoll gebaute Parabel, eine imaginierte »Hilfskonstruktion«. Denn aus einer traumatisierenden realen Niederlage gegen die Philister konstruieren die Israeliten in der Fantasie einen traumhaften Sieg, zu dem ihnen auf wundersame Weise, ohne eigenes Zutun, die Lade verhilft. Aber noch mehr: Sie verleugnen nicht nur »die Realität mit Hilfe ihrer Fantasie« (ein psychischer Mechanismus, den A. Freud anhand der »Analyse der Phobie eines fünfjährigen Knaben« beschreibt; 1964, 58), sondern sie beginnen auch, die Ursachen ihrer Niederlagen zu reflektieren. Die Geschichte zeigt sowohl die eigene militärische Schwäche als auch die Stärke ihres Glaubens und ihres Geistes: In ihrer Erzählung erleiden die Israeliten eine Niederlage, dann erleiden ihre und ihres Gottes Gegner dasselbe Schicksal – siegreich, unverwüstlich triumphiert letztlich die Lade und der Gottesglaube: *Wer kann bestehen vor JHWH, diesem heiligen Gott?* (6,20).

Der geistige Prozess, der sich im Seelenleben der Israeliten (des Erzählers) durch die Ladegeschichte abspielt, lässt sich als »Umwandelnde Verinnerlichung« (Kohut, 1979, 11 und 43) verstehen, als psychischer Erkenntnis- und Veränderungsprozess ihres Verstörtseins. Wir hörten, wie desinteressiert und entwertend die Israeliten vor dem Kampf gegenüber ihrem Gott waren. Ihr Glaube war schwach geworden, die Moral korrumpiert durch ihre geistlichen Führer, durch Eli und seine Söhne; sie hatten »vergessen«, die Lade in den Konflikt mit einzubeziehen.

Durch die zweite Niederlage, nach dem Verlust der Lade, setzt eine Art fantasiegetragener selbstanalytischer Lernprozess ein, eine ernüchterte Rückbesinnung auf die Quellen der eigenen Kraft *(Warum hat uns JHWH heute den Philistern erliegen lassen?)*. In der tagtraumähnlichen Szene zur Verarbeitung der Niederlage erscheinen verschiedene Aspekte aufgespalten und können dadurch Eigendynamik entfalten. Die Israeliten selbst lassen sich als Träumer, als inaktive Beobachter beschreiben, als säßen sie auf einer Zuschauertribüne, um von den sicheren Rängen die Fortsetzung des Kampfes verfolgen zu können, den sie gerne gewonnen hätten. Aller Kampfgeist erscheint von ihnen abgespalten, isoliert – projiziert in die Philister und die Lade. Dieses Objekt, in das die Israeliten die

Kraft externalisieren, die ihnen vorher im Kampf fehlte, trägt nun in der Fantasie ihre verdrängten, grandios-kämpferischen Wünsche in die Städte der Philister.

Vor allem erhalten die Israeliten von der Lade die Aufmerksamkeit und Erfüllung ihrer Wünsche, die ein Kind braucht, um aus einer depressiven Lethargie zu neuer Vitalität zu erwachen. Denn die Israeliten werden sogar mit den Schätzen beschenkt, die ihr Gott dem Gegner als Buße abgenommen hat. – Erinnert die Erzählung nicht an den Zauber einer Geschichte aus einem Kinderbuch? Die Hörer und Hörerinnen können sich sowohl mit dem Selbstbehauptungswillen und der Gottesfurcht der Philister identifizieren und wie diese ihre Ängste produktiv meistern, wie auch mit dem Einfallsreichtum der »Supermacht« in Gestalt der Lade: Sie lässt sich nicht einfangen und unterwerfen, rätselhaft agil, wie sie in der Erzählung ist; sie zeigt sich unverwüstlich, ideenreich und subversiv-frech – statt fromm und brav. Und nicht zuletzt werden auch noch die Philister bestraft, sofern sie sich ein fremdes »Gut«, den Gott Israels in Gestalt der Lade, angeeignet hatten.

So stellt die Lade-Fantasie eine verführerische Tagträumerei dar. In ihr äußert sich aber auch eine passiv-fordernde Anspruchshaltung der Israeliten gegenüber ihrem Gott: eine Form des Glaubens, gegen die sich die Erzähler auch in anderen Textstellen wenden. Sie lassen im Bewusstsein der Israeliten eine Änderung stattfinden. Sie werden *sehend.* Im Zuge der Fantasie-Vorstellungen vertieft und verstärkt sich das kritische Selbst-Bewusstsein für die eigenen Schwächen (bezüglich des Glaubens und der Kampfeshaltung). Und die Israeliten haben verstanden: Sie nehmen die *Herrlichkeit aus Israel* (4,22), die Lade, jetzt freudig und aktiv in ihre Mitte zurück und drücken mit Dankopfern aus, dass sie ihnen wichtig geworden ist. Aber inwieweit ändern sich dadurch ihre Gefühlseinstellungen und ihr Verhalten tatsächlich? Sind sie jetzt zu mehr Gottvertrauen, Kampfgeist und Eigenverantwortlichkeit fähig? Zweifel haben schon die Erzähler. Um ihre Wunschvorstellungen für eine positive Entwicklung noch eindrücklicher zu vermitteln, wird das Bild einer rigorosen und unmissverständlichen Strafmaßnahme für Ungläubige angehängt: Siebzig Männer, Söhne eines Vaters, die sich an der Rückkehr der Lade nicht mit freuten, werden erschlagen! *Das Volk aber trug Leid, weil JHWH ihrer so viele geschlagen hatte. Und die Leute sprachen: Wer kann bestehen vor JHWH, diesem heiligen Gott* (6,19).

Überleben oder Tod? Die Israeliten beginnen zu erkennen, dass prinzipiell jeder die Wahl hat, ob er sich an den destruktiven oder den positiven, lebensbejahenden Mächten orientiert. Wer sich für das Leben und die lebensbejahenden Kräfte entscheidet, wird Freude und Leid erleben und muss kämpfen *(So seid nun tapfer und zeigt euch als Männer! ... Seid Männer und kämpft!* 4,9). Die göttliche Macht, von der in der Ladegeschichte erzählt wird, scheut keine Auseinandersetzungen und keine Opfer. Zumindest nicht in der Fantasie, die den Israeliten wie in einer Vision neue Perspektiven eröffnet.

Das Objekt *Lade* und die von ihr erzählenden Geschichten lassen sich verstehen als ein schöpferisches Produkt der Israeliten zu einem spezifischen Zeitpunkt ihrer Religionsgeschichte. Aus welchen menschlichen Erlebnis- und Konfliktwelten kann sich ein solches schöpferisches Denken entwickeln? Inwieweit lädt uns dieser alte Text ein, uns durch seine Szenen und Botschaften für die eigene Entwicklung anregen zu lassen? Beschrieben wird, wie sich zwischen dem Konstrukt der Lade und der kritischen Suche des Volkes nach Selbsterkenntnis und stabiler Identität *(Warum hat uns JHWH heute den Philistern erliegen lassen?)* ein Aktionsfeld eröffnet, das sich als intermediärer Raum, als ein offener Raum für Fantasien und Gedankenspiele, betrachten lässt. Wir erfahren etwas von den Mächten, die das Volk seinem Gott und den Kräften der Natur zuschreibt, z. B. in der Auseinandersetzung um Krankheit und Gesundheit oder im Liebestest mit den Muttertieren. Gesucht werden Hinweise für eine bessere Existenz, für ein Meistern der Krise.

In diesem symbolgetragenen, schöpferischen geistigen Freiraum haben Widersprüche Platz: In der Lade bewahren die Israeliten einerseits die Gebote auf, die offiziell keinen Widerspruch erlauben, sondern strikt Folgsamkeit fordern; andererseits lassen sie die Lade mit ihrem Gesetzesinhalt – den das Volk so gerne los wäre wie jedes Kind die Verbote der Eltern – zwischen die Fronten geraten. So haben die Israeliten wieder einmal arrangiert, dass sie sich mit der Ambivalenz ihres Glaubens und Vertrauens auseinander setzen müssen: Inwieweit wollen sie ihren Gott mit den Geboten besitzen, identitätsstiftend verinnerlichen, und wie weit lassen sie sich von ihrer Eigenmächtigkeit und auch Skrupellosigkeit beherrschen?

Betrachten wir die Szenen der Ladegeschichte aus der Sicht geistig-seelischen Reifens, können wir von einer ausgeprägten Reifungsdisharmonie sprechen: Auf der einen Seite lernen wir geistige Fähigkeiten kennen, in Zeiten größter Not und Hilflosigkeit, nach zwei schweren Niederlagen, zu reflektieren, auf der anderen Seite – im Blick auf das Antriebs- und Affektgeschehen – zeigt sich eine tief gehende Zerrissenheit und Schwäche. Die Israeliten erscheinen fixiert auf ein Funktionsniveau übermächtiger ambivalenter Abhängigkeitsmuster. Der Eindruck entsteht, als warte das Volk auf Fütterung mit Macht und Stärke und interessiere sich nicht dafür, woher seine militärische Potenz kommen soll.

Winnicott (1973, 10) hat die Ursprungssituation eines Reifens zu einer schöpferischen Persönlichkeit aus psychoanalytischer Sicht herausgearbeitet. Seine empathiegetragenen Konstrukte des »Übergangsobjektes« und der »Übergangsphänomene« können unser Verständnis der geistigen Leistung der biblischen Autoren und ihres Produzierens einer qualifizierten religiösen Beziehung bereichern.

Winnicott versetzt sich in die Lage des Kleinkindes, das nicht mehr nur im direkten Spiel mit der Mutter (oder einem vergleichbaren »Objekt«) seine Fähigkeiten und ein erstes Bewusstsein für sein Selbst entwickelt – für das, was es ist und kann und für das, was es nicht kann und nicht ist. Er versucht sich einzufühlen in die seelische Welt eines Kindes, das erstmals wagt, sich von einem schützenden, helfenden und anregenden Primärobjekt zu distanzieren und das sich stattdessen einem selbstgewählten (!) Gegenstand seines Spiels, einem »Übergangsobjekt«, zuwendet. Das Kind entwickelt eigenständig die Fähigkeit, »ein Objekt zu erschaffen: es sich vorzustellen, zu erdenken, zu erfinden, hervorzubringen« (11). Man denke etwa an ein Lieblings-Spieltier o. ä. Dadurch entsteht ein für die emotionale Entwicklung höchst bedeutsamer Erlebnis- und Erfahrungsbereich zwischen Selbstliebe und echter Objektbeziehung, »zwischen frühester Unkenntnis einer Dankespflicht und der Kenntnisnahme der Verpflichtung (›sag danke!‹)«. – Nach Winnicott ist solch ein Übergangsobjekt vor allem ein Schutz, eine Abwehr gegen depressive Ängste, die aus dem Wagnis elementarer Trennungs-, d. h. Verselbstständigungsschritte herrühren.

Die scheinbar unverwüstliche Lade und ihr Agieren steht für Bedürfnisse nach Zuverlässigkeit (Objekt-Konstanz) und zielstrebigem Handeln, auch in Zeiten einer unfreiwilligen Trennung. Aber mehr noch: In seinen emotionalen Reaktionen – als die schützende Funktion der Lade vermisst wird – kann sich das Volk der Schwäche seiner Beziehungsfähigkeit »Gott« gegenüber bewusst werden, denn es ist der Glaube, der den Israeliten verloren zu gehen droht. Die Lade – ein Übergangsobjekt, in das sich mittels der Fantasie alles Notwendige für eine Verselbstständigung hineinpacken lässt – erscheint so in der stabilisierenden Funktion eines widerspiegelnden mütterlichen Selbstobjektes bzw. auch einer kämpferisch-idealisierten Vater-Imago (Kohut, 1979, 23).

Die Israeliten verehren vor allem die stabilisierende Autorität ihres Gottes in dem Kultobjekt. Die Stämme beziehen aus ihr den Zusammenhalt und ihre soziale Ordnung. Jedoch distanzieren sie sich immer wieder von dieser Art von Gesetzgebung, als könnten sie auf Normen und Strukturen verzichten. Aufgrund der kategorisch-imperativen Strenge ihres hergebrachten Gottesbildes befinden sie sich in einem unbewältigten Ambivalenzkonflikt. Dieser Urkonflikt ist verständlich und zugleich unvermeidbar: Die rigorosen Gebote und Verbote des überkommenen Gottesbildes – geistige, ordnende Prinzipien – kollidieren mit der triebhaft vitalen Natur und den Autonomiebedürfnissen. Unvermeidlich entstehen Konflikte, für deren Meisterung und Ausgleich ständig neue Lösungen mühevoll gesucht werden müssen, damit es nicht zu einem katastrophalen Untergang eines der beiden Gegenspieler kommt: Entweder die Seele mit ihren Wünschen und der Kraft ihrer Bedürfnisse wird aufgegeben oder die steuernden geistigen Fähigkeiten und Notwendigkeiten werden vernachlässigt und die Wunschwelt verwildert. Die Ladegeschichte markiert insofern einen Prozess des Übergangs, weil die Israeliten im Rückblick auf ihre bisherige wechselvolle Geschichte vor der Staatsgründung erkannten, welche Gefahr – Entwicklungsblockade – in einer überwertigen Idealisierung eines einseitig prinzipienstrengen Gottesbildes für ihre Existenz und Zukunft, für das Erkämpfen von Autonomie, impliziert ist.

Im Rahmen ihres vertrauten Gottesglaubens entwickeln sie nun den neuen Denkansatz. Die ersten Schritte zeigen sich im 7. und 8. Kapitel: Die Lade, das geheimnisvolle und auch als dämonisch erlebte Übergangs-Objekt, differenziert sich, ihre Funktionen und Inhalte werden auf menschliche Objekte übertragen. Samuel wird als Prophet und Richter eingesetzt, jedoch nicht mehr als allein herrschender Volksführer wie sein Vorgänger Eli, denn für die weltliche Macht wird ein König gesucht. Die Ambivalenz wird Thema bleiben, aber zunehmend auf eine andere Ebene verlagert. –

Im 7. Kapitel wird ein weiterer Lösungsversuch des Ambivalenzkonfliktes zwischen den israelitischen Stämmen und den Geboten vorgestellt. Das Volk ist nach wie vor unzufrieden mit seinem Gott. Die Zürcher Bibel gibt das halbherzige, depressive Klagen des Volkes nicht wieder, erst die Übersetzung von Stolz (1981, 53):

2 *Von dem Tage an, da die Lade in Kirjath Jearim Unterkunft gefunden hatte, verging längere Zeit, es wurden zwanzig Jahre, und das ganze Haus Israel klagte hinter JHWH her.*

3 *Da sprach Samuel zum ganzen Haus Israel: ›Wenn ihr von euerm ganzen Herzen zu JHWH umkehren wollt, so entfernt die fremden Götter aus eurer Mitte und die Astarten, wendet euer Herz JHWH zu und dient ihm allein, damit er euch aus der Hand der Philister rette.‹*

4 *Da entfernten die Israeliten die Baale und die Astarten und dienten JHWH allein.*

Der Versuch eines Meisterns der Unzufriedenheit wird jetzt nicht mehr als magisch-machtvolles rätselhaftes Agieren der Lade fantasiert, sondern ein geistig-religiöser Dialog beginnt. Genauer: Hier, noch in traditioneller Denkweise, weist Samuel kategorisch an, wie sich der Konflikt mit Gott lösen lässt, durch Rückkehr in die exklusive Gott-Volk-Dyade. Aber Samuel muss seine ganze prophetische Autorität aufbieten, um sich gegen seine Gegner in den eigenen Reihen, in den Herzen der Israeliten, durchzusetzen. Als Ausdruck der Gegenkräfte benennt das 7. Kapitel nicht nur das distanzierte, ambivalente Verhalten der Israeliten, sondern vor allem das »Fremdgehen« mit anderen Göttern.

Baal und Astarte sind Naturgottheiten. In ihnen zeigt sich die »Polarität zwischen Männlichem und Weiblichem« (Stolz, 1981, 53). Zu den Mächten der Natur gehören nicht zuletzt das menschliche Begehren mit den schwer realisierbaren, ängstigenden Triebwünschen. Der Gott der Israeliten erscheint am Anfang des 7. Kapitels noch in einer Gegnerschaft zu den Triebkräften der Natur, weil sie angebetet werden. Sein Bild ist aufgebaut als Repräsentanz von strengen Forderungen und als Autorität absolut wichtiger Wertungen und Gebote. Das Gottesbild dieser Phase fordert, dass solche Orientierungen über alle naturbedingte Triebhaftigkeit und Willkür zu stellen sind, und dass – darüber hinausgehend – die »fremden« Götter zu entfernen sind. Die Unterwerfung der Triebnatur – und vor allem ihre Beseitigung – gilt hier noch als Voraussetzung, dass die Israeliten »gerettet« werden können und sich eine stabilisierende Kultur entwickeln kann. Entsprechend verstehen die Israeliten ihre siegreiche Revanche über die Philister nicht als Zeichen wiedergewonnener eigener Stärke und Einigkeit, sondern als direkten Ausdruck der Macht Gottes (*JHWH donnerte gewaltig wider die Philister und verwirrte sie,* 7,10).

Was hier im 7. Kapitel auf einer prinzipiellen geistig-theologischen Ebene polarisiert und autoritativ geordnet wird, kehrt später als ein vorrangiges Reifungsthema für die großen Gestalten Samuel, Saul und insbesondere David, wie für ihre Söhne, wieder. Alle drei großen Führerpersönlichkeiten sind uns zunächst selbst als Söhne vorgestellt, die in einem speziellen Auftrag ihrer Eltern bzw. ihres Vaters stehen. Ihr Thema ist die Auseinandersetzung zwischen göttlich-geistiger Ordnung und Verantwortlichkeit auf der einen Seite und den natürlichen Triebkräften – vor allem den Besitz- und Machtansprüchen (Baal) und der Sexualität (Astarte) – auf der anderen Seite.

Um die Problematik in der Sprache psychoanalytische Strukturtheorie pointiert auszudrücken: Die innerseelischen Konflikte im Spannungsfeld von Es, Über-Ich, der äußeren Realität und dem sich entwickelnden Ich als verantwortlicher Steuerungsinstanz werden in den folgenden Kapiteln an den großen Führern der damaligen Zeit aufgezeigt: an Samuel, der sich in seiner Gottbezogenheit eigenen seelischen Konflikten (die ihm sein Gott im Offenbarungstraum bereits aufgezeigt hat) nicht stellt, an Saul, der uneinsichtig an ihnen scheitert und seelisch erkrankt, und an David, der fähig wird, die kritische Auseinandersetzung um kämpferische Kraftentfaltung und um sexuelles Begehren aufzunehmen.

Wer das erste Samuelbuch im Zusammenhang liest, muss sich eigentlich wundern, was in der Reihe der Erzählungen über die Entstehung des Königtums die Erzählungen von der Lade zu bedeuten haben. In ihr stehen nicht Richter und Könige im Mittelpunkt, sondern eben ein Kultgegenstand. Das Band, mit dem die Ladegeschichte in den Kontext eingebunden ist – der Dienst Elis und seiner

Söhne am Ladeheiligtum –, ist eher schmal. Seit in 1 Sam 1 der Name des ersten Königs, Saul, bereits präludiert worden ist, und seit in 1 Sam 2 Hanna die »Stärke« des Königs besungen hat, wartet man auf die Inauguration des Königtums; stattdessen tritt ein hölzerner Kasten auf den Plan. Warum?

Gewöhnlich erklärt man sich das Überraschende so, dass die Katastrophe von 1 Sam 4 – Israel von den Philistern vernichtend geschlagen und die Lade scheinbar auf Dauer verloren – den wenig später mit Macht geäußerten Königswunsch motiviert. Nachdem die Richter und religiösen Führer offenbar nicht in der Lage waren, die Existenz Israels zu sichern, bedurfte es eben militärisch-politischer Führer. »Wir wollen einen König, der vor uns herzieht und unsere Kriege führt«, heißt es prägnant in 1 Sam 8,20. Noch etwas kommt hinzu. In der Ladegeschichte hat es den Anschein, als lasse Gott das ganze Volk mit einer verheerenden Niederlage für die Unvollkommenheit der Eli-Söhne büßen; nun sind aber auch die Samuel-Söhne unvollkommen – was mag da bevorstehen? (Vgl. 1 Sam 8,1–5 und dazu Polzin, 1989; Eslinger, 1985)

In der vorliegenden Interpretation hingegen wird die Funktion der Lade entwicklungspsychologisch als die eines »Übergangsobjektes« beschrieben: So wie die (notwendige) Ablösung des Kindes von den Eltern damit beginnt, dass es diese spielerisch durch selbstgewählte Liebesobjekte ersetzt, so beginnt die Ablösung Israels von einer kindlich-symbiotischen Gottesvorstellung, indem es Gott in einem quasi-göttlichen Gegenstand vergegenständlicht und mit ihm »spielt«: bald nachdrücklich-ernsthaft, bald nachlässig-frivol. Damit wird Gott-»Vater« keineswegs ausrangiert; er ist weiterhin präsent (im Bewusstsein Israels jedenfalls), doch man lernt mehr und mehr, sich zu ihm in ein Verhältnis konfliktfähiger Partnerschaft zu setzen – ein gewagter Begriff gewiss, jedoch einer, der spätestens angesichts der Anklagen Gottes in einer Reihe von Psalmen, beim Propheten Jeremia oder im Hiobbuch als biblisch gerechtfertigt erscheint.

Die Samuelbücher schilderten demnach, wie ein gleichsam frühkindliches Gottes- und Selbstverständnis Israels (»Gott siegt für uns« – was er nicht tut) einer fortgeschrittenen Phase weicht (»Wir wollen einen König« – sie bekommen Saul), um schließlich in diejenige der Reife zu münden (»Wie müsste gottgemäßes Königtum beschaffen sein?« – siehe David als Modell). Die Lade diente dabei als Hilfsmittel zur Findung eines reiferen Gottes- und Selbstbildes.

Israel, so die hier vorgetragene Theorie, muss sich vom Gott seiner Kindheit ein Stück weit lösen, um selbst erwachsen zu werden. Zu einem heiligen Kasten nimmt man aber leichter Distanz als zu Gott selber. Gott selber würde man selbstverständlich nicht vergessen, wenn man in den Krieg zieht – die Lade aber schon; Gott selber würde man niemals in die Hände des Feindes fallen lassen, ohne sich selbst zu opfern – anders bei der Lade. Dass man den gestrengen Gott gerne einmal loswürde, würde man nie eingestehen – und muss es gegenüber der Lade auch nicht (unabhängig davon, ob nun in ihr die Gesetzestafeln lagen bzw. liegend gedacht wurden oder nicht.)

Mit Hilfe der Lade machen die Israeliten »einen Prozess des Übergangs« durch, indem sie gewahr werden, dass von »einer überwertigen Idealisierung eines einseitig prinzipienstrengen Gottesbildes« eine »Gefahr . . . für ihre Existenz und Zukunft« ausgeht; ein unangemessen kindlicher Glaube kann eine »Entwicklungsblockade« bewirken. Individualpsychologisch ist die Wahrheit dieser Einsicht kaum zu bestreiten; es gibt genügend Fallbeispiele von misslungener, überstrenger religiöser Sozialisation (auch wenn in Zeiten der Postmoderne und in unseren Breiten diese Gefahr rückläufig ist). Überraschend ist die Übertragung solcher Mechanismen auf die Sozial- bzw. Religionspsychologie – und ihre Auffindung, nein, die Auffindung ihrer Überwindung in der Bibel. Die Ladegeschichte soll ja gerade nicht ein infantiles Gottesbild spiegeln, sondern die Herauslösung aus einem solchen. Und das nicht so sehr wegen der Aussage des Textes selbst – die könnte durchaus im Sinne »überwertiger Idealisierung« eines zu allem fähigen Gottes verstanden werden –, sondern wegen der Platzierung im Kontext. Die Ladegeschichte markiert im ersten Samuelbuch in der Tat den Übergang von der Theokratie zur Monarchie, von einer religiösen Führung zu einer staatlichen Organisation Israels. Dass die Religion bzw. Gott infolge der Staatlichkeit obsolet geworden wären, dagegen steht allein schon die weitere Präsenz Samuels (und später anderer Propheten).

Gott, der in der Lade so überaus wirksam ist, wird den Samuelbüchern zufolge auch in der Königszeit wirksam bleiben. Er lässt es aber zu (oder muss es zulassen), dass daneben Könige ihre Wirksamkeit entfalten. Der Bereich des Staatlich-Politischen fordert sein eigenes Recht, und nicht alles kann durch Religionsrecht geregelt werden. Dennoch fordert auch Gott bzw. der Gottesglaube sein

Recht. Das politische Handeln mit seiner gewissen Eigengesetzlichkeit muss zum göttlichen Gesetz und Willen in Beziehung gesetzt werden. An den Gestalten Sauls und Davids und all ihren Zeitgenossen werden unterschiedliche Möglichkeiten dazu vor Augen gestellt.

Die Ladegeschichte wird in ihren religiösen Grundeinsichten freilich auch für die Königszeit Bedeutung behalten. Gott lässt sich nicht manipulieren: nicht von seinem eigenen Volk und nicht von einem Feindvolk – und auch nicht von Königen. Auch König David wird, gerade an der Lade, diese Erfahrung machen müssen (2 Sam 6,1–11), und König Salomo, der sie schließlich in seinem Tempel platziert, wird sie mit allergrößter Ehrfurcht behandeln (1 Kön 8,1–13).

Die Macht des Gottes, der über der Lade anwesend ist, wird sehr anschaulich in 1 Sam 7 demonstriert. Nachdem Samuel dafür gesorgt hat, dass sich Israel allein zu JHWH und gegen alle anderen Götter bekennt, sorgt JHWH dafür, dass die Philister, die Israel so sehr geplagt haben, für einmal gründlich aufs Haupt geschlagen werden. Der Analytiker deutet dieses Erzählkonstrukt als Rückfall in die »dyadische« Gott-Welt-Vorstellung. Unverkennbar meldet sich hier das Thema von Polytheismus und Monotheismus zu Wort. Israel, das lange Zeit neben und mit JHWH auch anderen Göttern Reverenz erwies, rang sich ab der mittleren Königszeit mit zunehmender Entschiedenheit zur Alleinverehrung JHWHs durch. In der biblischen Darstellung der Geschichte Israels wird diese Entscheidung nach und nach bis in die Mosezeit zurückprojiziert, und so wird hier auch Samuel zu einem ihrer Promotoren (vgl. Pakkala, 1999).

Dass der Monotheismus der biblischen Religion(en) nicht ohne Problematik ist, pfeifen mittlerweile die Spatzen von den Dächern. Isolationismus, Indoktrination und Intoleranz können seine negativen Folgen sein – und waren es oft. Nach der obigen Analyse von 1 Sam 7 kommt die Abspaltung des Naturhaft-Triebhaften vom Gottesbild hinzu: eine Tendenz, die in der Weltfeindschaft und Leibfeindlichkeit mancher christlicher Strömungen ihre späten Folgen hatte. Unvermeidliche Folgen sind dies indes nicht. Monotheismus muss nicht exklusiv, er kann auch inklusiv gedacht werden. Der eine Gott muss andere Gottheiten nicht aus dem Feld schlagen, seine Erkenntnis muss die Gotteserkenntnis anderer nicht aus-, sondern kann sie einschließen. Gerade die hebräische Bibel weist auf weite Strecken eine große Weltoffenheit, Weitherzigkeit gegenüber dem Fremden, Toleranz auch im Blick auf Religion und Glauben auf; man denke nur an die Schöpfungserzählungen oder an die Bücher Rut und Jona.

Was jeweils in den Vordergrund zu rücken ist, Abgrenzung oder Öffnung, bestimmen die Umstände. In Zeiten der Bedrängnis, wenn der Verlust der eigenen Identität und gar die Auslöschung der eigenen Existenz droht, ist das Ureigene, Besondere, Kontingente hervorzukehren: die Einzigkeit des biblischen Gottes, die Einzigartigkeit seiner Geschichte und seiner Beziehung mit seinem erwählten Volk. (Unser Text entstand, notabene, im oder nach dem babylonischen Exil!). Wenn im Gottesvolk aber der Isolationismus überhand nimmt, wenn Engstirnigkeit seine eigene Entfaltung und Ängstlichkeit die Teilhabe anderer an seinen Erfahrungen und Einsichten blockiert, dann sind Liberalität und Offenheit angesagt. Das Verhältnis zwischen diesen beiden Grundrichtungen ist nicht als eine kontinuierliche oder auch ruckartige Fortentwicklung zu bestimmen, sondern im Bezug auf die jeweiligen Herausforderungen der Zeit. Vielleicht sind mitunter »dyadische« Tendenzen, d. h. binäre Fragestellungen und klare Antworten, nötig? Der David-Roman in seinen Grundlinien weist jedoch nicht in diese Richtung . . .

3.4 Der schöpferische »Geist Gottes« als triangulierende Kraft (1 Sam 8)

Das Volk bleibt von der Art seiner Beziehung zu Gott, von der Hilfe durch ihn, vor allem aber von den Gott unterstellten engen, strengen Forderungen und von Samuel als Gottes weltlichem Stellvertreter enttäuscht. Samuel ist alt geworden. Auch seine beiden Söhne *wandelten nicht in seinen Wegen, sondern gingen dem Gewinne nach, ließen sich bestechen und beugten das Recht* (V. 3). Es resultierten wohl generell chaotische Verhältnisse, nicht anders als bereits zu Zeiten des Propheten Eli, dem Vorgänger und Ziehvater Samuels. Das wichtige Nachfolgeproblem ist ungelöst.

Das Volk will überleben und sucht im 8. Kapitel einen realitätsgerechteren Ausweg aus solch negativ wirkenden religiösen Beziehungsformen. Auf die Wirren der Stammes- und Philisterkämpfe und die schwache Führung durch die Richter-Priester reagiert es rebellisch-fordernd: Ein König, wie Nachbarvölker ihn haben, soll inthronisiert werden. Ein kritischer Betrachter würde allerdings denken: Als ob eine königliche Regentschaft die Defizite an Einsicht, Motivation und Rechtsbewusstsein kompensieren könnte;

die äußeren Strukturen will das Volk verändern, nicht das Denken und die Einstellungen, welche die Missstände produziert haben.

Samuel missfällt der Wunsch des Volkes. Die implizite Kritik gilt seiner Führungsschwäche und seinen Söhnen, aber er scheint die Kritik nicht zu verstehen. In seiner Ratlosigkeit wendet er sich an seinen Gott. Der reagiert zunächst ähnlich mit einem Gefühl des Abgelehntseins, aber er findet im Gegensatz zu Samuel für sein Verletztsein deutliche Worte: *Nicht dich, sondern mich haben sie verworfen, dass ich nicht König über sie sein soll* (V. 7). Und er betont die Undankbarkeit des Volkes in der langen Zeit, seit es aus Ägypten herausgeführt worden ist. Die göttliche Macht fürchtet wohl, dass der gewünschte König ein neuer Götze und Rivale werden könnte.

Dieser Vatergott, der am liebsten nach wie vor für alles allein zuständig wäre *(dient ihm allein,* 1 Sam 7,3), reagiert nun zunächst – trotz seiner Gekränktheit – wie in alten Tagen, überschießend, grenzenlos gewährend: *Willfahre dem Begehren des Volkes in allem, was sie zu dir sagen* (V. 7.9.22 – dreimal formuliert!). Aber er lässt auch durch Samuel das Volk warnen, indem er ihn mit kraftvollen Worten die Gegenforderungen der zu erbringenden Leistungen für einen König aufzählen lässt. Diese *Gerechtsame des Königs (V.* 9) würde sie viel teurer zu stehen kommen, viel mehr an realen Opfern und Abgaben kosten als die alte Liaison mit ihrem Gottkönig. Und ihr Vatergott droht mit klaren Worten und Verhältnissen: Wenn das Volk über seinen neuen König enttäuscht sein wird und sich beschweren will bei Gott, dann würde er schweigen.

Das Volk weigert sich, auf Samuel zu hören – es hört, will sich aber auf solch eine Gegenforderung mit Abgaben und persönlichen Gegenleistungen nicht einlassen. Es fürchtet wohl, es könnte von seinem Gott mehr gefordert sein als alle anderen Völker (V. 20). Gott gibt trotz der Leistungsverweigerung des Volkes nach: *Willfahre ihrem Begehren (V.* 22). Später wird Samuel, Hüter der alten Ordnung, dem Volk vorhalten, dass es *in den Augen des Herrn ein großes Unrecht begangen* hat, indem es einen König *begehrte* (1 Sam 12,17).

Ein Konflikt, mehrere Jahrhunderte alt, steht jetzt zur Lösung an. Das Volk ist kämpferisch geworden, will nicht untergehen und fordert mehr Macht und bessere Führerpersönlichkeiten. Die Idee mit der Königsherrschaft ist nicht neu, neu ist wohl die Art der Auseinandersetzung, die jetzt beginnt. Bereits in 5 Mose 17,14–20 gibt es ein Königsgesetz, das hier interessant ist, weil es in einer abschreckend rigiden Imperativsprache verfasst ist: Allein in den Versen 15–19 wird achtmal das Verb *sollen* gebraucht, zusätzlich Verbote wie *du darfst nicht* oder *niemals wieder* und ultimative Forderungen an den König, wie *wenn er – dann soll er* ... – Ein Sprachstil, *damit er den Herrn, seinen Gott, fürchten lerne.*

Eine höchst bedeutsame Auseinandersetzung kommt also in Gang. Der Gottvater, der so fortschrittlich in seinem neuen Denken beschrieben wird, würde am liebsten in den alten Verhältnissen beharren. In Anlehnung an ein wiederholt gebrauchtes Bild der Bibel von Gott und seinem Volk könnte man den Gott der alten Zeiten mit einem starken Liebhaber vergleichen, der nicht zulassen will, dass seine Geliebte, das Volk, sich ein eigenes Terrain erschließt. Der Liebhaber spürt seine Eifersucht, er fürchtet den Verlust an Ansehen und die Gewaltenteilung. Aber nach seinem neuen Ideal gegenseitiger Achtung muss er sich neu orientieren: Auf die Ansprüche des Volkes reagiert er mit Gegenforderungen, die durchaus einen positiven Sinn haben. Eingeführt wird in die jahrhundertealte dyadische Volk-Gott-Beziehung eine realitätsgerechte Weltsicht: Jeder König muss sich seine Macht ganz real vom Volk holen, ob in Form von Steuern, Militärdienst o. a. Auch hier offenbart sich eine negative, depressive Seite des alten Beziehungsmusters und religiösen Bewusstseins: Das Volk verhält sich noch wie ein verwöhntes Kind, das an paradiesische Verhältnisse glaubt, das immerwährend gut versorgt sein will und keine Leistungen im Schweiße seines Angesichts erbringen will (das psychosoziale Gewicht dieses Denkens in Wunschträumen spiegelt sich vor allem in dem Triumph der Lade über die Philister wider und – einen Reifungsschritt weiter, da ein Mann aus dem Volk kämpft und siegt – im Sieg Davids über Goliat).

Aus der dyadischen, symbiotisch-engen, hoch ambivalenten Abhängigkeit entwickelt sich jetzt ein trianguläres (dreiecksbildendes) Beziehungsmuster. Etwas Drittes, Eigenständiges, kommt zur Dyade Gott-Volk hinzu, sei es ein König, eine neue gemeinsame Aufgabe oder seien es generell neue, komplexere Denk- und Sozialisationsstrukturen. Die Propheten und Richter der alten Zeiten waren zwar gehorsame und standhafte Sprecher ihres Gottes, aber sie vertraten keine unabhängigen Positionen, kein eigenständiges produktives Denken. Auch Samuel zeigt sich in seiner Abschiedsrede (1 Sam 12) noch einmal als strenger Repräsentant der alten starren Ordnungsstrukturen, indem er dem Volk, eindrücklich donnernd, ins Gewissen redet – ohne jeden selbstkritischen und realistischen Blick für die eigenen Grenzen.

Ein fundamental neuer Ansatz, ein neues Projekt kündigt

sich als Fragestellung an: Wie müssen die Fähigkeiten eines starken, erfolgreichen Königs sein, der sich gegen das Volk und gegen seinen Gott behaupten kann und sich gleichzeitig vom göttlichen Denken leiten lässt? Die Auseinandersetzung um den König führt zur Geburtsstunde eines neuen Menschen- und Gottesbildes.

Das veränderte Gottesbild – und Vorbild – sei in den wichtigen Zügen seines Wesens und seines Wirkens kurz skizziert. Dreimal wird im 8. Kapitel ein Ausspruch Gottes zitiert, der hier in zweierlei Übersetzung wiedergegeben wird: *Willfahre dem Begehren des Volkes* (Zürcher Bibel) oder »Höre auf ihre Stimme« (Stolz, 1981, 57). In der unterschiedlichen Übersetzungsmöglichkeit verbirgt sich der Grundkonflikt und damit das Leitmotiv des neuen göttlichen, strukturbildenden Wirkens und Denkens: Wie kann erreichbar werden, dass Menschen aufeinander »hören« und sich achten und gleichzeitig ihr (triebhaft und narzisstisch motiviertes) *Begehren* unter angemessener, verantwortungsbewusster Kontrolle halten?

In dem kollektiven Lernprozess, der in den Samuelbüchern dargestellt ist, bekommt das Bild Gottes Vorbildcharakter: Die Gestalt Gottes muss viele Rückschläge hinnehmen; ständig hat sie sich mit menschlichem Versagen, mit menschlichen Missständen und mit versteckter Feindseligkeit herumzuschlagen. Aber Gott lässt sich nicht »unter-kriegen«, in die Depression einbeziehen (von lateinisch: deprimere, d. h. niederziehen, unterdrücken); er allein, Repräsentanz der Hoffnung, ist unbesiegbar. In seinem Engagement gibt er nicht auf. Oft erscheint er wie ein selbstbewusster und zugleich kritischer Volkserzieher, der sehr eng, letztlich immer wohlwollend, seinem Volk verbunden ist. Er setzt nicht nur Lohn und Strafe ein, sondern verlangt in den Samuelbüchern auch Nachdenken und flexible Anpassung. Auch er selbst ist flexibel, lernt aus seinen Fehlern und korrigiert seine Einstellungen. Er wird dargestellt als ein Vorbild an aufmerksamem Zuhören und an wohl überlegtem Antworten bzw. Reagieren. – Am Ende dieses gemeinsamen Lernprozesses wird eine neue Geisteshaltung, realitätsbezogen verkörpert in David, stehen. Das oben zitierte Leitmotiv eines ergebenen Dienens *ihm allein,* mit seinem engen, exklusiven Anspruch und den unrealistischen Rettungsfantasien, erweitert sich in erstaunlicher Weise. David, der neuen Heldenfigur, bleibt daher nicht erspart, dass er sich an erster Stelle mit seinen verinnerlichten Unterdrückungs-Mechanismen und seiner Hörigkeit auseinander setzen muss, um – im Schutz seines Gottesbildes als befreiender triangulierender Kraft – mehr zu sich, zu seiner inneren Welt der Regungen des *Herzens* und seines *Begehrens* zu finden. Der »Geist Gottes« ist das schöpferische Movens, die treibende geistig-seelische Kraft der Ich-Entwicklung Davids; sie beginnt mit der Flucht vor Saul und ist vor allem eine Auseinandersetzung mit dem ruhelos verfolgenden, destruktiv *bösen Geist*.

Gott und das Volk in der Rolle von Vater (oder auch Mutter?) und Kind: eine Metaphorik, die uns in der Bibel wiederholt begegnet (Hos 11; Jes 1,3; 66,13), die im hiesigen Zusammenhang aber doch überrascht. Ist man indes bereit, die Samuelbücher einmal als individuellen und sozialen Entwicklungs-»Roman« zu betrachten, liegt das Bild so fern nicht mehr. Der Wille und die Fähigkeit, einen Staat zu bilden, muss sich entwickeln, so wie ein Kind fähig und willens zum Erwachsenenleben werden muss. Die leise Rückfrage sei indes erlaubt, ob solche Metaphorik nicht allzu viel Wertung in sich trägt: Erwachsenwerden ist nötig und unvermeidlich, und dass aus Kindern in sich stimmige Erwachsene werden, ist das Ziel jeder Erziehung. Ist aber die Bildung eines Staates, gar einer Monarchie, ein derart hohes und rundum erstrebenswertes Ziel? Und kann dieses Ziel wirklich nur erreicht werden, indem ein Volk Autonomie gewinnt gegenüber seiner angestammten Religion?

Wie auch immer, Israel benimmt sich dem Text bzw. der hier gegebenen Deutung zufolge wie ein ungezogenes, verwöhntes Kind. (Ist es etwa bisher nicht recht erzogen und zu sehr verwöhnt worden? Wann? Bei der elenden Sklaverei in Ägypten und dem gefahrvollen Auszug von dort? Bei der entbehrungsreichen Wanderung durch die Wüste? Bei der hart erstrittenen Landnahme und in der existenzbedrohenden Konfrontation mit verschiedenen Nachbarvölkern?) Die Israeliten verlangen furchtsam und trotzig zugleich einen König. Sie haben kein Empfinden dafür, wie Gott und Samuel – eine Vatergestalt im Himmel und eine auf Erden! – das empfinden werden. Als ihnen dann von Samuel in Gottes Auftrag realistisch die Folgekosten einer Staatsbildung vorgerechnet werden, hören sie sich das an, weigern sich aber, darauf zu hören. Scheinbar setzt sich das Volk durch; es bekommt am Ende, was es will. Dennoch sind die geschilderten Vorgänge von hohem erzieherischem Wert: Das »dyadische« Prinzip (nur das Volk und sein Gott) wird durch ein »triadisches« abgelöst; die Weltrealität tritt hinzu: in Gestalt von Königen und den von ihnen eingeforderten Rechten. Fortan sind Israel und Gott zwei verschiedene »Individuen«, die sich über Dritte und Drittes auseinander setzen können und müssen.

Diese Gedankenführung mag zunächst befremdlich wirken, doch hat sie durchaus Anhalt an der biblischen Denkwelt. Nicht nur das Gottesvolk Israel, der Mensch überhaupt genießt nach biblischer Vorstellung ein hohes Maß an Freiheit gegenüber Gott – und kann und muss diesen Freiheitsraum auch nutzen. Den Schöpfungserzählungen zufolge ist der Mensch im Unterschied zu allen anderen Geschöpfen als freiheitliches, selbstbestimmtes Wesen konzipiert. Zwar im Auftrag Gottes, jedoch in freiem Ermessen hat er die Geschicke der übrigen Schöpfung mit zu lenken (1 Mose 1); im Zusammenwirken mit Gott, aber doch sehr selbstständig, gibt er den anderen Geschöpfen ihre Namen und hebt sich alsbald durch eine Tat freiheitlichen Ungehorsams aus ihnen heraus (1 Mose 2–3). Die Conditio humana ist bestimmt durch Freiheit – auch gegenüber dem Wollen Gottes (vgl. Dietrich/Link, 2000, 39 ff. 167 ff.). Gott will den Menschen nicht als Marionette. Und auch sein Volk Israel ist nicht dazu berufen, jederzeit willenloses (und lebloses!) Werkzeug des göttlichen Willens zu sein, sondern dazu, das rechte Verhältnis zwischen Gott und Mensch herauszufinden, zu erproben und vorzuleben. Dabei kommt es zu Konflikten; die Bibel ist voll von Zeugnissen dafür. Doch Gott ist nicht willens (oder nicht fähig?), seinem Volk – und erst recht nicht anderen Völkern oder der Menschheit als ganzer – seinen Willen aufzuzwingen. Er wirbt, wartet, warnt, wütet mitunter; doch Israel behält die Freiheit, auch gegen seinen Willen zu entscheiden.

Wenn nun Israel – und sei es aus fragwürdigen Motiven und in bedenklicher Hast – hartnäckig nach einem König verlangt, dann wird es einen König erhalten. Gott gibt dem Königsbegehren nach. Ist das Schwäche? Eher ist es Folge des Entschlusses, dass sich ihm die Menschen (und erst recht die Menschen seines erwählten Volkes) nicht widerwillig unterwerfen sollen. Sie haben die Freiheit, auch Bedenkliches zu tun. In der Tat gleicht Gott hier einem »starken Liebhaber« – auch dies ein durchaus biblisches Bild, vgl. etwa Hos 1–3 –, der nicht gern zulässt, dass sich seine Geliebte (Israel!) neues, »eigenes Terrain erschließt«, der sie dann aber, als sie eben darauf besteht, aufgrund des von ihm selbst aufgerichteten »Ideals gegenseitiger Achtung«, nolens volens gewähren lässt. Er ist jedoch bereit, Israel in seinem Selbstständigkeitsstreben nicht im Stich zu lassen. So wird er dabei behilflich sein, einen (und, bei dessen Versagen, auch den nächsten!) König zu finden.

Der Erzählung 1 Sam 8 zufolge stehen sich Gott und Samuel auf der einen Seite und das Volk bzw. dessen Älteste auf der anderen Seite gegenüber. Diese Konstellation verweist auf einen tiefen Riss, der mitten durch Israel geht. Immerhin gehört ja auch Samuel zu Israel. Und im Erzählfortgang wird deutlich, dass da noch andere waren, die der neuen Institution und ihrem ersten Vertreter äußerst kritisch gegenüberstanden. »Was soll der uns nützen?« – fragen bestimmte Leute nach der Königswahl, und »verachten« Saul (1 Sam 10,27). Von da an zieht sich eine breite Linie von »Widerstand gegen das Königtum« (vgl. Crüsemann, 1978) durch die Geschichte Israels und die alttestamentliche Literatur – bis hin zu dem Mittelteil unseres Kapitels (8,6–19), der redaktionell und damit literaturgeschichtlich ziemlich jung ist (auch wenn er in dem sarkastischen »Königsrecht« 8,11–17 einen älteren Text aufnimmt). Auf der gleichen literarischen Ebene liegen außer dem oben zitierten deuteronomischen Königsrecht (5 Mose 17,18–20) noch weitere königskritische Passagen wie Ri 8,22 f.; 1 Sam 10,18 f.; 1 Sam 12 (vgl. dazu grundlegend Veijola, 1977).

Das ist die eine Seite. Auf der anderen gab es – selbstverständlich – in Israel und gibt es im Alten Testament eine breite Linie der Befürwortung von Königtum und Staatlichkeit; schließlich regierten in Israel und Juda ein rundes halbes Jahrtausend lang Könige. Die Erzählungen über die Königserhebung Sauls (1 Sam 9–11) wirken überwiegend ausgesprochen Königtums- und Saul-freundlich, ganz zu schweigen von den vielen David-freundlichen Texten in den Samuelbüchern und etwa den Königsliedern in den Psalmen (Ps 2; 18; 20; 21; 45; 72; 110; 132 u. a.). Auch in 1 Sam 8 machen einige Abschnitte (V. 1–5.20–22) eher den Eindruck von Werbung für das Königtum als von Warnung vor ihm. Erst recht das Ende des Richterbuches mit seinen z. T. fürchterlichen Geschichten von Willkür und Gewalt unter den israelitischen Stämmen und der mehrfach wiederholten, bedauernden Feststellung, dass es eben »damals noch keinen König gab in Israel« (Ri 17,6; 18,1; 19,1; 21,25), macht klar, dass es auch in den Kreisen, die das deuteronomistische

Geschichtswerk redigierten, prokönigliche Stimmen gab (vgl. wiederum Veijola, 1977).

In Israel war man sich also nicht einig in der Frage: Staat – ja oder nein? Bis zum 10. Jahrhundert v. Chr. und ab dem 6. Jahrhundert existierte Israel ohne eigenen Staat. Dieser fundamentale Sachverhalt hat tiefe Spuren im Alten Testament und auch im alttestamentlichen Gottesbild hinterlassen. Der biblische Gott erscheint nicht, wie die Götter der Umwelt zumeist, als besonders eng mit den Königen liiert. Nur einmal, in einem Königslied, figuriert er gut altorientalisch als (Adoptiv-)Vater des Königs (Psalm 2,7). Sonst ist er, wie oben festgestellt, Vater (oder auch Mutter!) des Volkes Israel. Als solcher »erzieht« er sein »Kind«: immer liebevoll, zuweilen streng, stets aber darauf bedacht, dass Israel das werde, wozu es berufen ist: ein freies, stolzes und doch für den guten Willen Gottes offenes Volk.

David, dies ist unsere Überzeugung, wird von den biblischen Erzählern diesem Volk als eine Art Modell vor Augen gestellt. Seine Lebensgeschichte freilich verläuft – nach dem glanzvollen Anfangssieg über Goliat und ersten, teils erhebenden, teils beunruhigenden Erfahrungen in der Welt des Hofes und der Politik – zunächst in wenig erfreulichen Bahnen. Er muss lernen, Ablehnung, Demütigung und Verfolgung zu ertragen und zu meistern, ehe er seiner Berufung gerecht werden kann. Es ist seltsam, dass es gerade in dieser Hinsicht auffällige Parallelen zwischen seiner individuellen und der Geschichte seines Volkes gibt!

4 Davids Zu-sich-selbst-Finden auf der Flucht vor Saul (1 Sam 19–31)

So nimm dich nun in acht,
verstecke dich und bleibe verborgen.
1 Sam 19,2

Wir hatten gehört, dass der alternde, jähzornige Saul David aus dem Weg räumen will. Die folgenden Kapitel bis zum Ende des 1. Samuelbuches sind nun voller Aktionen. Eine Treibjagd beginnt, als Saul, vom *bösen Geist* besessen, seinem mörderischen Verfolgungswahn freien Lauf lässt und ihn immer zielstrebiger organisiert. David selbst flieht nur widerwillig, er muss zur Flucht gedrängt werden. Seine Unselbstständigkeit bzw. naive Abhängigkeit von Saul beherrscht ihn: Anfangs denkt er nicht einmal ans Überleben, nur reflexhaft weicht er dem Speer Sauls aus; wiederholt sucht er dienstbereit die Nähe des Mannes auf, von dem er inzwischen weiß, dass dieser ihn ermorden will.

Entsprechend ziellos wirkt seine Flucht. Er weiß nicht, was er für sich will und wohin er will. David überlässt sich dem, was mit ihm geschieht. Das ermöglicht ihm beim Umherirren, offen zu sein für zahlreiche neue Begegnungen. Er macht durch sie neue Erfahrungen. Die aus Not aufgezwungene Flucht leitet so einen tief gehenden Wandlungs- und Reifungsprozess in ihm ein. Unterschwellig bekommt die Flucht eine wichtige Funktion: Sie ermöglicht David gezwungenermaßen, sich aus der allzu engen Abhängigkeit, Hörigkeit von Saul und anderen Autoritäten zu befreien. Die äußere und innere Separation, die Trennungserfahrung, wird die Voraussetzung für seine Individuation, für das Reifen einer eigenständigen Identität. Durch die vielfältigen Herausforderungen lernt David die eigenen Möglichkeiten, seine schöpferischen Kräfte und seine Grenzen kennen.

Die Fluchterzählung beschreibt mehr als nur eine lange Qual. Sie veranschaulicht Lernschritte, die sich mit M. S. Mahler (1978) als eine »Psychische

Geburt«, als Konflikt-Bewältigung von Bedürfnissen nach »Symbiose und Individuation« wie bei Kleinkindern beschreiben lassen. Verwandte psychische Prozesse spielen sich verstärkt auch wieder in der Adoleszenz ab, wenn Jugendliche auf der Suche nach ihrer Identität sind und sich aus der Familiengruppe ablösen. Um ein König nach den Vorstellungen der Erzähler sein zu können, muss David sich verändern, eigenständiger und konfliktbewusster werden – ein lebenslanger Prozess.

Indem David, der postpubertäre unbedachte Einzelkämpfer, zu mehr innerer Autonomie findet, wird er parallel dazu fähiger, Zweier-Beziehungen einzugehen und sie bewusst zu gestalten (besonders mit Jonatan, Saul, Michal, Abigajil und Batscheba), ohne dabei zu sehr in alte symbiotische Abhängigkeitsmuster zurückzufallen (wie als Harfenspieler bei Saul). Erstaunlich ist, wie in jeder dieser Zweier-Konstellationen sein Gottesbild – als triangulierendes Moment – die Funktion hat, in den neuen Herausforderungen wichtige Impulse und Maßstäbe zu setzen.

Um Davids seelisches Reifen mit modernen Vorstellungen zu vergleichen: David wird nur eingeschränkt ein karrierebesessener, geschäftiger, stromlinienförmig angepasster Schaffer und Eroberer, wie der »Goliattöter« vermuten lassen könnte. Der David der Samuelbücher, mit seinen Konflikten und Widersprüchen, entwickelt sich durch seine spezifische Glaubensorientierung in die Richtung eines Bildungs-Modells, von dem sich mit den Worten des Humanisten U. von Hutten sagen lassen kann: »Ich (David) bin kein ausgeklügelt Buch. Ich bin ein Mensch mit seinem Widerspruch«.

Von auffallend vielen so genannt »großen Persönlichkeiten« ist zu erfahren, sie hätten vor ihrer großen Zeit sehr klein begonnen, speziell: sie hätten ihre Heimat verlassen und sich in der Fremde durchschlagen müssen, ehe sie die ihnen angemessene hohe Stellung anstreben und erreichen konnten. Von altorientalischen Königen wird das berichtet (vgl. Dietrich, 2002, 9–31), aber auch von herausragenden biblischen Gestalten: Jakob musste vor seinem älteren Bruder Esau, dem er das Erstgeburtsrecht abgejagt hatte, ins syrische Exil fliehen und dort schwierige Proben bestehen, ehe er zurückkehren und dank seinen zwölf Söhnen zum Stammvater Israels werden konnte (1 Mose 27 ff.). Mose flüchtete, nachdem er sich als Rebell gegen die ägyptischen Sklavenhalter hervorgetan hatte, in die Sinaiwüste, wo er dann zum Führer und Befreier des versklavten Israel berufen wurde (2 Mose 1 ff.). Jerobeam rebellierte gegen den König Salomo, emigrierte nach Ägypten, weilte dort lange Jahre, um aber nach seiner Rückkehr zum ersten König des Nordreiches Israel aufzusteigen (1 Kön 11 f.). Und selbst von Jesus wird erzählt, seine Eltern hätten bald nach seiner Geburt mit ihm nach Ägypten fliehen müssen, um der Mordlust des Königs Herodes zu entgehen (Matth 2).

Warum werden von diesen (und vielen anderen) »Großen« derartige Erfahrungen berichtet? Die Auskunft, es sei eben historisch so gewesen, ist unbefriedigend – und wird überdies nicht in allen der genannten Fälle zutreffend sein. Offenbar war es (und ist es) für eine wirklich große Persönlichkeit wichtig, dass ihr die Größe nicht gleich an der Wiege gesungen war, dass sie sich diese vielmehr erringen und sie dann unter Beweis stellen muss. Wahre Größe, heißt das, ist nicht erblich. Sogar Königssöhne müssen sie erst erwerben.

David war kein Königssohn. Und selbst unter den Söhnen des Bauern Isai war er der Kleinste. Dann aber erfolgte – wohlverstanden: immer der biblischen Darstellung zufolge – überraschend schnell und steil sein Aufstieg. Die Nähe zu König Saul und den Königskindern, der Sieg über Goliat, die militärische Karriere, die Gunst Gottes schienen ihm urplötzlich eine glänzende Zukunft zu eröffnen. David aber war noch nicht reif für diese Zukunft. Er hatte noch keine wirkliche Größe erworben. Ebenso die anderen, eben Erwähnten: Eine hohe Geburt oder der Gewinn der Erstgeburt oder ein wunderbarer Stern über dem Geburtsort sind so wenig Unterpfand wahrer Größe wie rebellische Taten oder militärische Anfangserfolge. Größe muss erst errungen werden: unter widrigen Umständen, gegen Tod und Teufel gewissermaßen.

»Groß« will und soll jeder Mensch werden. Nicht jeder wird ein König oder Volksführer und nicht allen wird eine Exilsexistenz auferlegt. Doch »Separation, Trennung« bleibt niemandem erspart: von den Eltern, von Vorbildern, von lieb gewordenen Vorstellungen, Verhältnissen und Gewohnheiten. David musste Abschied nehmen von dem Traum, bei der Königsfamilie, beim Volk und bei Gott allezeit beliebt und damit zeitlebens auf der Sonnenseite des Lebens bleiben zu können; er musste die Schattenseiten des Lebens kennen lernen.

Die Redaktoren des Psalters hatten dafür ein feines Gespür. Von 73 Psalmen, die David zugewiesen werden, sind dreizehn mit bestimmten Situationen seines Lebens verbunden – und auffällig viele davon mit Szenen aus seiner Flüchtlingszeit (Ps 34; 52; 54; 56; 57; 59; 63; 142). Die Wissenschaft ist sich einig, dass diese Lieder nicht von David und schon gar nicht aus den angegebenen Situationen stammen. Vielmehr sollen sich die Benutzer des Psalters an David erinnern und seine Nöte zu den ihren in Beziehung setzen. So nehmen sie den großen König und Dichter wahr als einen, der vor und neben ihnen seinem Kummer Ausdruck gibt und sich nur mühsam zu Aussagen des Vertrauens und des Dankes durchringt. Unter den genannten Psalmen ist keine Hymne, kein Siegeslied (das einzige Gegenbeispiel wäre Ps 18). Es sind vielmehr Klagelieder, in die Bitt- und Vertrauensmotive eingewoben sind – so wie überhaupt in den sog. David-Psaltern die Klagepsalmen bei weitem überwiegen.

David: nicht so sehr und nicht zuerst der sieghafte und glanzvolle Herrscher, sondern der vom Leben bzw. von Gott Geprüfte; Leiderfahrung und Leidbewältigung als »Voraussetzung . . . für das Reifen einer eigenständigen Identität« und darüber hinaus einer gefestigten Gottesbeziehung.

4.1 Behindernde Übertragungsabhängigkeiten werden gelockert (1 Sam 19; 20)

Die Notwendigkeit von Davids Flucht ergibt sich aus Sauls öffentlich erklärter Absicht, David zu töten (19,1). Noch im vorherigen Kapitel 18 ist davon die Rede, dass Saul Angst vor David hatte, somit also auch Hemmungen fühlte: Denn *nun merkte und erkannte Saul, dass JHWH mit David war; und Michal, Sauls Tochter, liebte ihn. So hatte Saul noch mehr Angst vor David* (18,28 f.; Übersetzung nach Stolz, 1981, 125).

Zwischen beide Rivalen, den Vater und den Freund, stellt sich mutig Jonatan. Er könnte vom Alter her ein Bruder Davids gewesen sein. In geistiger Hinsicht übernimmt Jonatan die Rolle eines »Alter Ego« oder auch eines Hilfs-Ich. Er gleicht die Schwächen Davids schützend aus, indem er ihm dringend Wachsamkeit und Selbstschutz empfiehlt. Als David später auf seinem heimlichen Beobachterposten sitzt, führt Jonatan ihm vor, wie man sich mit solch einem emotional verwirrten Vater auseinander setzen kann. Später wird David es ihm nachmachen. Jonatan hat dabei Erfolg, aber er kann Saul nur vorübergehend zum Einlenken bewegen. Ein Sieg Davids über die Philister lässt Sauls mörderischen *bösen Geist* erneut hervorbrechen (19,9).

Michal, von ihrem Vater Saul dem erfolgreichen David zur Ehefrau und als Siegestrophäe vermacht, spielt eine ähnliche Rolle wie ihr Bruder: Auch sie lässt sich – aus der Sicht von Davids Entwicklung – als Hilfs-Ich bezeichnen, d. h. als eine helfende Figur, die sich für David einsetzt und ihm beim Übergang von einem zu engen Gebundensein an Saul und seiner Familie zu mehr Autonomie verhilft. – Gleichzeitig hat Michal für David noch eine ganz andere Bedeutung: Sie ist nach der Schilderung die erste weibliche Figur, mit der David ein Liebesverhältnis hat! Michal liebt David, aber liebt David Michal? Sie ist wichtig in Davids Geschichte. Aber sie wird nie mehr sein als eine Gestalt des Übergangs, denn sie erscheint als eine Frau ohne eigenes Format. Um sich gegen ihren Vater zu behaupten, belügt sie ihn und schwärzt gleichzeitig David an: Sie habe ihn gehen lassen müssen, da er gedroht habe, sie zu töten. – Offen bleibt, ob sie froh ist, ihn los zu sein oder ob sie ihn auf seiner Flucht lieber begleitet hätte. Von ihrer Liebe erfahren wir nur die Fluchthilfe. David selbst wird uns geschildert als ein Mann ohne jede Gefühlsregung, ohne Dank, Anerkennung oder Gegenliebe. David und Michal wirken eher als zwei Geschwister, weniger als ein jung verheiratetes Paar (vgl. auch 6.1).

David flüchtet von der negativen Vaterrepräsentanz Saul zu der positiven Vatergestalt Samuel. Wie ein hilfloser Junge sagt er ihm *alles, was Saul ihm getan hatte* (19,18). Und Saul stellt David weiter nach. – Sowohl auf Saul wie auf Samuel überträgt David Gefühle einer Vatersehnsucht, die seinem Alter und der Situation nicht angemessen sind. Betrachten wir die beiden Namensverwandten Samuel und Saul – aber nicht als Gegenspieler auf der Bühne, sondern als Ausdruck von zwei gegensätzlichen Vaterbildern in David, die er nach außen projiziert –, so können wir seinen Verwirrtheitszustand, seine aktuelle Orientierungslosigkeit besser nachfühlen: Durch und durch muss er sich von beiden Vaterbildern im Stich gelassen fühlen, beide vermitteln ihm keine Orientierung mehr, weder Rat noch Hilfe. David muss sich neu im Leben zurechtfinden, von den Vaterbildern lösen, sofern diese schädlich sind. Er muss sich ändern, um zu überleben.

Im folgenden 20. Kapitel spitzen sich die Konflikte weiter zu. Im Dialog zwischen Jonatan und David werden Fronten und Machtfragen geklärt. Einleitend stellt David die Frage, die vorher schon Jonatan für ihn seinem Vater gestellt hatte: *Was habe ich getan, was ist meine Schuld?* (20,1) Durch diese erste kritische Nachfrage hinsichtlich der ungerechtfertigten Angriffe Sauls kommt es allmählich zu einer Wende vom reflexhaften Reagieren zum selbstbewussten Reflektieren.

Trotz der wiederholten Mordanschläge seines Vaters auf David will Jonatan den Freund am Königshof halten. Jonatan hat eigene Interessen, David weiter als einen *Knecht* – wie sich David dreimal im Gespräch bezeichnet (20,7.8) – zu halten, geht es doch um die Thronfolge Sauls. Gleichzeitig überschätzt Jonatan seine Macht und seinen Einfluss auf den Vater, als er David zu beschwichtigen sucht. David wagt erstmals, sich in einem Abhängigkeitsverhältnis zu behaupten. Er hat gut mitverfolgt, wie Jonatan kurz zuvor den Vater zur Rede gestellt hatte; jetzt greift er Jonatan an, der ihn in lebensgefährdender Weise an sich binden will. Inzwischen wachsamer geworden, hat er seine Wahrheit begriffen: *Es ist nur ein Schritt zwischen mir und dem Tod* (20,3)! Und David übernimmt die geistige Führung, als sie jetzt zusammen planen.

Beide Freunde führen eine harte Auseinandersetzung: Es geht um freundschaftliche Verbundenheit und es geht um Macht und Ohnmacht. Zunächst ist Jonatan der Mächtige. Er bestimmt die Spielregeln, als sie die Testsituation für Saul vereinbaren. Davids neue Stärke wird seine kritisch-abwägende Wachheit: flüchten oder standhalten? David vertritt nun selbst die Notwendigkeit der Flucht und den Bruch der Tischgemeinschaft mit Saul. Aber er fühlt sich auch Saul und Jonatan verbunden; so lässt er sich auf Jonatans Vorschlag eines klärenden Tests ein. Die Testszene bringt eine überraschende Wende in der Machtfrage: Jonatan muss erleben, wie ohnmächtig er der Kränkbarkeit seines Vaters ausgeliefert ist; der wilde Hass richtet sich nun gegen ihn selbst. Hasserfüllt schleudert ihm Saul entgegen: *Solange der Sohn Isais auf Erden lebt, wirst weder du noch dein Königtum Bestand haben* (20,31). Und doch begreift Jonatan nicht, dass er in Gefahr schwebt. Er denkt nicht an die Flucht vor seinem Vater, als dieser weiter ränkevoll seine Macht ausspielt.

Als Jonatan David wieder trifft, weiß er um seine Unterlegenheit und lässt David ziehen. Er hatte schon vorher geahnt und ausgesprochen, dass David, wenn er seinen eigenen Weg gehen würde, königlicher Nachfolger werden würde (20,13–16). Es ist ihm nicht gelungen, David weiter in Sauls und den eigenen Diensten als *Knecht* zu halten.

Die Rivalität zwischen Jonatan und David um den Königsthron spitzt sich in diesen Szenen zu, obwohl sie beide nicht selbst offen um die Königswürde kämpfen. Saul hat seinem Sohn die königliche Nachfolge angetragen, um ihn zum Komplizen für den Mord an David zu gewinnen. Aber David durchschaut die Strategie. Und Jonatan hört, konfrontiert mit der Wahrheit, nicht mehr auf seinen Vater; er weiß, dass der sich als König durchsetzen wird, mit dem JHWH ist.

Trotz der heftigen Konkurrenzkonflikte hat sich zwischen David und Jonatan eine vorbildliche Männerfreundschaft entwickelt: Sie werden fähig, miteinander kreativ zu kämpfen und sie können *umeinander weinen über die Maßen* (20,41); Gott ist den beiden Zeuge und Garant für den Zusammenhalt; gleichzeitig ist er, wie es zweimal heißt, *zwischen dir und mir* (20,32.42) – sie fühlen sich verbunden über dieses Dritte, das gleichzeitig zwischen ihnen steht. Der Vorrang der neuen Aufgabe gegenüber ihren alten inneren Bindungen wird von beiden anerkannt, ihr ordnen sich Jonatan und David auf jeweils eigenen Wegen unter. Eine Freundschaft ist entstanden, in der die Konflikte nicht verleugnet werden müssen und in der beide Freunde ihre Verwicklungen zugunsten des gemeinsamen Anliegens und der Zukunft klären können. – In der Auseinandersetzung mit Jonatan tritt David erstmals als selbstständig denkender und planender Mann auf. Jonatan ist gezwungen, ihn zu achten und zu respektieren. Mit der Freundschaft reift in David die eigene Selbstachtung, was ein wichtiges Potenzial ist für die folgende Auseinandersetzung mit Saul und dem *bösen Geist*. Später wird Jonatan, der sich nicht ausreichend aus der Bindung an seinen Vater lösen kann, mit Saul untergehen.

David und die Königsfamilie: eine Szenerie voller Imagination, Schauspiel intensiver und intimer, zugleich aber bedrohter und brechender Beziehungen. Der Analytiker richtet das Augenmerk auf David, den er im Wandel begriffen sieht: von einer unreif-abhängigen, kindlich-vertrauensvollen Person zu einer selbstständig urteilenden und handelnden Persönlichkeit. Man hat sich oft gewundert über die Blässe, die David hier und im Vorangehenden kennzeichnet: Er wird von allen geliebt, von Gott, vom Volk, von Saul, Jonatan, Michal – doch über seine eigenen Empfindungen erfährt man nichts. Gefühlskälte hat man ihm unterstellt; Unreife ist eine viel passendere Kategorie. Wenn David von Saul statt Zuneigung Hass erfährt, wenn er sich von Jonatan und Michal trennen muss, dann ist das in der Sicht des Analytikers nicht so sehr Verlust als vielmehr Gewinn. David darf nicht bleiben, wie er ist, soll er den ihm zugedachten Aufgaben gerecht werden können. Nur auf den ersten Blick wirkt er von Anfang an als der strahlende Held und perfekte Sieger; der analytisch geschärfte Blick erkennt den unfertigen, unansehnlichen, ungeschliffenen Rohling. Lösen muss sich David, nachdem er den leiblichen Vater Isai hinter sich gelassen hat, von zwei weiteren, übermächtigen Vatergestalten: Saul und Samuel. Zu Letzterem läuft er noch einmal hin, als er sich von Ersterem beleidigt fühlt. Es nützt nichts, er muss weiter – eine eher ungewohnte Perspektive auf Samuel, den großen Volkstribun und Königsmacher, Priester und Propheten. Auch ihn muss David hinter sich lassen! Gilt Gleiches letztlich auch für Gott, den Analytiker gern als Über-Vater, als in den Himmel projiziertes Über-Ich sehen? Hat der wahrhaft gereifte Mensch nichts und niemanden über sich anzuerkennen, ist das endlich gefundene Selbst die höchste Instanz?

Denkbar schiene auch, die Verluste, die David hinnehmen muss, nicht nur als Gewinn, sondern als bleibend schmerzhaft, tragisch, als Vor-Erfahrung der Endlichkeit und des Todes zu verstehen. Manche Verluste sind durch nichts, auch nicht durch Reifungsprozesse, wettzumachen. Sie reißen Lücken, die niemand wieder füllt. Später wird David sein erstes Kind mit Batscheba und dann seine Söhne Amnon und Abschalom verlieren (2 Sam 12 ff.) – und niemand wird ihm zurückgeben, was ihm da entrissen wird. Spätestens dann ist David nicht mehr so sehr der Reifende (obwohl er auch das ist und bleibt!), sondern der Leidende. Ist möglicherweise das Davidbild – und, darin verborgen, das Menschenbild – der biblischen Erzähler weniger optimistisch, weniger zukunftsfroh, weniger fortschrittsgläubig, als es Analytiker, Pädagoginnen, Sozialarbeiter, Pfarrerinnen gern hätten?

David und Jonatan: »eine vorbildliche Männerfreundschaft«, die jedem der Beiden dazu verhilft, die eigenen Stärken und Schwächen, Möglichkeiten und Grenzen auszuloten und wahrzunehmen, in der sich schließlich das Verhältnis zwischen Oben und Unten, Geben und Nehmen umkehrt. Immer wieder ist erwogen worden, ob in der Schilderung nicht auch homophile Töne mitschwingen. Die Liebesbeziehung Jonatans (und übrigens auch Sauls!) mit David wird schließlich mit dem gleichen Wort bezeichnet wie diejenige Michals (und anderer Frauen!) mit ihm (1 Sam 16,21; 18,3.20; 2 Sam 1,26). Soll damit gesagt sein, dass David – wie der Romancier Stefan Heym spitz formuliert – »jedermanns Hure« war? Kaum. Aber erotische Konnotationen muss man aus Davids Beziehungen zu den Mitgliedern der Herrscherfamilie genauso wenig heraushalten wie solche von bedingungsloser Ergebenheit. Diese liegt freilich irritierenderweise nicht auf der Seite Davids, sondern auf der seiner Gegenüber. Die Erzähler deuten darin an, dass die (Macht-) Verhältnisse gleichsam noch auf dem Kopf stehen, dass die Mitglieder der jetzigen Königsfamilie es in Wahrheit mit dem zu tun haben, der künftig und bleibend König sein wird.

Ob Saul, Jonatan oder Michal (oder das Volk und sogar Gott): Jeder gibt auf seine Weise dem kommenden Herrscher die Ehre. Saul bezieht sich rein negativ auf ihn, seine Kinder (und Gott und das Volk) bleiben ihm positiv zugewandt. Bedeutet es Schwäche, wenn sie auch Saul verbunden bleiben? wenn Michal zwar David zur Flucht verhilft, sich aber verbal von ihm distanziert und sich so dem Vater unterwirft? wenn Jonatan beim Vater ausharrt bis zum bitteren Ende, dem Tod an seiner Seite? M.E. wäre auch hier wieder die Dimension des Tragischen angebracht, und zwar in ihrer grundlegendsten Ausformung: dem Zerrissenwerden zwischen zwei gleichwertigen, aber einander ausschließenden Verhaltensmaximen. Schlügen sich Michal und Jonatan auf die Seite Davids, verstießen sie gegen ihre Kindespflicht; indem sie sich dem Vater unterordnen, verzichten sie auf Freiheitsrechte, schaden am Ende gar sich selbst.

Die Erzähler, so werden wir sehen, sorgen dafür, dass sich die Lebenswege Jonatans und Michals nicht schlagartig von demjenigen Davids trennen. Die beiden Kinder Sauls verkörpern nicht nur das faktisch niemals endende Verflochtensein Davids mit dem Haus und Schicksal seines Vorgängers, sie sind auch innerhalb des Figurenensembles der Samuelbücher besonders fein ausgezeichnete Gestalten. Auch wenn David die Hauptgestalt ist, scheint doch nicht ausgemacht, ob Michal und Jonatan nur »Hilfs-Ichs« für ihn darstellen oder ob sie nicht sehr spezifische Konturen und eigene Würde erhalten. Wirkt Jonatan nicht durch und durch edelmütig, und ist (bzw. bleibt) Michal wirklich »eine Frau ohne eigenes Format«?

Es trifft zu: Im Gegenüber Davids zu Jonatan, aber auch zu Michal werden »Fronten und Machtfragen geklärt«. Zur Debatte steht die Frage, warum am Ende die Macht vom Haus Sauls auf das Davids übergegangen ist. Herkömmlich riecht ein solcher Wechsel nach Usurpation oder Putsch – zumal, wenn der Vorgängerkönig und fast seine gesamte Familie keines natürlichen Todes gestorben sind. Es muss in Israel – schon zur Zeit Davids, aber noch lange danach – die Frage im Raum gestanden haben, ob es bei diesem Machtwechsel mit rechten Dingen zugegangen oder ob dem Schicksal nicht vom neuen Machthaber tatkräftig nachgeholfen worden sei. Die Samuelerzähler wollen David in dieser Hinsicht von jedem unangenehmen Verdacht freihalten.

Die Gestalten Michal und Jonatan eignen sich zu diesem Zweck vorzüglich. Michal kehrte immerhin noch nach Davids Machtübernahme an seine Seite zurück, und Jonatan soll ihm im Voraus die Macht und die Sorge für seine Nachkommen übertragen haben. Nicht alle Fäden zu den Sauliden hat David also abgeschnitten, an einigen wob er bzw. das Schicksal weiter, faktisch über seine gesamte Regierungszeit hinweg. Insofern ist Michal, wie ihr Bruder, doch »eine Gestalt des Übergangs«: des legitimen Übergangs nämlich der Herrschaft von den Sauliden auf David. So wollen es die Daviderzähler. Unter und neben der von ihnen geglätteten Erzähloberfläche freilich ragen die spannungsgeladenen Konflikte noch hervor: Ein Mann aus Sauls Stamm Benjamin tituliert David als »Blutmensch« (2 Sam 16,7), und die schaurige Geschichte 2 Sam 21, die nachtragsweise in die Samuelbücher gelangt ist, verrät, dass David durchaus in den Tod von Sauliden verwickelt war.

Demnach spiegelt die biblische Darstellung nicht nur persönliche Auseinandersetzungen und Reifungsprozesse, sondern auch politische Veränderungen und Umbrüche, welche die reale Geschichte Israels und Judas auf Jahrhunderte hinaus bestimmten. Dass die Erzähler beides zu vereinen verstehen, zeigt ihre hohe künstlerische Meisterschaft und ihr tiefes Wissen um die Conditio humana.

4.2 David und Saul strukturieren sich gegensätzlich (1 Sam 21; 22)

David macht sich auf den Weg, zunächst allein. Der Besuch beim Priester Ahimelech wird eine höchst persönliche, intime Weihe. David sucht bei ihm Unterstützung. Einsam und mutig, erstmals ohne eine Weisung, ist er zu einem existenziellen Neuanfang aufgebrochen. Alte Freundschaften lässt David hinter sich. Weder Jonatan noch Michal begleiten ihn.

David erbittet für sich und seine ersten Gefolgsleute Brot. Jedoch begnügt sich David nicht nur mit einer Stärkung durch die Nahrung. Wachsam, wie er inzwischen geworden ist, entdeckt er bei dem Priester einen Anführer seines gefährlichsten Gegners Saul. Er ahnt die unausweichlich bevorstehenden Machtkämpfe, ebenso wie die Gefahren entfesselter destruktiver Triebkräfte. David ist mittellos aufgebrochen, auch ohne die Rüstung und das Schwert, das ihm Jonatan einst aus Freundschaft vermacht hat. Als er jetzt den Priester fragt, erhält er eine ganz andere Waffe, das Schwert Goliats. Diesmal gewinnt er es nicht im Zweikampf, sondern es wird aus dem Heiligtum geholt. Es ist wohl verpackt aufbewahrt worden. Sein Wert ist gewandelt, aus der allgemein gefürchteten Waffe des brutalen männlichen Archetypus ist im Heiligtum der göttlichen Instanz ein einzigartig gutes Schwert geworden, *ein anderes, außer diesem, ist nicht da. David sprach: Es gibt nicht seinesgleichen. Reiche es mir* (21,10).

Zupackend und verantwortungsbewusst nimmt David jetzt das Schwert. Aus dem bescheidenen, übermütigen und pfiffigen Hirtenjungen ist ein Mann geworden, der sich die Macht und die Kraft zutraut, dieses Schwert und was es symbolisiert zu führen. Er denkt nicht mehr, dass er ohne Waffengewalt, nur mit Lautenspiel, gegen *böse Geister* und Gestalten antreten kann. Das Schwert ist inzwischen, so ließe sich die Szene verstehen, zu einer Waffe des guten Zweckes geworden: Dieser ist nur gegeben, wenn seine Schärfe unter dem Oberkommando göttlichen, verantwortungsbewussten und kritisch-reflektierenden Denkens eingesetzt wird. Der Gott der Samuelbücher, so wie er von den Erzählern gesehen wird, achtet Gegner und Andersdenkende; jedoch unterstützt er sie nur, sofern sie nicht die göttliche Weisheit selbst bekämpfen. Diese geweihte Waffe hat dem Kampf gegen gott-lose, skrupellose Brutalität und gegen Selbstanmaßung zu dienen.

Davids Kampfgeist und kritischer Verstand sind gefordert, als er zu König Achisch flieht. Dessen Diener empfangen den neu gestärkten David mit fast übertriebenem Respekt und dem wohlbekannten Siegeslied: *Ist das nicht David, der König des Landes? Ist das nicht der, von dem sie im Reigen singen: Saul hat seine Tausende erschlagen, David aber seine Zehntausende* (21,12)? – David erinnert sich offensichtlich der fatalen Wirkung der hochjubelnden und verlogenen Phrasen, die seinem Größenselbst schmeicheln könnten; jetzt stellen sie eine direkte Bedrohung dar. Doch versucht er nicht, sich primitiv wie Goliat mit dem Schwert zu behaupten, er schützt sich mit geistigen Waffen und täuscht *Wahnsinn, Verrücktheit* (21,12–16) vor! Genau betrachtet, geschieht etwas Paradoxes: David beunruhigt der verlogene und *verrückte* Wahn der Diener, die ihn zum *König des Landes (Israel)* (21,11) erklären, der er noch nicht ist. Er weiß sich diesmal zu schützen, wohl wissend, dass rühmende Straßengesänge noch keine königliche Gestalt ausmachen. Natürlich fürchtet er auch Rivalitätsfantasien, die Achisch um seinen Thron fürchten lassen könnten. David hat seine Lektion bei Saul nicht vergessen. Hat doch dieses schmeichelnde Loblied der Volksseele Sauls Mordimpulse gegen ihn ausgelöst. Er entzieht sich der Gefahr durch neuerliche Flucht.

Um den orientierungslosen David sammeln sich die Bedrängten und Bedrohten, die Verschuldeten und Verzweifelten und seine Familie. Er wird Anführer und Hauptmann. Gleichzeitig gesteht er sich seine Ratlosigkeit und Unsicherheit ein. Jedoch verfällt er nicht in lähmende Passivität, sondern sorgt als Erstes für seine Familie; er bringt sie bei einem König unter, der sein Vertrauen hat, *bis ich weiß, was Gott mit mir tun will* (22,3). Durch einen Propheten vermittelt, erfährt David den wegweisenden göttlichen Willen. Er wird nach Juda geschickt, was bedeutet, in die Auseinandersetzung mit Saul und in das Land seiner künftigen Königsherrschaft. Nicht mehr die fromme Gestalt Samuels ist nun der aktive Gegenspieler Sauls, diese Rolle wird jetzt David übertragen. In ihm wird sich mit dem ersten Höhlenerlebnis eine Wende von seiner defensiven Haltung zu mehr Aktivität vollziehen.

Das Symbol der Höhle (22,1) sollte nicht überlesen werden, denn es weist auf eine neue kategoriale Dimension der Wahrnehmung von Bedürfnissen und der Steuerung des Verhaltens hin. David, zunächst völlig allein und ausgeliefert, entkommt in die Höhle, die für ihn ein Ort der Aufnahme, des Schutzes und der Geborgenheit ist. Das Bild der Höhle lässt sich auch als ein symbolischer Teilaspekt elementarer, noch apersonaler Weiblichkeit bzw. Mütterlichkeit und als ein Bild geschützten Lebens und Wachsens sehen. Elemente »weiblicher« Qualitäten und Identifizierungen (Auseinandersetzungen mit seiner »Anima«) prägen nun seine weitere Persönlichkeitsreifung mit. Erst als David sich den Schutz der Höhle ermöglicht, wird er selbst aufnahmefähig, beziehungsfähiger und dadurch mächtig: Seine Eltern, Geschwister und andere suchen bei ihm, dem Jüngsten, Schutz. Ein paradoxes Phänomen: Eigentlich ist David der Schutzbedürftigste und am meisten Bedrohte. Indem er sich seine Verlassenheit eingesteht und sich nicht aufgibt, wird er selbst – durch sein Verhalten – ein »Auffangbecken«. Durch seine Suche und aktive Offenheit für Not, für die Verfolgung und Verzweiflung anderer, stärkt er seine Position. Zunächst ist die Höhle für ihn ein Zufluchtsort, ein Ort des Rückzugs im »Niemandsland« (Stolz, 1981, 144), in dem er sich derzeit bewegt. Doch wird sie für ihn nicht eine Sackgasse seiner Entwicklung, in der er sich verliert, sondern ein Ort des Aufbruchs und der sozialen Stärkung.

Saul überlässt sich – im Gegensatz zu David – dem Selbstmitleid. Er operiert in seiner einsamen Verwirrung und Verblendung mitleidheischend mit einer wahnhaften Verschwörungsfantasie. In seinem pervers gewordenen Denken und Fühlen sieht Saul in Davids neuer Stärke und in seinen sozialen Fähigkeiten eine Gefahr für sich. Deswegen beklagt er, dass ihm, dem Einsamen, niemand offenbart habe, dass Jonatan und David sich *verbündet* hätten *(alle wider mich,* 22,8). Neid und Hass Sauls überschreiten eine letzte Schwelle emotionaler Bindung und Rücksicht, als er sich an den wehrlosen Repräsentanten heiliger Macht und Ordnung, den Priestern Gottes, vergeht. Saul lässt den gesamten Priesterstamm von Nob und die Bewohner des Ortes vernichten, weil einer von ihnen, der Oberpriester, David geholfen hat *(85 Männer, die das linnene Ephod trugen und Nob, die Stadt der Priester, schlug der König mit der Schärfe des Schwertes*

– *Männer und Frauen, Kinder und Säuglinge, Rinder, Esel und Schafe.* 22,18.19). Die Chronisten beschreiben eine Szene, die Entrüstung und Abscheu wecken muss. Als wollten sie dem Volk für alle Zeit deutlich machen: Soweit ist es mit eurem Königswunsch gekommen! So frevelhaft kann sich ein entgleister, selbstherrlicher und selbstgerechter König gegen seinen, unseren Gott auflehnen!

Dargestellt wird der Machtmissbrauch durch einen skrupellosen Diktator, der das zerstört, was Menschen gemeinhin heilig, d. h. unantastbar und geschützt ist. In seinem narzisstischen Wahn ist Saul zu einem Zerstörer alles Heiligen, Intimen und Privaten geworden. Zuwendung und Aufmerksamkeit lösen in ihm, wie bei vielen kriminellen Persönlichkeiten – aufgrund früher psychosozialer Traumata – zerstörerischen Hass aus. Saul entwickelt nicht das klinische Bild einer »Depression«, wie zuweilen behauptet; Saul entwickelt sich zu einem Massenmörder der eigenen Leute! Nicht er leidet unter seinem Verfolgungswahn bzw. einer Depression, sondern andere Menschen leiden unter ihm. – Nur am Rande sei angemerkt, dass Sauls Destruktivität sich nicht nur gegen alle in seiner Umgebung richtet, sofern seinen wahnhaften Denkmustern nicht entsprochen wird, sondern letztlich kommt es schon früh in ihm, unterschwellig, zu einer »Wendung der Aggression gegen sich selbst«: Saul zerstört sich die Möglichkeiten für die Befriedigung eigener Wünsche und Bedürfnisse durch andere Menschen – und damit für Liebe und Glück. Ein Teufelskreis der seelisch-emotionalen Verarmung mit der Folge einer zunehmenden inneren Leere bemächtigt sich seiner.

Erstaunlich für einen modernen Interpreten ist, wie subtileinfühlsam und kritisch die Erzähler Sauls »Krankengeschichte« und Tragik erzählen. Äußerst empathisch stilisieren sie ihn, den ersten König zu einer negativen Kontrastfigur und zum Bedroher des neuen göttlich-guten Denkens, für das gegenseitige Achtung und Toleranz höchstes heiliges Gebot ist (1 Sam 2,30). In einer symbolischen Geste erweist sich nach dem Priestermord David als Retter der Priesterfamilie von Nob. Er nimmt Abjatar auf, den überlebenden, letzten Spross der Priesterfamilie, *bei mir bist du in guter Hut* (22,23). Das Schutz- und Trutzbündnis gegen den gott-los gewordenen, hemmungslosen Saul baut sich weiter aus.

Der Analytiker sucht in den beiden Kapiteln nach Symbolen, die auf eine innere Wandlung Davids schließen lassen. Und er wird fündig: das Schwert Goliats, das er sich überreichen lässt, für seine neue »zupackende und verantwortungsbewusste« Art; die Höhle, in die er sich zurückzieht und in der er eine Anhängerschar sammelt, einerseits für eigene Schutzbedürftigkeit, andererseits für die neue Fähigkeit, anderen Schutz zu bieten.

Die Höhle als Symbol mütterlich-weiblichen Beschütztseins muss dem psychoanalytisch Geschulten in die Augen springen, zumal eine solche Örtlichkeit in der Erzählung 1 Sam 24 noch einmal eine wichtige Rolle spielt. Dass tatsächlich die karstige Landschaft der Wüste Juda von Höhlen durchsetzt ist (die berühmtesten unter ihnen bei Qumran), tut solcher Interpretation keinen Abbruch. Sicherlich hat auch das Schwert Goliats symbolhafte Bedeutung. Sichtlich steht die hiesige Überlieferung in Spannung zu derjenigen von 1 Sam 17,53 (wie auch zu der von 2 Sam 21,19), was durch die kleine, zugesetzte Bemerkung »den du im Terebintental erschlagen hast« (21,10) nur notdürftig ausgeglichen wird. David gelangt jetzt, dies offenbar die Meinung des Erzählers, in den Besitz der damaligen »Superwaffe«, die ihn so gut wie unbesiegbar macht.

Dass der Gebrauch von Waffen, und nähmen sie die Verantwortungsbewusstesten und Fähigsten in die Hand, immer etwas Problematisches bleibt, sollte nicht strittig sein. Schließlich ist auch das ein Symbol: Das Schwert Goliats, ausgerechnet Goliats, in Davids, ausgerechnet Davids Hand! Kann je ein Zweck ein Mittel wie diese Waffe heiligen? Ist ein abgeschlagener Kopf, ein durchbohrter Unterleib weniger entsetzlich, wenn es David war, der da zugeschlagen oder zugestochen hat? Das sind nicht Fragen eines modernen und weltfremden Pazifisten; auch die alten Erzähler, die das Leben kannten, stellten sie. Wir werden noch sehen, wie sie mit dem Problem vielfacher Gewalt, das mit Aufstieg und Herrschaft Davids verbunden war, gerungen haben.

Der Analytiker indes möchte die hier geschilderten Vorgänge, was die Person Davids angeht, rein positiv sehen. Alles Negative, am erschreckendsten natürlich das Blutbad an dem Priestergeschlecht von Nob, geht allein auf Kosten Sauls, der als verwirrt, narzisstisch, wahnhaft usw. erscheint. Insgesamt entspricht das sicher der Sichtweise der Texte. Doch dürften die beiden Hauptfiguren ambivalenter gezeichnet sein, als es zunächst den Anschein hat. Hat Saul – nicht (nur) der historische Saul, sondern gerade auch der Saul der Erzählungen – nicht einigen Grund, sich von allen Seiten umstellt und zugleich von allen verlassen zu fühlen? Das Sakrileg gegen die Priester ist mit nichts zu entschuldigen – schon gar, wenn es (wie in 22,19 in merkwürdiger Parallelität zu 1 Sam 15 mitgeteilt) Frauen, Kinder und sogar Tiere einschloss. Immerhin aber lag aus Sauls Sicht (und wer weiß: vielleicht ja sogar in der Realität?!) Hochverrat vor – und es gab derartige Verbrechen schon aus geringerem Anlass! Kommt hinzu, dass nach der Erzählung ausdrücklich David selbst die Schuld für das Massaker auf sich nimmt (22,22); er hat es nicht begangen, gewiss, aber ohne ihn hätte es nicht stattgefunden. Wie David den Oberpriester und mit ihm seine ganze Familie in den Konflikt mit Saul hineinzieht, indem er sich unter Vorwänden und Vorspiegelung falscher Tatsachen ihre Unterstützung sichert, das ist moralisch nicht nur zweideutig, sondern eindeutig verwerflich – zumal er ja nach eigenem Eingeständnis hat kommen sehen, was sich daraus entwickeln würde. So wirkt sein Schutzangebot an den einzigen Überlebenden, Abjatar, eher wie ein hilfloser Wiedergutmachungsversuch denn als wirklich großmütiger Akt.

Während David so, wenn auch ungewollt, die einen ans Messer liefert, bietet er anderen Schutz und Führung. Es sind dies marginalisierte, in ihrer Existenz bedrohte Menschen, die in ihm ihre Hoffnung auf ein besseres Leben verkörpert sehen. Der wurzellos Gewordene zieht sozial Entwurzelte an: nicht nur historisch, sondern auch symbolisch ein bemerkenswerter Vorgang. Dabei handelt David ja keineswegs selbstlos. Er ist im Begriff, zum Condottiere zu werden, und als solcher braucht er eine Truppe ihm treu ergebener, ihm auf Gedeih und Verderb verschworener Kumpane. In 2 Sam 23,8–39 werden uns – freilich nachtragsweise, d. h. außerhalb unseres »David-Romans« – die bedeutendsten von ihnen vorgestellt: zunächst ihre drei wichtigsten Anführer, dann eine Leibgarde von dreißig Mann. Die meisten stammen aus Davids Heimatgegend und dürften ihn wirklich seit jener Anfangszeit begleitet haben. Doch offenbar wurde die Liste nachträglich aufgefüllt: um neue Namen anstelle der Gefallenen wohl. Darin deutet sich an, dass das Leben an der Seite eines Freibeuters nicht ungefährlich und immer wieder für den Anführer aufs Spiel zu setzen war (vgl. nur die aufschlussreichen Anekdoten 2 Sam 21,15–17 und 23,14–17). Der Schutz, den David diesen Männern bot, war letztlich von ihnen selbst zu schaffen; ihre eigene Schlagkraft war es, die David zu einer schlagkräftigen Truppe formte.

So mischt sich in den hier sichtbar werdenden Facetten des David-Bildes beides: Aktivität, Beziehungsfähigkeit und Einfallsreichtum – aber auch Härte, Skrupellosigkeit und Egoismus.

4.3 David beginnt sich mit Saul auseinander zu setzen (1 Sam 23; 24; 26)

Die Verfolgungsjagd zwischen Saul und David geht weiter, die Gefahr für David spitzt sich zu. Der Text erinnert mitunter an strategische Betrachtungen: Bietet die Wüste Sicherheit oder eher eine befestigte Stadt wie Kegila, die David gerade vor den Philistern gerettet hat, oder bieten Bergeshöhen und Höhlen den besten militärischen Schutz? Beide Anführer beziehen sich auf ihren Gott, in unterschiedlicher Weise. David fragt seinen Gott um Rat und lässt sich von ihm völlig lenken; er überlässt ihm, ob er in den Kampf geführt wird oder besser die Flucht ergreift; der Widerspruch seiner Gefolgsleute zählt für David weniger als die göttliche Weisung. – Auch Saul mit seinen Mordabsichten setzt Gott für sein Handeln ein. So spricht er, als David nach Kegila gekommen ist: *Gott hat ihn in meine Hand gegeben; denn er hat sich selbst eingeschlossen* (1 Sam 23,7). David ist noch im 23. Kapitel der Gejagte Sauls, aber er ist inzwischen auch ein gefahrenbewusster und ideenreicher Führer. Der Priester Abjatar, den er aufgenommen und vor Saul gerettet hat, ist sein Beistand. Ebenso Jonatan, der kurz auftaucht und den Freundschaftsbund vertieft.

Ungewöhnlich ist, welche Rolle Gott zugeschrieben wird: Gott schützt David vor Saul und Saul vor David! Die göttliche Instanz steht eindeutig auf der Seite Davids, doch gibt sie eine Grenze vor: Das Leben und die Position beider, des disqualifizierten Königs und des designierten Königs, werden von Gott geachtet. Dieser Gott der Erzähler macht keinen »kurzen Prozess«. Dadurch wird ein längerer Reifungsprozess möglich. In David kann ein Bewusstsein für die Meisterung der Konflikte mit dem *bösen Geist* reifen. Die Dialoge zwischen David und seinem Gott sind wörtlich geschildert: Die Chronisten lassen Gott eine klare, unverblümte Sprache sprechen, aus der sich Handlungsanweisungen für David ergeben. Parallel geht, dass eigenverantwortliches Denken bis zu dieser Zeit bei David kaum zu erkennen ist. Er erfährt durch seinen Gott, was er tun muss, um sein Leben und das seiner Leute zu retten. Diese Art göttlicher Unterstützung reicht bemerkenswerterweise nicht aus. Dem Gottesbild wird auch die Rolle eines »deus ex machina« übertragen: Als eine militärisch hoffnungslos erscheinende Konfrontation droht, lässt Gott die Philister einfallen, die Saul von David ablenken (23,25–28).

Die militärischen Auseinandersetzungen erinnern an ein Verfolgungsspiel wie zwischen Katz und Maus. Erst im 24. Kapitel ändert sich die Szene und bekommt einen Hintersinn. Die Jagd treibt auf ein ungewöhnliches Gipfeltreffen der beiden mächtigen Anführer zu: Sie treffen, beide hilfsbedürftig und schwach, in einer Höhle aufeinander! Saul wird in die Hand Davids gegeben. David könnte den väterlichen Rivalen in der Höhle bei Engedi problemlos töten.

Erneut wird die Höhle beschrieben als Ort triebhafter menschlicher Bedürfnisse und von Intimität. Beide Höhlenerlebnisse – im 22. und 24. Kapitel – markieren einen weiteren Wendepunkt in Davids seelisch-geistiger Entwicklung. Bisher ist David nur als ein fremdbestimmter *Knecht* beschrieben, der sich in die Dienste der Wunsch- und Bedürfniswelt anderer gestellt hat (Vater, Brüder, Samuel, Saul, Gott) und für sie tätig ist. Das Bedürfnis nach Schutz und Sicherheit ist der erste eigene Wunsch, den David für sich zu erkennen gibt. Nach Loch (1977, 26) ist »die Herausbildung von Wünschen ... ein seelisches Fundamentalereignis, das in enger Nachbarschaft steht zur Imagination und Fantasietätigkeit, zur Wahrnehmung und Entstehung von psychischen Symbolen und Repräsentanzen überhaupt«. Man könnte von einem Geburtsakt geistig-seelischer Autonomie sprechen, dem Beginn der Symbolisierungsfähigkeit.

Aus dem äußeren, militärischen Konflikt wird nun für David ein Gewissenskonflikt. Nicht Gott als weisungsgebender Dialogpartner dirigiert ihn, sondern David kommt in eine innere, psychische Auseinandersetzung; er muss die Schonung von Sauls Leben gegen seine Leute verteidigen, *da sei Gott vor* (24,7). David hat sich Gottes Gebot der gegenseitigen Achtung zu eigen gemacht. Er zeichnet sich durch die Wahl seiner Waffen aus, indem er mit den geringsten Mitteln viel erreicht. Er vollbringt eine symbolische Depotenzierung: David schneidet Saul, als dieser in der Höhle sein Bedürfnis befriedigt, den *Zipfel* ab – aber nur einen des Mantels (24,5b.6).

David behauptet sich anschließend erstmals offen, konfrontativ mit Worten gegen eine Vaterfigur. Er kämpft maßvoll, abwägend und grenzt ein: *Der Herr sei Richter und entscheide zwischen dir und mir* (24,13). Und David wagt auch, ein wenig aufzutrumpfen und Sauls Verfolgungswahn spöttisch-humorig zu hinterfragen: *Wen verfolgt doch der König von Israel? Wem jagst du nach? Einem toten Hund? Einem Floh?* (24,15) David hat sich gewandelt. Gegen den *bösen Geist* Sauls wendet er neue Fähigkeiten an, mit Erfolg: Er praktiziert nicht altruistische, sanftmütige, selbstlose Konfliktvermeidung und musikalische Darbietungen als Verschleierung einer Hilflosigkeit. Im Gegenteil, David benutzt seine Aggression einfallsreich und verbal; er wagt die Konfrontation mit Saul differenziert und einfühlsam, er fühlt sich achtungsvoll in dessen übersteigerte Ängste und psychische Widersprüche ein. Erstmals kommt David bei ihm als Gesprächspartner an. Saul seinerseits reagiert – vorübergehend – einsichtig und respektvoll. In dieser brisanten, direkten Konfrontation hält er sogar die Rivalität mit David aus, er kann Trauer und Selbstkritik äußern: *Als nun David diese Worte zu Saul gesprochen hatte, fragte Saul: »Ist das nicht deine Stimme, mein Sohn David?« Und Saul hob laut zu weinen an und sprach zu David: »Du bist gerechter als ich; denn du hast mir mehr Gutes getan, ich aber habe dir Böses getan. Und heute hast du mir mehr Gutes getan als je zuvor, da mich der Herr in deine Hand gegeben und du mich doch nicht getötet hast«* (24,17–19). –

Das Kapitel 26 steht szenisch, von den Motiven her, noch im Zusammenhang mit dem 24. Kapitel. Das mörderische Verfolgungsrennen der Männer Saul und David geht weiter. Sauls Wahn bleibt unverändert und unwandelbar. Und David? Bleibt auch er unverändert und rückfällig, auf seine Opferhaltung fixiert, passiv-reagierend, ausgeliefert, überbemüht, gegenüber Vater- wie Mutterfiguren zum Nein- oder Jasager reduziert, bestenfalls fluchtbereit? Die endgültige »Beseitigung«, d. h. Bewältigung der dämonischen, negativen Vaterfigur, die ihn beherrscht und unterdrückt, steht zweifellos an. Aber wie kann David deren Macht brechen, ohne Schuld auf sich zu laden?

Ähnlich der vorangegangenen Höhlenszene ist Saul erneut, schlafend in seiner Wagenburg, David ausgeliefert. Ein Stoß mit Sauls eigenem Speer könnte ihn für immer aus dem Weg räumen. Stimmen raten David dazu, sie bieten sich sogar als stellvertretende Täter an. Wieder verwendet David die Formel des entlastenden Handlungsaufschubs und der Besinnung: *Da sei Gott vor* (26,11)! Diesmal geht David einen Schritt weiter, als er ablehnt, den *Gesalbten des Herrn* umzubringen bzw. umbringen zu lassen; David beginnt, seinen Gott herauszufordern: *So wahr der Herr lebt! Vielmehr wird der Herr ihn schlagen, oder es kommt seine Stunde ...* (26,10.11). Hier ist sich David noch seines Glaubens sicher, aber erste Zweifel klingen an, er fordert einen Gottesbeweis: Gott, wenn es wahr ist, dass er existiert, wird Saul schlagen. David ist noch bereit zu warten.

Wenig später, als David Saul wieder zur Rede stellt, intensiviert er die Auseinandersetzung mit Saul – und mit Gott (26,18–20): *Warum verfolgt mein Herr seinen Knecht? Was habe ich denn getan? Und was ist Böses an meiner Hand? So höre doch nun mein Herr und König die Worte seines Knechtes: Hat der Herr dich wider mich gereizt, so mag er Opfer riechen; wenn aber Menschen, so seien sie verflucht vor dem Herrn, weil sie mich heute verstoßen, dass ich am Eigentum des Herrn nicht teilhaben soll, indem sie sprechen: »Geh, diene andern Göttern«!* David ist zornig, er fühlt sich missachtet und verstoßen, durch Sauls nicht enden wollende Verfolgung in einer ausweglosen Lage. Er klagt Gottes Ungerechtigkeit an. Todesmutig fordert er von seinem Gott eine klare Entscheidung und stellt ihm die Frage: Bist du eigentlich der Gott Sauls, den du gegen mich reizt, oder bist du mein Gott und unterstützt mich gegen die *verfluchten* Verfolger? Für David ist die Antwort – noch – klar, er will am (geistigen?) *Eigentum seines Herrn* Anteil haben. Aber er fragt, ob er besser *andern Göttern dienen* soll. Direkt stellt David diese Frage nicht, jedoch in seiner Rede lässt er sie fiktiv andere Menschen für sich aussprechen. – In dieser Auseinandersetzung bei der Wagenburg erhält David von Saul keine neuen Antworten auf seine existenziellen Fragen, er hört nur alte, vordergründig beschwichtigende Lippenbekenntnisse. Er lässt sich durch sie warnen *und ging seines Weges* (26,25). Davids Kampf mit den Vaterfiguren und Machthabern wird sich im 27. Kapitel aufs Äußerste zuspitzen.

Mit viel Feingefühl arbeitet der Analytiker die Rolle heraus, die Gott in den Erzählungen zugeschrieben wird. Beide Hauptakteure wollen zu ihm in einem guten Verhältnis stehen. David lässt sich willig von ihm leiten, Saul meint ebenfalls von ihm geleitet zu sein, irrt sich aber (denn David, den er in Kegila mit Gottes Hilfe meint fassen zu können, entwischt ihm mit Gottes Hilfe). Überhaupt ist auffällig, dass die meisten Bemühungen Sauls, mit Gott in Kontakt zu bleiben, fehlschlagen. Schon in 1 Sam 14 führen Gottesbefragungen entweder zu nichts (14,17–19) oder um ein Haar ins Desaster (14,37–46). In 1 Sam 28 wird Saul sich auf alle möglichen Weisen um Anweisungen seitens Gottes bemühen, aber keine Antwort erhalten – bis er sich auf irreguläre Weise eine vernichtende Auskunft holt. Kurzum, wo Saul Gott befragt, da geschieht nichts oder Schlimmes. Dabei ist sein Name, wie wir zu 1 Sam 1 feststellten, aus dem hebräischen Verbum für »befragen« gebildet: Der »Erfragte«, der »Erbetene«, wird zu einem, der zum Erfragen des Willens Gottes unfähig ist. Bei David dagegen funktioniert der Verkehr mit Gott scheinbar mühe- und problemlos. Dies beides feststellen, bedeutet unvermeidlich auch die Frage nach dem Wesen dieses Gottes stellen: Warum lässt er sich vom einen befragen, vom anderen nicht? Ist er willkürlich, ungerecht? Oder wendet sich ihm der eine angemessen, der andere unangemessen zu? Oder spiegelt sich hier schlicht die Tatsache, dass Sauls Herrschaft durch diejenige Davids abgelöst wurde – was den Tradenten den Schluss aufnötigte, dass Gott es mit David hielt und nicht mit Saul?

Lässt der Gott dieser Erzählung Saul ins Leere und endlich ins Verderben laufen, so beschäftigt er sich mit David intensiv und prägend. Er beschützt ihn nicht nur, er bringt ihm auch bei, dass er der Beschützer jeglichen Lebens ist: auch desjenigen Sauls. Schon dafür darf mit Saul »kein kurzer Prozess« gemacht werden, damit David im Gegenüber zu ihm Zeit zum Reifen hat: eine schöne Deutung des fast qualvoll langen Nebeneinanders der beiden Rivalen in der Bibel. Es steckt dahinter wohl noch mehr. Saul ist immerhin der Erwählte Gottes (1 Sam 10,24), und wen Gott erwählt hat, den verwirft er nicht im Handumdrehen wieder; dem bietet er die Chance, mit ihm und seinen Mitmenschen und sich selbst doch wieder ins Reine zu kommen. Doch Saul ergreift die Chance nicht, kann es vielleicht nicht mehr, verrennt sich in sein Schicksal. Am Ende wird (oder kann?) auch Gott ihn nicht mehr schützen.

Davids Leben hingegen bewahrt Gott. Es wird ein langes, erfülltes Leben sein. Von Anfang an lehrt Gott ihn (lässt er sich von Gott belehren!), es nach seinem Willen zu führen. David entwickelt das, wovon bei Saul nicht die Rede ist: ein Gewissen. Er internalisiert die Erwartungen Gottes an ihn. Als David in die Versuchung gerät zu morden, da weiß er von sich aus, dass ihm dies verwehrt ist. Dennoch packt er zu und schneidet ab – und obwohl es dabei nur um einen Mantelzipfel geht (immerhin ist der Königsmantel eine der Herrschaftsinsignien, vgl. 1 Sam 15,27 f.; Jes 6,1), macht er sich ein Gewissen daraus! Das nächste Mal, in einer völlig analogen Situation, muss er Saul nicht einmal mehr am Mantel berühren, um sich das Beweismittel seiner Unschuld zu verschaffen: Sauls Spieß und seinen Wasserkrug (1 Sam 26). Beide Erzählungen sind offenbar aufeinander bezogen und zeigen einen Progress in Davids Gewissensbildung. (Dazwischen steht die Erzählung von Nabal, in der eine Frau diesen Progress umsichtig und tatkräftig fördert.)

Fein erkennt der Analytiker auch, wie sich Davids Verhalten gegenüber Saul ändert. Am Anfang war er ihm nur treu und willfährig ergeben, setzte gegen seine destruktiven Anfälle »nur« die Leier ein oder wich ihnen, wenn sie sich in Gestalt des Spießes gegen ihn selber richteten, allenfalls aus. Jetzt setzt er sich zur Wehr gegen den ins Mörderisch-Tyrannische abgeglittenen König – aber rein verbal! Er hofft noch auf die Einsichtsfähigkeit seines Verfolgers, sucht ihm die Unangemessenheit und Unmäßigkeit seines Verhaltens klar zu machen, ihn von der eigenen Unschuld zu überzeugen. Und Saul? Saul geht darauf ein, er hat lichte Momente. Oder tut er nur so, als hätte er sie, um seinen nicht zu fassenden Gegner endlich in die Hände zu bekommen? Sehr gezielt setzen die Tradenten zwischen die beiden Verschonungsgeschichten nicht nur die Nabalerzählung, sondern in 1 Sam 25,44 auch die unscheinbare, aber vielsagende Notiz, dass Saul seine Tochter Michal nach Davids Entweichen einem anderen Mann gegeben habe: damit doch klar genug anzeigend, dass das Tischtuch zwischen seinem Schwiegersohn und der Königsfamilie endgültig zerschnitten ist. Und unmittelbar darauf bricht Saul zur nächsten Verfolgungsjagd gegen David auf (26,1 f.). Dem Mann ist nicht zu trauen, sagen uns die Erzähler. Ob arglistig oder »nur« wankelmütig: David musste vor ihm auf der Hut sein und konnte schließlich nicht anders, als sich vor ihm ins Ausland abzusetzen.

Damit berühren die Tradenten einen wunden Punkt in der Davidbiografie. Was hat ihr Held beim Landesfeind, den Philistern, zu suchen, gegen die Saul und Jonatan und alle Königssöhne und ganz Israel ebenso heldenhaft wie tragisch kämpfen und untergehen? Die Erzähler bemühen sich, den Frontwechsel keinesfalls leichthin geschehen zu lassen (wie es eigentlich für einen Condottiere wahrscheinlich ist, der die Schlagkraft seiner Söldnertruppe an den verkauft, der die besten Konditionen und Perspektiven bietet). David macht sich auch hieraus ein Gewissen. Zuvor freilich, gerade von Saul vertrieben, war er noch einigermaßen unbedacht zu den Philistern hinübergelaufen – und hatte dann seine liebe Mühe, den Kopf wieder aus der Schlinge zu ziehen (1 Sam 21,11–16); denn natürlich war er dort als gefährlichster Feind verschrien und musste um sein Leben fürchten (vielleicht nur in der Vorstellung der Erzähler). Jetzt aber, nach der langen und brutalen Verfolgung durch Saul, war hinreichend erwiesen, dass er zu den Philistern fliehen musste. Warum hatte er diesmal von ihnen nichts zu fürchten? Einerseits, weil nun auch Gott ein Einsehen hatte und ihn behüten würde, andererseits, weil er sich in den Augen der Philister inzwischen als Feind ihres Feindes bewährt hatte; überdies werden ihnen seine 600 Kämpfer Eindruck gemacht haben (s. auch 4.5).

So verschlungen und letztlich doch einsichtig sind die Wege des von Gott Geleiteten, bedeuten uns die Erzähler. Dass sie uns David in zunehmender Auseinandersetzung mit Gott zeigen wollen, ist hingegen eher unwahrscheinlich. Gewiss, er spricht von »anderen Göttern«, denen er demnächst womöglich dienen werde (26,19), doch sagt er dies nicht in drohendem, sondern eher in verzweifeltem Tonfall: Sauls Unnachgiebigkeit zwingt ihn nicht nur ins Ausland, sondern auch unter die Kuratel der dort verehrten Götter. Dahinter zeigt sich eine recht alte und einigermaßen anrührende Vorstellung von der lokalen Zuständigkeit (und Begrenztheit) einzelner Götter. Die Israeliten und Judäer haben ihren JHWH, die Philister dagegen Dagon oder Baal (1 Sam 5; 2 Kön 1). Wer sich aus dem israelitisch-judäischen Bergland in die philistäische Küstenebene hinunter bewegt – das sind nicht mehr als 50 Kilometer –, gerät unvermeidlich in deren Einflussbereich. Wir sind gespannt, wie David daraus wieder herausfindet – bzw. von Gott herausgeführt wird; denn uns ist ja (aus 1 Sam 5) längst klar, dass JHWH dem Dagon weit überlegen ist.

4.4 David entwickelt ein kreatives Konfliktbewusstsein (1 Sam 25)

Wie die wertvolle Perle in eine raue abweisende Schale ist das 25. Kapitel schriftstellerisch kunstvoll eingeschlossen in die

Welt der harten und blutig-brutalen männlichen Konkurrenzkämpfe des 1. Samuelbuches. Das Kapitel wird flankiert vom 24. und 26. Kapitel, in denen neben der Verfolgung auch beeindruckende Schritte von Davids Ich-Entwicklung dargestellt werden. David hat sich neue Dimensionen des Nachdenkens erschlossen und auch Formen, wie er sich geistig mit gegnerischen Männern auseinander setzen kann. Auch beginnt er wahrzunehmen, wo er an Grenzen stößt, ob gegenüber einer Figur wie Saul oder gegenüber seinem Gottesbild.

Der Tod Samuels leitet das 25. Kapitel ein. Von der Trauer um ihn lesen wir hier nicht, und doch ist sein Tod ein schwerer Verlust. Samuel personifizierte über Jahrzehnte den Willen der göttlichen Weisheit und die Stimme des Gewissens. David wird sich nun ohne seinen Zuspruch zurecht finden müssen. Wie wichtig aber für David Rückmeldungen sind, um sich selbst auf seinem Lebensweg nicht in die seelischen Abgründe eines überheblichen Goliat, eines haltlosen Saul oder eines widersprüchlichen Jonatan zu verirren, zeigt dieses Kapitel. Für David wird sich eine ganz neue Quelle der Offenbarung öffnen.

Im 25. Kapitel stirbt auch Nabal. Abigajils Gatte wird charakterisiert als *roh und bösartig, zu bösartig, als dass man mit ihm reden könnte* (V. 3.17). In ihm fokussiert sich erneut die Thematik der männlichen Gestalten, die vom ausagierten primitiven, dissozialen und habgierigen *bösen Geist* beherrscht sind, *denn wie er heißt, so ist er: Nabal (d. i. Tor) heißt er, und voll Torheit ist er* (V. 25). David fordert von dem reichen Nabal Gegenleistungen für den Schutz der Hirten und Herden, Nabal soll sich ihm und seiner Truppe gegenüber *gütig* (V. 8), also dankbar erweisen. Nabal reagiert spöttisch-verächtlich und schickt die Leute Davids mit leeren Händen zurück. In seiner Empörung beschließt David, Nabal und alle seine Männer zu töten. Er gürtet sich das gewaltige Schwert Goliats zu dem Rachefeldzug um. Innerlich sagt er: *Rein umsonst habe ich alles, was dem da gehört, in der Wüste behütet, so dass nichts abhanden gekommen ist von allem, was er hat; er aber hat mir Gutes mit Bösem vergolten. Gott tue David dies und das, wenn ich von allen seinen Leuten bis am Morgen auch nur etwas übrig lasse, was männlich ist* (V. 21 f.)!

In Nabal begegnet David nun nicht nur einem *nichtswürdigen Menschen* (V. 25), sondern auch sich selbst. Nicht mehr die wahnhafte Verblendung in Saul, sondern die Gefahr der destruktiven

Überheblichkeit in Davids eigener Entwicklung und sein eigenes rachsüchtiges Verfolgen eines anderen Menschen wird jetzt, bezogen auf Nabal, thematisiert. Denn David, mit seinem gestärkten Selbstbewusstsein, beginnt mehr für sich und seine Leistungen zu fordern. Und schon gerät er durch seine Ansprüche in die Gefahr, selbst so selbstbezogen und skrupellos zu werden wie die Männer, die er eigentlich – am neuen göttlichen Gesetz orientiert – bekämpft. Was ist mit David passiert, dass er meint – wie unlängst Saul ihm gegenüber –, Gottes Weisheit für seine Hassgefühle und seine Mordabsichten einsetzen zu können? Sein Blick und seine Selbstachtung sind zwar gegenüber dem anmaßenden *bösen Geist* in Nabal gewachsen, aber sein Rechtsempfinden ist in fataler Weise unangemessen primitiv geblieben, von der blinden Wut seiner Gekränktheit getrieben. Durch den Impuls zur Selbstjustiz ist er in Gefahr, eine nicht wieder gutzumachende Blutschuld auf sich zu laden. Samuel, der Richter, war für die Israeliten und für David eine Gewissensinstanz. An ihn konnte das Rechtsempfinden und die Rechtsprechung delegiert werden. Durch Samuels Tod wird David genötigt, eine neue geistige und soziale Sichtweise selbst – in sich – zu entwickeln.

Ein neuer Ausweg aus dem Generationen übergreifenden Teufelskreis des Mordens und Scheiterns wird von den Chronisten im 25. Kapitel angeboten: Abigajil, die engagierte, offene und kluge Frau Nabals, nimmt sich der Eskalation des Konfliktes an – macht ihn aus ihrer Betroffenheit heraus zu einem eigenen Konflikt – und mischt sich ein. Entwicklungspsychologisch gesehen, ist dies ein qualitativ entscheidend neuer Schritt: Aus der dualen Vater-Sohn-Kollusion mit der Machtkampfpolarisierung Alles-oder-Nichts, Selbstaufgabe oder Rache, Oben-oder-Unten entsteht ein triangulärer Konflikt. Abigajil übernimmt eine vermittelnde Funktion. Mit ihrer Hilfe ist David der Begegnung mit seinem inneren *bösen Geist,* seiner männlichen Negativ-Seite, gewachsen. Er hört auf sie, trotz seines Zorns. Ihre mutige und kluge Intervention ermöglicht David, sich mit ihrem Denken zu identifizieren und sich dadurch gegen die primitive, undankbare Bösartigkeit Nabals zu behaupten. David ist erleichtert, dass er sich nicht mit Schuldängsten belasten muss. Er nimmt ihre Geschenke an, die gewünschten materiellen Abgaben und die ideellen Geschenke ihrer Aufmerksamkeit, Klugheit und Zugewandtheit.

Sicher nicht zufällig ist die Begegnung Davids mit Abigajil zwischen die Auseinandersetzungen im 24. und 26. Kapitel eingebaut. David ist, trotz seiner erstaunlichen kritisch-intellektuellen Kompetenzerweiterung, an Grenzen gestoßen und in einer Sackgasse seiner Entwicklung gelandet. Schien bisher Denken und Weisheit eine reine Männersache zu sein, an die Ältesten, die Propheten und das Gottesbild delegiert, so taucht jetzt eine völlig neue Perspektive auf: Eine Frau ist, aus Liebe und Überlebenswillen, dem Denken und *bösen Geist* im Mann (Nabal wie David!) mit ihrer Klugheit und ihrem abwägenden Verständnis überlegen. Davids Selbstbewusstsein hat sich bisher nur so weit entwickelt, dass er sich selbstgerecht als immer gut, immer bemüht und immer treu versteht. Aus diesem – auf einem Auge blinden – Stolz heraus reagiert er Nabal gegenüber höchst aufgebracht und gekränkt. – Jetzt macht er eine neue Erfahrung: Er muss sich der Kritik an seinem Denken und seinen Rachegefühlen stellen. Trotz aller Aktionen, den nicht-enden-wollenden Kämpfen, ist David offen für wesensändernde Einsichten; er richtet sein Verhalten bewusst nach den neuen Erkenntnissen aus, sie kritisch überprüfend und korrigiert seinen fehlgeleiteten narzisstischen Stolz.

Aufgrund ihres geistig prägenden, ich-fördernden Einflusses auf David kann Abigajil als liebesfähiges, weiblich-mütterliches Identifikationsobjekt für die andrängenden geistigen und triebhaft-emotionalen Reifungsbedürfnisse Davids gesehen werden. Als Nabal selbstverschuldet an seiner Maßlosigkeit den Herztod stirbt, kann David seinen Wunsch verwirklichen und Abigajil und ihre Klugheit heiraten. Er ist inzwischen selbstsicher genug, um sich auf ihre Einflussnahme, die Ehe mit ihr, einzulassen (vgl. 6.1).

Die intrapsychische Entwicklung Davids, bisher vor allem in Beziehungen mit Männern gereift, wird nun durch die Konflikte der heterosexuellen Paardynamik bereichert und weiter herausgefordert. Ein unbewältigtes Moment sei angedeutet: Abigajil geht selbstbewusst auf David zu, sie ist fähig, ihn einfühlsam mit seinen ungelösten Problemen zu konfrontieren, sie gewinnt ihn für sich und ihre Pläne, sie beschenkt ihn aus eigenen Motiven und sie grenzt sich in gekonnter und sozial akzeptabler Weise wieder ab – all dies sind Fähigkeiten aktiven Liebens und Gestaltens. Solche Fähigkeiten lässt jedoch David mit seinen erstaunlich ausgeprägten passiven Wesenszügen Frauen wie Männern gegenüber vermissen. David muss sich weiter entwickeln, bis er dem angekündigten Bild eines Mannes und Herrschers mit *Herz* – in der göttlichen Sichtweise (1 Sam 16,7) – entsprechen kann, ohne in seiner Abhängigkeitsbereitschaft fixiert zu bleiben.

Das Kapitel beginnt, scheinbar unmotiviert und fast ein wenig störend, mit der Nachricht vom Tod Samuels. Man könnte sagen: Irgendwo mussten die Redaktoren sie unterbringen – aber warum taten sie es gerade hier (zumal sie es dann später, in 1 Sam 28,3, noch einmal tun)? Der Analytiker antwortet: Die alte Autorität und Weisungsinstanz kann jetzt abtreten, weil an ihre Stelle etwas Neues tritt: die Eigenverantwortlichkeit Davids. Angesichts der dann folgenden Geschichte ließe sich noch etwas zugespitzter sagen: Samuel wird ersetzt durch – Abigajil, der Gottesmann durch die kluge Frau, die bindende Weisung durch die überzeugende Beratung.

Beratung hat David auch dringend nötig. Das Bild, das er in der Nabal-Geschichte abgibt, ist alles andere als überzeugend. Nicht erst seine wutentbrannte Tötungsbereitschaft – überaus drastisch sagt er zweimal, er werde jetzt im Anwesen Nabals alles umbringen, »was an die Wand pisst« –, schon der Anlass dazu lässt uns Lesende erschrecken. Ein reicher Herdenbesitzer feiert Schafschur – und prompt fordert David seinen Anteil. Wofür? Er habe über Nabals Besitz gewacht, behauptet er und bestätigen auch Nabals Bedienstete. Mag sein, aber nirgendwo wird etwas über eine entsprechende Abmachung zwischen Nabal und ihm berichtet. Wollte Nabal den Schutz überhaupt nicht, benötigte er ihn nicht – außer vielleicht gegen Davids eigene Begehrlichkeit? Schimmert hier eine Art mafioser Praxis durch: Bezahle dafür, dass wir dich in Ruhe lassen – und wehe dir, wenn du nicht zahlst!? Wie denn sollte ein Condottiere sich und seine Leute am Leben erhalten, wenn nicht durch freiwillige oder abgejagte Abgaben? Wir werden davon noch Weiteres hören.

Nabals Widerstand ist also gar nicht so unverständlich. Erst die klar prodavidische Brille, die uns die Erzähler aufsetzen, machen diesen Mann zu dem, was er angeblich schon von seinem Namen her ist: zum Toren. Wer übrigens würde sein Kind so nennen: »Narr«? Bedeutete das Wort »Nabal« (auch) etwas anderes, Positives, oder wollte man mit dem Negativen Positives evozieren (wie beim liebevoll-scherzhaften »Dummerle« etwa), oder haben die Tradenten den wirklichen Namen dieses frühen David-Gegners verballhornt? Nicht ausgeschlossen sogar, dass diese Erzählung – vielleicht in einer Vorform – erklären sollte, wie David an die Dame Abigajil gelangt und dass deren rechtmäßiger Gatte eines zwar plötzlichen, aber natürlichen Todes gestorben ist. Nach der Schilderung der Umstände war er einer der reichsten und sicher führenden Männer im Verband der Kalibbiter, die ihrerseits wieder den Kern der Bevölkerung des späteren Juda stellten (vgl. Jos 14,13; 1 Sam 30,31; 2 Sam 2,1–3). Davids Heirat mit Abigajil und die damit verbundene Übernahme der Besitztümer ihres verblichenen Gatten war also ein hochpolitischer Akt und ein wichtiger Schritt auf seinem Karriereweg (vgl. Levenson, 1978).

Von alledem lässt die Erzählung in ihrer jetzigen Form freilich nur mehr wenig spüren. Jetzt steht etwas anderes im Vordergrund: Davids Begegnung mit einer klugen Frau und die Lektion des Gewaltverzichts, die er von ihr gelernt hat. Durch die Einbettung von 1 Sam 25 in die Verschonungsgeschichten 1 Sam 24 und 26 ist dies ja eindeutig das dominante Thema: Wie geht David mit Menschen um, die seinem Aufstieg und seinem Führungsanspruch im Weg stehen? Im Alten Orient und durch alle Zeiten bis heute haben die Mächtigen immer Mittel und Wege gefunden, ihre Widersacher aus dem Weg zu räumen, und selten waren sie in der Wahl ihrer Mittel zimperlich. David aber, so will es die Bibel, lernte in dieser Hinsicht skrupulös zu sein. Nicht nur Nabal und alles, was bei ihm »an die Wand pisste«, durfte er nicht anrühren, auch Saul nicht, auch nicht dessen Sohn und Nachfolger Eschbaal (2 Sam 4) oder seinen General Abner (2 Sam 3) und seinen Enkel Meribaal (2 Sam 19,25–31) und seinen Landsmann Schimi (2 Sam 19,17–24) und auch nicht seinen eigenen aufrührerischen Sohn Abschalom (2 Sam 18). Abigajil bringt diese große Erzähllinie in den Samuelbüchern auf den Punkt: Gott möge David jetzt und allezeit davon abhalten, sich »mit eigener Hand zu helfen« und so in »Blutschuld« zu fallen; David solle darauf vertrauen, dass alle seine »Feinde« und alle, die gegen ihn »Böses sinnen«, von selber dahinfallen – wie Nabal (V. 26).

Abigajil sagt dies, was ihren Gatten betrifft, erstaunlich mitleidlos. Sie nennt ihn auch maliziös einen echten »Nabal«, einen Narren eben, und sie macht David kaum verblümt Avancen für die Zeit nach Nabals – vorhersehbarem?! – Ableben (V. 31). David folgt ihrem Rat, auch in dieser Hinsicht. Man hat das Gefühl: Diese Frau hat den wilden Freibeuter in der Hand – und zwar zu seinem Besten. Seltsam, wie sich göttliche und menschliche Fügung verschlingen. Abigajil beruft sich in ihrer langen, fein ziselierten Rede wiederholte Male auf Gott, und Gott, so sind die Erzähler überzeugt, handelt durch sie – und dann wiederum an und durch David. Sein eigenes Wohl und Wehe, aber auch das seiner Mitmenschen, der ihm freundlich wie der ihm feindlich gesinnten, das Wohl und Wehe seines Volkes und Landes hängen daran, dass er sich der lenkenden Hand Gottes fügt, ohne doch auf Selbstständigkeit und Eigenverantwortlichkeit im Denken und Handeln zu verzichten. Der David-Roman stellt auf diese Weise einen Herrscherspiegel in erzählter Form dar – und erreicht darin enorme gedankliche Tiefe, ein hohes Maß an Menschlichkeit und eine die Zeiten überdauernde Gültigkeit.

4.5 David trotzt seinem Gott und der Welt (1 Sam 27)

David befindet sich allmählich in einer verzweifelten Lage. Zu Beginn des 27. Kapitels denkt er bei sich: *Nun werde ich eines Tages durch Sauls Hand weggerafft werden. Es gibt für mich nichts Besseres, als dass ich ins Philisterland entrinne* (V. 1). In der nicht enden wollenden Verfolgung setzt sich David – nachdenklich, deprimiert und einen Ausweg suchend – mit seiner Situation auseinander. Der *böse Geist,* hier wieder personifiziert in Saul, verfolgt ihn erbarmungslos weiter; David hätte zwar Saul leicht beseitigen können, doch ebenso unerbittlich bestimmt David das göttliche Gebot, nicht zu töten. Sein Ich orientiert sich noch an diesem Gebot. Er hält dadurch die Gefahr unter Kontrolle, selbst dem *bösen Geist* des Mordens zu verfallen, selbstgerecht Todesurteile zu verfügen und schuldig zu werden. Soweit ist David fähig, in der größten Not und Verwirrung verschiedene Realitäten kritisch zu überprüfen. Vermutlich ist David aber auch aufgebracht: Sein Gott »funktioniert« nicht so, wie er ihn sich in seiner Verlassenheit und in seiner Hilfsbedürftigkeit wünscht. Dadurch ist David nun gefordert, sich eigenständig und eigenverantwortlich zu behaupten. Die

Chronisten schildern im 27. Kapitel eine Szene, die man wohl als eine Episode der ausagierten Verirrung, einer buchstäblichen Verrücktheit der äußeren und inneren Standorte Davids, interpretieren muss. David flieht nämlich zu Achisch nach Gat, ins feindliche Philisterland, also zu dem König, von dem er unlängst durch eine vorgetäuschte Geisteskrankheit floh (1 Sam 21). Jedoch wird dieser Zusammenhang an unserer Stelle, gleichsam wie im Denken einer gespaltenen Persönlichkeit, völlig verleugnet, als sei nichts gewesen, auch nichts an existenzieller Gefahr.

David bietet sich Achisch dieses Mal als *Knecht* an und erhält für sich und seine sechshundert Leute Land zugewiesen. Bald schon, fern von der Stadt des Königs Achisch, beginnt er, Stämme in der Nachbarschaft der Philister und des Stammes Juda zu überfallen, *und wenn David das Land heimsuchte, ließ er weder Mann noch Weib am Leben und nahm Schafe, Rinder, Esel, Kamele und Kleider weg* (V. 9). Wie ein hemmungslos wütender Raubmörder tobt er sich in grenznahen Gebieten aus. Sein Schuldbewusstsein ist in dieser Zeit, die über ein Jahr andauert, eigentümlich gespalten und brüchig. Fragt Achisch ihn, wo er jeweils eingefallen sei, so antwortet er offen und ehrlich, dass er Raubzüge unternommen hätte. Gleichzeitig belügt er den König, seinen Gönner, und nennt ihm andere Regionen, z. B. das Südland von Juda: *Männer und Frauen aber brachte David deshalb nicht lebendig nach Gath, weil er dachte: Sie könnten gegen uns aussagen und sprechen: »So und so hat's David getrieben«* (V. 11). Achisch merkt nicht, dass er von David belogen wird und nimmt an, dass dieser sich bei den israelitischen Stämmen gründlich verhasst macht und dadurch immer sein Untertan bleiben würde. Niemand, auch nicht Abigajil, die mit David mitzog, scheint Einfluss auf Davids Verhalten gehabt zu haben. Es ist, als ob in dieser Identitätskrise der *böse Geist* trotziger, destruktiver Selbstbehauptung die Oberherrschaft über Davids Denken, Fühlen und Handeln an sich gerissen hat. Die *Verrücktheit* wird dieses Mal von David bei König Achisch nicht mehr »gespielt«, sondern heimlich als kriminelles Agieren, *wie ein Rasender* (1 Sam 21,14), ausgetobt.

Versuchen wir, die Intention der Erzähler zu verstehen, so lässt sich vermuten, dass sie in ihrer Lebenserfahrung und Weisheit offensichtlich ein tolerantes Verständnis für solch einen dramatischen, radikalen und vorübergehenden Bruch mit den ursprünglichen Bindungsmustern in der Entwicklung einer starken Persönlichkeit hatten. Geschickt lassen sie David im 30. Kapitel aus der Identitätskrise heraus- und nach Juda zurückfinden.

Wir sind jetzt wieder bei dem vermutlich heikelsten Kapitel des Aufstiegs Davids: seiner Zeit als Philistervasall. Nach dem ersten, gescheiterten Versuch, sich beim Landesfeind Israels einzunisten (1 Sam 21,11–16), erfolgt nun, in äußerster Not, der zweite Anlauf – und der gelingt. Die David-Erzähler, denen der Vorgang offenbar unheimlich ist, versuchen ihn in ein günstiges Licht zu rücken: Nicht, wie von den Philistern erhofft und wie ihnen vorgegaukelt, seine judäischen Landsleute habe David angegriffen (derlei wird also behauptet worden sein!), sondern Wüstenstämme, die den Judäern bedrohlich und lästig erschienen. Damit die Sache nicht herauskam, durfte er keine Gefangenen machen. So versucht man, Davids Weste mit einem blutigen Tuch weiß zu waschen.

Der Analytiker kann sich das Ganze nur als geistige und moralische Verwirrung erklären. Eben der David, der gerade die Lektion des Gewaltverzichts gelernt hat, mordet jetzt bedenkenlos Hekatomben von Menschen dahin. Wo ist Abigajil, die David zuvor so feinfühlig von »Blutschuld« ferngehalten hat? Wohl möglich, dass für die antiken Erzähler »Blut« nicht gleich »Blut« war. Vielleicht sehen sie David hier nicht als Mörder, sondern als Krieger, und im Krieg gelten seit jeher eigene Maßstäbe. Zudem ist David von seinem Lehnsherrn als eine Art Grenzwächter eingestellt; ein Städtchen wie Ziklag bot kaum 600 Mann mit ihren Familien die Möglichkeit eines ehrlichen Einkommens. Der sesshaft gewordene Condottiere muss den Lebensunterhalt seiner Truppe erjagen, wie ein Löwe Beute reißt, um satt zu werden. Und immerhin ist David gewitzt genug, nicht dort zu jagen, wo ihm dies selbst am meisten geschadet hätte – bei den Stammesverbänden des späteren Juda –, sondern dort, wo ihm deren Beifall sicher war. Und die tumben Philister verstand er ohnehin hereinzulegen.

Mag sein, dass die Erzähler David auf diese Weise als Helden der besonderen Art darstellen wollten: eher pfiffig als muskulös, Meister eher des Floretts als des schweren Säbels. Aber auch das andere ist möglich: dass sie Davids Blutspur im Süden Palästinas mit Schaudern verfolgt haben – so wie wohl jeder heutige Mensch, sofern er einen Funken moralischen Empfindens hat. Vielleicht wollten sie zeigen, dass die Lebensweise, die David jetzt aufgezwungen wurde, auf Dauer weder erträglich noch zuträglich war. Als Söldner im Dienst eines fremden Herrn zu stehen, der Mord und Totschlag zufrieden zur Kenntnis nimmt, wenn davon nur die (vermeintlich) Richtigen betroffen werden: das war die Zukunft Davids nicht! Er musste, lieber früher als später, zurückkehren in die Heimat, um dort die Aufgaben zu bewältigen, die ihm zugedacht waren.

4.6 Saul sucht JHWHs Rückmeldung für seine desolate Verfassung (1 Sam 28)

Saul verfolgt David nicht ins Philisterland. Er gerät dadurch in einen verwirrten Panikzustand. Solange Saul Hass, Missmut und Leere an dem jungen David als Zielscheibe abreagieren konnte, hatten seine Aktivitäten vorübergehend eine Richtung gefunden. Nun verfällt er, stärker als vorher schon, in eine depressive Orientierungslosigkeit. Beschrieben wird im 28. Kapitel, wie er aus sich heraus nicht fähig ist, an einem weiterhelfenden Leitbild, einer positiven inneren Objektrepräsentanz oder einer realen Person, verlässlich Halt zu finden, obwohl auch er auf Rat angewiesen ist. Samuel, sein früherer Ratgeber, ist tot.

Die Lage spitzt sich dramatisch zu, denn die Philister sammeln sich zum Kriegszug gegen Israel. Als Saul von dem Einfall der Philister hört, *fürchtete er sich und sein Herz zitterte sehr* (V. 5). In Todesangst will er seinen Gott befragen, aber dieser antwortet *weder durch Träume noch durch das heilige Los noch durch die Propheten* (V. 6). Saul hatte nach Samuels Tod *das Land von Totenbeschwörern und Wahrsagern gesäubert* (V. 3). Über seine Motive erfahren wir nichts. Ob er sich an das Wort des prinzipienstrengen Samuel erinnerte: *Denn Ungehorsam ist gerade so Sünde wie Wahrsagerei* (1 Sam 15,23)? Wohl kaum. Denn seine Angst treibt Saul jetzt zu einer Wahrsagerin. Saul fürchtet sich dabei so sehr vor der Wahrheit und vor seinem Ruf, dass er der Wahrsagerin seine Identität nicht preisgeben will. Doch gelingt es ihm nicht, der Wahrheit, vermittelt durch diese Wahrsagerin, auszuweichen. Wieder eine erstaunliche Begegnung zwischen Mann und Frau: Der König sucht in seiner Desorientierung und Verblendung den Rat einer – offensichtlich – klugen Frau, die zudem eine verfemte Wahrsagerin ist. Ihre Lebensklugheit zeigt sie nicht nur in dem, was sie ihm zutreffend weissagt, nämlich dass er am folgenden Tag mit seinen Söhnen sterben wird. Sie beweist auch eine außergewöhnliche Fähigkeit in ihrer professionellen Kunst, indem sie sich auf dreifache Weise vor dem Hass des gefährlichen fremden Mannes, dem sie nun schutzlos gegenübersteht, zu schützen weiß: 1. Zunächst klärt sie wachsam mit ihrem Gegenüber, den sie noch nicht sicher als den König erkannt hat, ihre (Gegenübertragungs-)Angst, bevor sie überhaupt bereit ist, zur Sache zu kommen, *du weißt doch, was Saul getan hat ... warum legst du mir eine Schlinge, dass ich getötet werde* (V. 9). – 2. Als sie Saul und seine Täuschungsmanöver durchschaut hat, konfrontiert sie ihn nur in indirekter Weise mit seinen Verfehlungen und den Folgen; sie beschwört den Geist Samuels und lässt diesen zum Sprecher werden – ganz wie Saul es wünscht! – 3. Die Wahrsagerin verkündet letztlich nicht nur die unerschütterliche Wahrheit des göttlichen Handelns und konfrontiert Saul damit, sie behandelt ihn gleichzeitig achtungsvoll wie einen Mitmenschen, der in äußerster Not ist und schwach: Sie gibt ihm und seinen Dienern zu essen und versucht so, ihn – mit ihren menschlichen Möglichkeiten – zu stärken.

Erstaunlich ist eine Reaktion der Wahrsagerin, die im 12. Vers beschrieben ist, nachdem sie wie gewünscht Samuels Gestalt ins Gespräch gebracht hat: *Da schaute das Weib Saul an, schrie laut auf und sprach zu ihm: Warum hast du mich getäuscht? Du bist ja Saul!* Die Frau erkennt den gefährlichen Saul. Die Wahrsagerin hat einen Blick für die doppelgesichtige Wechselbeziehung Samuel/Saul und erschrickt nun vor den Untaten ihres männlichen Gegenübers. Ihr waches und gesundes Misstrauen war bereits vorher deutlich geworden, jetzt durchschaut sie Saul: *Warum hast du mich getäuscht?*

Nur angedeutet sei an dieser Stelle eine tiefere Dimension des Textes, die sich eröffnet, wenn wir die Wahrsagerin als Anima, als Symbolfigur für Weiblichkeit betrachten. Dem Miteinander und Kampf der Geschlechter werden in diesem Kapitel neue Akzente gesetzt: Saul, Gestalt enthemmter männlicher Destruktivität, Gegenpart der überbraven Frömmigkeit Samuels, erscheint hilflos, ratlos und in einer ausweglosen Lage im Haus einer Frau. Sie scheint offiziell eine »ungehorsame«, entrechtete Wahrsagerin zu sein – auf der »Abschussliste« des Mannes, der sie besucht – und doch ist gerade sie es, die dem Mann die göttliche eindeutige Botschaft durch ihre Worte, durch ihren Mut, durch ihre Offenheit und Zugewandtheit nahe bringt. Die weibliche Gestalt verkündet provokativ dem Mann – trotz aller Rechtlosigkeit – seine schlimme Wahrheit.

Mit viel Feinsinn arbeitet der Analytiker die – positiven – Konturen dieser Frau von En-Dor heraus: einer »Wahrsagerin«, genauer einer Totenbeschwörerin, nicht, wie immer wieder zu lesen, einer Hexe. Keine Hexenjagd ist es, die Saul früher veranstaltet hat, sondern der Versuch, der mosaischen Tora nachzuleben, die von den Israeliten die Alleinverehrung JHWHs fordert und ihnen jegliche fremdreligiösen und magischen Praktiken verbietet (bes. 5 Mose 18,9–15). Die biblischen Erzähler billigen Saul also durchaus zu, Richtiges gewollt zu haben – berichten dann aber breit davon, wie er seine eigenen guten Vorsätze wieder vergisst, wenn er in Not gerät. Die Not ist nicht nur eine äußere, repräsentiert durch die andrängenden Philister, sondern eine innere, die ihn nicht mehr zu Gott finden und darum auch nicht bei sich selbst bleiben lässt. Er ist außer sich in seiner Verzweiflung.

Totenbeschwörung war im ganzen Alten Orient und so auch in Israel eine gebräuchliche Art, Einblick in die Zukunft zu gewinnen. Obwohl das Sterben und die Existenz in der Totenwelt nicht im Mindesten als erstrebenswert galt (mit der einzigen Ausnahme Ägyptens!), waren die Toten den Lebenden doch in gewisser Hinsicht voraus, umfasste ihr Erfahrungsbereich doch nicht nur das Leben, sondern auch den Tod. Um ihr Wissen abzurufen, bedurfte es freilich einer hoch speziellen und geheimen Kunst. Leider haben die hebräischen Erzähler alle Einzelheiten des Beschwörungsvorgangs weggelassen (das wäre im Bereich des JHWH-Glaubens denn doch zu weit gegangen!). Nach altorientalischen Analogien war da vermutlich eine Grube – schon räumlich der tief unter der Erde gedachten Schattenwelt der Toten nahe –, in die bestimmte Essenzen zu schütten und vor der bestimmte Lockmittel niederzulegen waren, vermutlich gab es auch bestimmte Rituale, um die Wächter der Totenwelt mild zu stimmen und unter den unzähligen Verstorbenen den Richtigen aufzurufen. Wie auch immer: die dem Saul empfohlene Frau beherrscht diese Kunst perfekt.

Urplötzlich steht der tote Samuel vor Saul, verärgert über die Störung der Totenruhe und nicht im Mindesten bereit, von seinem vernichtenden Urteil über den einstigen Zögling auch nur ein Stück abzurücken. Mit bewusster Absicht lassen die Erzähler Samuel einfach nur wiederholen, was er viele Kapitel zuvor schon als Lebender gesagt hatte (vgl. V.17 f. mit 1 Sam 15), ehe er das letzte, fürchterliche Verdikt spricht: »Morgen wirst du mit deinen Söhnen bei mir sein« (V. 19). Altjüdische Ausleger haben dieser Ankündigung einen positiven Ton abgelauscht: Samuel habe Saul versprochen, ihn zu sich in den Himmel zu holen. Saul, wollen sie damit sagen, war kein wirklich böser Mensch; nur leider gelang es ihm aus bestimmten (und nicht einmal in erster Linie von ihm zu verantwortenden!) Gründen nicht, wirklich gut zu sein.

Die Frau von En-Dor ist Totenbeschwörerin, übernimmt aber umgehend, als die Situation es erfordert, die Rolle einer Betreuerin des Königs. Saul vor dem Unheil bewahren, das auf ihn zukommt, kann sie nicht. Sie kann ihm aber helfen, dem Tod aufrecht entgegenzugehen. Sie fungiert als Medium, durch das Saul zur Erkenntnis der bitteren Wahrheit kommt. Ganz zutreffend ist oben festgestellt, dass dies nicht ihr einziger Vorzug ist. Sie ist geschickt und klug, mitfühlend und umsichtig – ganz ähnlich wie und doch ganz anders als Abigajil. In beiden Gestalten wird etwas von der Rolle herausragender Frauen im alten Israel sichtbar. Ihnen waren die am höchsten angesehenen Ämter – etwa das des Königs oder das des Priesters – verschlossen. Da ihre Gaben aber nicht geringer waren als die der Männer, wichen sie auf »ungeordnete« Berufe aus: Prophetin konnte eine Frau in Israel werden (der Geist der Prophetie kommt nämlich, auf wen er will) oder Beraterin des Königs (so neben Abigajil ja auch Michal und später die »weise Frau« von Tekoa, 2 Sam 14, vgl. auch 2 Sam 20) – oder eben Totenbeschwörerin.

4.7 Ablösung und Aufstieg. Stirb-und-Werde (1 Sam 29–31)

Das erste Samuelbuch endet mit den Verwirrtheitszuständen der beiden miteinander konkurrierenden Führer Saul und David. Verwirrt ist ihre seelische Verfassung, ihr Handeln und die Beziehung zu ihrem Gottesbild. Jede Orientierung, jede Hoffnung auf eine positive Zukunft fehlt. Eine diffuse Angst vor dem Untergang beherrscht beide. Für Saul, längst schon disqualifiziert, steht das Ende an. David hingegen, mit seiner derzeit recht widersprüchlich-gespaltenen Persönlichkeit, erhält die Chance, an seinen Schwächen und Konflikten weiter zu reifen.

Davids Lage im Land der Philister spitzt sich zu. Zwar dient er nicht anderen Göttern, wie er befürchtet hatte (1 Sam 26,19), aber er gerät in die Situation, den Philisterfürsten im Kampf gegen Saul und gegen die Israeliten helfen zu müssen – und er schließt sich den Philistern freiwillig an. Achisch, in seiner Blindheit, versucht, David zu unterstützen, aber die anderen Könige der Philister werden nun zornig. Sie fürchten, David könnte plötzlich wieder das Lager wechseln und dann den Philistern in den Rücken fallen. Als Achisch erneut mit David spricht, um ihn vor dem Kampf wieder ins Philisterland zurückzuschicken, erwidert David scheinheilig: *Aber was habe ich denn getan* ... (29,8). Und Achisch antwortet: *Du weißt, dass du mir lieb bist wie ein Engel Gottes, aber die Obersten der Philister haben gesagt: »Er darf nicht mit uns in den Kampf ziehen«* (29,9). Welche Verwirrung! David scheint jedes Unrechtsbewusstsein und jede Orientierung zu fehlen. Um was geht es ihm? Dem Text nach treibt ihn – wie in früheren Zeiten, scheinbar harmlos und brav – nur eines: dienen, mitmachen, kämpfen, ein triebhaftes Verlangen ohne jede geistige und religiöse Dimension. Die obersten Fürsten der Philister durchschauen Davids Gefährlichkeit und erinnern sich ihrer eigenen leidvollen Geschichte. Wieder kommt ihnen die Leitmelodie des jungen David, sein anderes Gesicht, in Erinnerung: *Ist das nicht der David, von dem sie im Reigen singen: Saul hat seine Tausende geschlagen, David aber seine Zehntausende* (29,5). David, *ein Engel Gottes,* wie Achisch ihm schmeichelt?

Im 30. Kapitel bekommt David erneut einen Spiegel vorgehalten, der ihm seine abgespaltene Gefühlswelt recht schmerzhaft näher bringt. Zurückgeschickt von den Philistern, findet er die Stadt Ziklag, die ihm mit seinen Leuten von Achisch anvertraut worden ist, verwüstet und verbrannt vor. Die Amalekiter sind in der Zwischenzeit eingefallen und haben alle Zurückgebliebenen gefangen genommen, auch die Frauen, Töchter und Söhne Davids. *Da hoben David und die Leute, die bei ihm waren, laut zu weinen an, bis sie nicht mehr konnten* (30,4). Davids Not und Bedrängnis wird noch unmittelbarer, als seine Leute daran denken, ihn zu steinigen.

Es ist zu einer Umkehr der ziellosen Aktivitäten Davids in passives Erleiden gekommen: Was er anderen angetan hat, erleidet nun er, er wird ein Opfer seiner eigenen Widersprüchlichkeit und Führungsschwäche. Indem jedoch David Leid und Not in sich zulässt, löst sich sein Verwirrtheitszustand, und er sucht nach Hilfe und nach Auswegen. David wendet sich an den Priester Abjatar, dessen Leben er einst vor Sauls Rachsucht gerettet hat, damit er das Ephod, ein Gott geweihtes Heiligtum, herbringt: *Und David befragte den Herrn und sprach: »Soll ich dieser Horde nachjagen? Werde ich sie einholen?« Er antwortete ihm: »Jage nach! Denn einholen wirst du und entreißen!«* (30,8) David, in seiner großen Not, fragt sehr direkt und erhält eine entsprechend klare Antwort, vermutlich aufgrund eines Losorakels (Stolz, 1981, 179). Die Erzähler lassen im Text wieder ihren Gott als anweisenden Ratgeber unmittelbar eingreifen, David wird gerettet. Er siegt, und alle erhalten alles wieder.

So durchschlagend Davids militärischer Erfolg gegen die räuberischen Amalekiter ist, er bleibt doch unbefriedigend. Man könnte von einem »Happy End« sprechen, die Rolle jedoch, die David einnimmt, ist wenig ehrenwert. Wenn wir an die geistige Auseinandersetzung und Entwicklung Davids während der Fluchtkapitel denken, ein unbefriedigender Ausgang. Auch hatten die Amalekiter alle Menschen verschont. David bringt alle um, in einem Blutrausch, der vom Morgen bis zum Abend währt; nur Knechte können entfliehen. Das vom göttlichen

Denken vermittelte Gebot einer gegenseitigen Achtung scheint in den Verwirrtheitszuständen Davids verloren gegangen zu sein. So spiegelt das 30. Kapitel zunächst noch die unbewältigte Abhängigkeitsproblematik Davids mit ihren zwei Gesichtern wider: Er präsentiert sich trotzig-verwirrt oder marionettenhaft unselbstständig, blindwütig agierend in der einen wie der anderen Verfassung.

Die Erzählung über Davids Entwicklung im ersten Samuelbuch endet mit zwei Zeichen der Hoffnung. Sie weisen darauf hin, dass David nun wieder eigenständiger und mit Realitätsbewusstsein seine Chancen für die Zukunft zu nutzen weiß. Zunächst spürt er Dankbarkeit und spricht zu denen seiner Leute, die möglichst viel von der Beute für sich beanspruchen wollen: *Ihr sollt nicht so handeln, nachdem uns der Herr beschenkt und uns behütet und diese Horde, die über uns gekommen ist, in unsere Hand gegeben hat* (30,23). Aus Dankbarkeit für das Überleben sorgt David für eine gerechte Verteilung der Beute unter all seine Leute, ob sie nun Kämpfer gewesen sind oder den Tross bewachten. Kämpfer werden nicht höher belohnt als andere. – Die Beute, die David als ein Geschenk von seinem Gott empfindet, benutzt er des weiteren dafür, andere zu beschenken, *überall, wo er mit seinen Leuten umhergezogen war* (30,31). Wieder eine bemerkenswerte Umkehr: Empfangenes – aus seinem subjektiven Erleben, seiner inneren Öffnung für außergewöhnliche Geschehnisse und Erfolge heraus – verwandelt David aktiv in Gaben. Er verwendet die Beute nicht nur zur genussvollen Selbstbefriedigung, wie die Amalekiter; sie wurden während ihres Beutefestes überfallen und bestraft. Das Wiedererstarken seiner auf der Flucht entwickelten Fähigkeiten, autonom zu reflektieren und mit Geschenken und mit Leistungen Schaden wieder gut zu machen, weist darauf hin, dass David allmählich aus seinem verwirrten Zustand, seiner Identitätskrise, auftaucht.

Im 31. Kapitel, dem letzten des ersten Samuelbuches, finden Saul und drei seiner Söhne, darunter Jonatan, durch die anstürmenden Philister den Tod. Saul stürzt sich in sein eigenes Schwert. Sein Waffenträger weigerte sich, dem König – wie aufgefordert – den Todesstoß zu versetzen. Auch der Waffenträger stürzt sich in sein Schwert. Früher, vor seiner Flucht, war David der Waffenträger Sauls; die Flucht hat ihn vor einem tragischen Untergang bewahrt. David ist es gelungen, sich aus den unglückseligen inneren und äußeren Abhängigkeiten von Saul und von den Philistern zu befreien. Ursprünglich ist David zu König Saul gekommen, um ihm brav und ehrerbietig zu helfen. Er musste fliehen und einen eigenen Weg suchen, um sich zu einer starken Gestalt zu entwickeln.

Als überraschendes Fazit, als Extrakt der szenisch dargestellten Erkenntnisse und Lebensweisheiten des ersten Samuelbuches ließe sich zusammenfassen: Es gibt keinen Menschen, auch nicht einen Gesalbten Gottes, weder einen Priester und Richter noch einen König, der vor der Gefahr gefeit ist, dem *bösen Geist,* dem Widersacher wohlmeinend-göttlichen, mitfühlenden Denkens zu verfallen. Oder anders ausgedrückt: Die Dichter und Erzähler des David-Epos haben erkannt, dass psychosoziale Konflikte unvermeidlich zur conditio humana gehören; sie zeigen auf, wie ein Mensch geistig-seelische Fähigkeiten entwickeln kann, um Lebenskrisen produktiv zu meistern. Demonstriert wird, wie wichtig es ist, im dualen Konfliktfeld eine dritte Instanz zu akzeptieren, die aus einer unabhängigen, aber empathischen Sicht heraus bei der Lösung der Konflikte helfen kann. In den Samuelbüchern wirkt ein wandlungsfähiges Bild göttlichen Denkens, das die schöpferischen Kräfte des Volkes in sich fokussiert und das einen positiven Wandel, den Dialog und die Rückbesinnung fördert; das schöpferische Denken offenbart sich in recht unterschiedlichen Situationen und Gestalten.

Der Generationenwechsel trennt das erste vom zweiten Samuelbuch. David wird auf einem für damalige Verhältnisse legitimen Weg Thronfolger. Es stellt sich die Frage: Wie wird er sich als Führer und Vater bewähren, nachdem das Volk mit den Söhnen von Eli, Samuel und Saul schlechte Erfahrungen gemacht hat?

David in »Verwirrtheitszuständen«, mit allen Zeichen einer »widersprüchlich-gespaltenen Persönlichkeit«? So mutet den Analytiker (und modern-moralischen Menschen) Davids Verhalten bei den Philistern an: blutige Raubüberfälle, gnadenlose Rachefeldzüge und dann noch die bedenkenlose Bereitschaft, bei der Entscheidungsschlacht gegen Saul dabei zu sein – auf Seiten der Philister! Ist David pervers – oder sind es die Verhältnisse, in die er geraten ist? Dass er als Söldnerführer und Freibeuter kaum eine andere Wahl hatte, als sich und seine Leute durch die anderen abgejagte

Beute zu ernähren, davon war schon die Rede. »Erst kommt das Fressen, dann kommt die Moral«, konstatiert Bertolt Brecht sarkastisch-trocken. Die Amalekiter handeln nach dem gleichen Gesetz – und nach dem des geringsten Widerstands. Sie holen sich Beute beim erfolgreichen Jäger just dann, als seine Stadt Ziklag von Kämpfern entblößt ist. Das ist feig und hinterlistig, und es bringt David in höchste Schwierigkeiten: Kaum einmal sonst wird so deutlich von Unzufriedenheit mit seiner Führung gesprochen, davon gar, dass die eigenen Leute ihn zu steinigen drohten. Die Meute duldet nur den fraglos Stärksten als Führer; zeigt er Schwächen, hat sie ihn im Nu zerrissen – oder, wiederum nach Brecht: ohne Fressen keine Moral. David jedoch meistert die Gefahr. Nicht zuerst sein militärisches Geschick befähigt ihn dazu, sondern sein enges Gottesverhältnis; das heben die Erzähler ausdrücklich hervor (30,6–8). Gottes Hand sollen wir gewiss auch im Spiel sehen, als David »zufällig« der zurückgelassene Sklave eines Amalekiters in die Hände fällt und ihnen den Aufenthaltsort der Räuber verrät. Dass diese viel humaner wären, als dann David mit ihnen umgeht, ist ein Missverständnis. Sie haben Menschenleben verschont, jawohl, aber das von Frauen und Kindern, die sie versklaven oder in die Sklaverei verkaufen wollten (ein todeswürdiges Verbrechen! vgl. 2 Mose 21,16); die Männer Davids, hätten sie gegen sie zu kämpfen gewagt und wären sie ihrer habhaft geworden, hätten sie sicher nicht verschont. So verschont auch David die amalekitischen Männer nicht.

»Amalek« ist ohnehin ein Reizwort in judäischen bzw. israelitischen Ohren. In der Davidüberlieferung taucht der Name dieses Wüstenstamms alsbald wieder in Gestalt des unsauberen und verlogenen Burschen auf, der Saul den Todesstoß gegeben haben will und David dessen Krone bringt (2 Sam 1). Angeblich sind die Amalekiter Saul ja schon viel früher zum Verhängnis geworden, als er sie mit Mann und Maus vernichten sollte und sich lieber an ihnen bereichern wollte (1 Sam 15). Die Bibel konstruiert eine Ur- und Erzfeindschaft zwischen Israel und Amalek: Ausgerechnet Amalek ist es, das unmittelbar nach dem Durchzug durchs Schilfmeer über den wehrlosen israelitischen Flüchtlingshaufen herfällt; nur mit knapper Not und Gottes Hilfe wird der erste Holocaust am Gottesvolk verhindert (2 Mose 17,8–16). Das soll Amalek nie vergessen und unbedingt vergolten werden (5 Mose 25,17–19). Saul kommt diesem Auftrag nur halbherzig, David mit aller Kraft nach. Dass er dabei auch noch die geraubten Frauen und Kinder – darunter seine eigenen – sowie die gesamte verlorene Beute und damit die unbestrittene Führerschaft unter seinen Leuten wiedergewinnt, spricht nur für ihn, nicht für seine moralische Verwirrtheit. In diesem Fall, ließe sich mit den Erzählern bzw. Bertolt Brecht sagen, treffen sich Fressen und Moral!

Die Razzia gegen Amalek bringt David noch einen weiteren Vorteil: Sie findet nach der Konstruktion der David-Erzähler just zu dem Zeitpunkt statt, da Israeliten und Philister zum alles entscheidenden Kampf zusammentreffen. Dies geschah der Bibel zufolge in der Nähe von En-Dor bzw. in den Bergen von Gilboa, d. h. relativ hoch im israelitischen Norden, nahe der Ebene Jesreel. Die Amalekiter operierten dank ihrer Ausstattung mit Kamelen in den Wüstengebieten im tiefen Süden Palästinas, wohl schon auf der Sinai-Halbinsel. Damit wird also David von dem tragischen Geschehen um den Tod Sauls möglichst weit disloziert. Hunderte von Kilometern trennen beide Schauplätze, und niemand sage, bei der Niederlage Israels gegen die Philister habe der damalige Philistervasall David irgendeine undurchsichtige Rolle gespielt!

Genau diesem Nachweis dient auch die lange Auseinandersetzung zwischen Achisch von Gat (bzw. den anderen philistäischen Stadtkönigen) und David um die Frage, ob er sich an dem Kriegszug gegen Israel beteiligen solle. Natürlich hatte er als Vasall und Söldnerführer die Pflicht dazu! Warum aber will er dieser Pflicht so unbedingt nachkommen? Hofft er von Anfang an darauf, von ihr entbunden zu werden? Doch damit spielte er ein riskantes Spiel – man hätte seinem Drängen ja stattgeben können! Man muss genau darauf hören, was die Erzähler ihn zu Achisch sagen lassen: »Was habe ich denn getan . . ., dass ich nicht mitkommen und wider die Feinde meines Herrn, des Königs, streiten darf?« (29,8) Wir Lesenden wissen, was er getan hat: Er hat die ganze Zeit über Achisch über die wahren Ziele seiner Streifzüge hinters Licht geführt; er hat gar nicht, wie dieser hoffte und annahm, Israel geschadet, sondern Feinden Israels. Wenn er jetzt wieder gegen »die Feinde meines Herrn, des Königs« dreinschlagen will: Wer sagt denn, dass dies die Israeliten und dass der König Achisch ist? War Davids »Herr und König« nicht Saul (vgl. 1 Sam 24,9; 26,17, auch 29,3), und waren Sauls Feinde nicht die Philister? Achisch hört das natürlich anders, er ist von David (bzw. dieser hat Achisch für sich) so vollkommen eingenommen, dass der gute Mann es tief bedauert, seinen vermeintlich tüchtigsten Kämpfer nicht mit in die Schlacht nehmen zu können. Hätte er es nur gekonnt!, bedeuten uns die Erzähler. Hätten doch die Kollegen Achischs nicht Lunte gerochen: die Schlacht auf den Bergen Gilboas wäre wahrhaftig anders ausgegangen! So aber wurde David, so hartnäckig und listig er sich auch dagegen wehrte, durch gleichsam höhere Gewalt daran gehindert, seinem »Herrn« (und dessen Sohn, seinem Freund Jonatan, und seinem Volk Israel!) im entscheidenden Augenblick zu Hilfe zu eilen.

Auch ein David, so zeigt diese Geschichte, vermag nicht alles. Wenn Gott über Israel und die Königsfamilie Niederlage und Tod verhängt hat (28,19), dann lässt er sich in der Durchführung dieses Beschlusses auch durch David nicht aufhalten. Dieser kann nicht anders, als seine Grenzen zu akzeptieren und sich zurückzuziehen. Doch im Unglück liegt auch ein Glück verborgen. Ob David Saul wirklich hätte heraushauen können, oder ob er nicht, wie Jonatan, an seiner Seite gefallen wäre, weiß niemand. Gewiss aber ist, dass er, wäre er mit nach Nordisrael gezogen, die Amalekiter, diese frechen und feigen Räuber, nie mehr zu fassen bekommen hätte, und dann hätten ihn die Wut und Trauer seiner Leute um ihre geraubten Familien sein Amt und gar sein Leben gekostet. So waltete auch über diesem »verwirrten« Abschnitt in Davids Leben eine gute, höhere Macht und fügte alles zum Besten.

5 David leistet Trauerarbeit (2 Sam 1–5; 8–10)

Wer bin ich, Gott mein Herr,
und was ist mein Haus,
dass du mich bis hierher gebracht hast?
2 Sam 7,18

»Das Ringen um Einsicht, Verantwortung und Recht« ließe sich über das 2. Samuelbuch als Thema und gestaltendes Motiv für Davids weiteren Reifungsweg schreiben. *Was ist mein Haus – und wer bin ich?*: Bisher lebte David in geistig-seelischer Hinsicht noch überwiegend wie eine fremdgelenkte Marionette – zunächst auf der Flucht vor sich selbst, vor Wünschen und Zielvorstellungen für das eigene Leben, später auf der Flucht vor der Vaterfigur Saul. Jetzt orientiert sich David bewusst, inzwischen 30-jährig, nachfragend und mit eigenen Impulsen aus seiner Gefühlswelt heraus (»Haus« als strukturierter innerer Raum); aus der inneren Welt und aus der besonderen Art seines Glaubens schöpft er Kraft und ein neues Selbst-Bewusstsein. Die ersten zwölf Kapitel des 2. Samuelbuches zeigen den Wandlungs-Prozess besonders anschaulich; sie beschreiben Davids neue – kraftvoll-expansive – Lebensphase im Bewältigen zahlloser innerer und äußerer Konflikte.

David kehrt aus dem Land der Philister zurück, er hört vom Tod Sauls und Jonatans; seine Flucht hat ihr Ende gefunden. Ein leidenschaftliches Klagelied gibt seinen Schmerz wieder. Enthält es auch seinen Schrecken, dass er, der Landesverräter, jetzt der mächtigste Mann der Südstämme ist und dass seine Zukunft recht ungewiss ist?

Solange David in der Welt seiner Übertragungsobjekte und inneren Abhängigkeiten lebte (im 1. Samuelbuch), konnte er durch diese Prägungen und Strukturen psychischen Halt, Schutz und Stärke empfinden; er war auf menschliche Objekte bezogen, sie bestimmten sein Leben. So beherrschte Saul fortdauernd Davids Lebensstil, obwohl Saul sich radikal veränderte, vom hilfsbedürftigen, kranken König zum unermüdlichen Verfolger. Nicht weniger stabilisierte Jonatan ihn, sein Konkurrent um die Position des königlichen Nachfolgers; er war ihm ein brüderlich verbundenes Alter Ego. Ferner blieb David bis zur Flucht auf Michal fixiert; sie war ihm von Saul für den Sieg über Goliat »vermacht« worden und machte den Hirtenjungen zum königlichen Schwiegersohn. David hatte einen zukunftsweisenden sozialen Status erreicht, den er in keiner Weise mit Gefühlen und Visionen füllen konnte. Der Verlust eines jeden der drei Objekte, auf die er alte, unangemessene Gefühlsbindungen übertragen hatte (Vater, Bruder, Schwester), hinterließ in David eine »Leere«; sie überwiegt die Erleichterung über den Tod seines Verfolgers Saul, von der wir erstaunlicherweise nichts erfahren.

So beginnt das 2. Samuelbuch – vergleichbar dem ersten Satz einer klassischen symphonischen Komposition – mit einem einprägsamen, unvergesslichen, die Gefühle berührenden Thema: David trauert. Intoniert wird eine Melodie, die in zahlreichen Variationen im folgenden Text wiederkehrt und – persönlich und politisch motiviert – in ausdrucksstarke Worte und Bilder gefasst wird. Das Gegenthema erklingt in schrillen Tönen bereits im zweiten Kapitel: eine sorgfältig durchkomponierte Orgie des endlosen Mordens. Vorgeführt wird die gefühlskalte rationalisierte Logik von Teufelskreisen, bestehend aus eskalierender Gewalt, Gegengewalt und perversen, das Leben und Überleben verneinenden Denkstrukturen.

Nach dem jeweiligen Auftakt im ersten und zweiten Kapitel sind beide Themen eng ineinander verflochten. Die Erzähler und Denker der damaligen Zeit bedienen sich wieder der bewährten Form, ihr Anliegen symbolisch-szenisch in konträr agierenden Gestalten dem Verständnis näher zu bringen. Sie regen dadurch zum Betrachten, zum Mitfühlen und zum Nachdenken an. Die dramaturgische Struktur ordnet die Themen zunächst recht eindeutig zu: Das Gewalt-Thema wird von Gestalten aus Davids Umgebung intoniert, er re-agiert. – Darüber hinaus ist eine solche Darstellungsform ein uralter Denkmodus, den alle Menschen aus ihren Träumen kennen: Dem bewussten Ich des Träumers (hier die fiktive Figur Davids als zentrale Gestalt, auf die alle Details zu beziehen sind) stehen die Nicht-Ich-Repräsentanzen des Umfeldes gegenüber. Ego und Alter-Ego-

Figuren sind charakteristisch aufeinander bezogen, wie zwei Seiten einer Medaille. Solch ein Alter Ego entfaltet seine Bedeutung erst durch den Bezug zu David; dies lernten wir schon in den Interpretationen der Gestalt des Goliat-Feindbildes kennen: Goliat wurde als Gegner Davids berühmt – und umgekehrt: Welche Berühmtheit hätte David erreicht ohne den Sieg über Goliat?

Zum differenzierteren Verständnis der ineinander verwobenen Gedankengänge werden die beiden Hauptthemen hier jeweils für sich entflochten wiedergegeben. Indem eine neue, thematisch orientierte Ordnung versucht wird, entstehen sicher für die Lesenden zunächst Orientierungsschwierigkeiten durch den raschen Wechsel zwischen einzelnen Szenen; jedoch erleichtert eine solche Abfolge eher das Verständnis für die inneren Beweggründe für Davids Verhalten. Nachfolgend, unter 5.1, ist die äußere, psychosoziale Realität nachgezeichnet, wie David sie nach seiner Rückkehr in Juda vorfindet; herausgearbeitet werden dabei die Motive des Mordens unter *Brüdern* und die Art der Eskalation ihrer Rivalitätskämpfe.

David re-agiert vor allem emotional, aber nicht nur. Im danach folgenden Kapitel 5.2 sind die unterschiedlichen Szenen von Davids Trauer zusammengestellt. In seinen Trauerreaktionen bedenkt David das Gewesene; er versucht, Unheil wieder gutzumachen und die Zukunft positiv zu gestalten. Und er führt uns etwas ganz Ungewöhnliches vor: Er gesteht offen, sogar öffentlich, Ohnmacht ein und entwickelt einflussreiche Stärke in Situationen, in denen er seine Ratlosigkeit zulässt. Dabei wird David als kraftvoller Eroberer beschrieben, denn in den ersten zwölf Kapiteln des 2. Samuelbuches baut er innen- und außenpolitisch seine Macht aus. Er steigt zum Führer nicht nur von Juda mit den Südstämmen auf, sondern auch von Israel und dem neuen Gesamtstaat. Seine Macht bringt ihm neue Versuchungen: Literarischer Höhepunkt seiner Eroberungsphase ist Davids leidenschaftliche Liebe für Batscheba und das skrupellose Mordkomplott, das er gegen Urija, ihren Mann, schmiedet. Für ein Gottesbild, bei dem *der Herr auf das Herz sieht* (1 Sam 16,7), sind Davids spontanes Fühlen und Agieren nicht nur ein moralischer Skandal, sondern auch eine Herausforderung; die Erzähler lassen eine erstaunliche Weisheit im Blick auf die Strafe und auf das Kultivieren der leidenschaftlichen Liebe Davids erkennen.

Davids emotionales Wachstum, die Art seiner Beziehungsmuster und das Wachstum Israels sind aber ohne die Art seines Glaubens nicht verstehbar. Der Gott Davids und der israelitischen Stämme kommt immer dann ins Gespräch, wenn ausweglos und hoffnungslos erscheinende reale Schwierigkeiten entstanden sind; so wird die göttliche Repräsentanz die eigentliche, geistig-schöpferisch gestaltende und führende Instanz. Der Prophet Natan ist solch eine Repräsentanz des göttlichen Bildes, dessen Weisheit die Erzähler uns nahe bringen wollen. Der Konflikt Davids zwischen seinen erwachenden Gefühlen leidenschaftlicher Liebe einerseits und der verdrängten Stimme des Gewissens und sozialer Rücksichtnahme andererseits ist in 6.2 dargestellt.

Zwischen 1 Sam 31 (der Erzählung vom Tod Sauls) und 2 Sam 1 (der Erzählung von Davids Trauer) liegt eine Zäsur. Der bisherige Antipode Davids ist gewissermaßen ersatzlos entfallen. Fortan agiert David nicht mehr als ein Gegenüber, als gejagter Feind Sauls, sondern aus eigenen Stücken. Den Einschnitt spürten schon diejenigen Übersetzer, die vor der Zeitenwende die am höchsten angesehenen jüdischen Schriften ins Griechische übertrugen: Sie teilten – wahrscheinlich aus rein pragmatischen Erwägungen – den Samuelstoff in zwei Bücher und setzten den Schnitt genau an dieser Stelle. Erst sehr viel später, im 15./16. Jahrhundert u. Z., drang diese Trennung auch in die hebräische Texttradition ein. Dort hatte es bis dahin nur ein einziges Samuelbuch gegeben. Das ist daraus zu ersehen, dass es von der Hand der Masoreten – der jüdischen Schreiber-Gelehrten, die in der zweiten Hälfte des 1. Jahrtausends n. Chr. die hebräische Bibel mit einem System von Lesehilfen und Vokalzeichen überzogen – lediglich eine gemeinsame Schluss-Masora gibt: nämlich am Ende von 2 Sam 24, wo mitgeteilt wird, wie viele Verse und Abschnitte das vorstehende Buch enthält (damit nichts davon verloren gehe!). Dies aber bedeutet: Man las in der hebräischen Texttradition von 1 Sam 31 nach 2 Sam 1 weiter, ohne eine klare Zäsur zu registrieren. Dieser textgeschichtliche Sachverhalt warnt davor, bei der inhaltlichen Interpretation allzu viel Gewicht auf die Bucheinteilungen zu legen.

Es gibt noch viel mehr Verbindungslinien, die vom 1. ins 2. Samuelbuch hinüberreichen: etwa, dass der Bote, der David die Todesnachricht überbringt, ein Amalekiter ist (2 Sam 1,8) – ein

Angehöriger des Beduinenstamms, mit dem David laut 1 Sam 30 schon unangenehme Erfahrungen gemacht hatte; oder die Mitteilung, dass David sich mit seinen Frauen und seinen Mannen in Hebron niedergelassen habe (2 Sam 2,1–3), zu deren Verständnis es der Erzählungen des 1. Samuelbuches bedarf, die von der Gewinnung Abigajils als Gattin und von der Sammlung einer Söldnertruppe durch David berichten; oder die Notiz von seiner Kontaktaufnahme mit den Bewohnern von Jabesch-Gilead (2 Sam 2,4–7), die über 1 Sam 31,11–13 auf 1 Sam 11 zurückgreift. Mehr noch: Die in 2 Sam 1–5 geschilderten Auseinandersetzungen darum, wer Saul letztlich beerben wird – der noch übrig gebliebene Saul-Sohn Eschbaal oder der judäische Führer David –, sind sachlich wie stilistisch eine Fortführung des im 1. Samuelbuch dargestellten, teils freundlichen, teils gespannten Verhältnisses zwischen David einerseits und Saul und seinen Kindern andererseits. Immer wieder hat darum auch die alttestamentliche Wissenschaft mit einer »Aufstiegsgeschichte Davids« gerechnet, die von 1 Sam 16 bis mindestens 2 Sam 5 gereicht habe.

Nicht einmal hier freilich, nach 2 Sam 5 (oder auch 2 Sam 6 oder 7 oder 8), ist eine wirklich klare Zäsur auszumachen. Denn viele Erzählfäden – gerade auch der vom Verhältnis zwischen David und den Sauliden – ziehen sich praktisch bis ans Ende der Samuelbücher, sogar bis in den Beginn des 1. Königebuches durch; man vergegenwärtige sich etwa die Geschichten von David und dem Jonatansohn Meribaal (2 Sam 9; 16,1–4; 19,25–31), von David und der Saultochter Michal (1 Sam 18,20–27; 19,11–17; 2 Sam 3,12–16; 6,16.20–23), von David und dem Benjamiten Schimi – einem Stammesgenossen Sauls also, dessen Leben wie dasjenige Sauls in der Hand Davids bzw. seines Offiziers Abischai lag, vorerst verschont wurde, unter Salomo aber ein gewaltsames Ende nahm (1 Sam 26,8–11; 2 Sam 16,5–13; 19,17–24; 1 Kön 2,8–9.36–46). So ist es kein Wunder, dass die griechische Septuaginta nicht je zwei Samuel- und Königebücher hat, sondern stattdessen nur vier Königebücher.

So scheint es also einen biblischen David-»Roman« von erheblichem Umfang (bis ins 1. Königebuch!) zu geben, dessen einzelne Abschnitte nicht derart klar voneinander abgegrenzt sind, dass sich ohne weiteres von völligen Neueinsätzen reden ließe. Dennoch ist es aller Überlegung wert, den David des 1. Samuelbuches (oder eben: bis zum Ende Sauls) als durch »Übertragungsobjekte« bestimmte, den des 2. Buches hingegen als zu einer eigenen, selbstbestimmten Persönlichkeit sich entwickelnde Figur zu sehen. Es gibt Facettenverschiebungen freilich auch noch nach 2 Sam 1: etwa nach 2 Sam 5, wo David zum Führer einer Doppelmonarchie aufgestiegen ist, oder nach 2 Sam 7, wo ihm eine dauerhafte Dynastie verheißen worden ist, oder nach 2 Sam 8, wo David äußerlich auf dem Höhepunkt seiner Macht angekommen ist – alle Nachbarvölker sind besiegt, das Reich ist geordnet! – und von wo an sich Nachrichten über Misserfolge häufen und der Blick von Erzählern wie Lesenden sich zunehmend nach innen richtet: ins Innere des Hauses und der Familie Davids nicht nur, sondern seiner eigenen Person. Vielleicht ist der tiefinnerste (und auch: tiefste) Punkt im Klagegeheul Davids um seinen verlorenen Sohn Abschalom erreicht (2 Sam 19,1). Danach setzt wieder eine Gegenbewegung ein: David gelangt an die Spitze der Truppen (19,2–9), in die Residenz Jerusalem und an die Spitze der Doppelmonarchie (19,10–20,26).

Danach folgt, in den Kapiteln 2 Sam 21–24, nach übereinstimmender Meinung sämtlicher exegetischer Fachleute, ein Nachtrag: Informationen, die spätere Redaktoren – wahrscheinlich zur Exilszeit, d. h. im 6. Jahrhundert v. Chr. – noch vorfanden und nicht verloren gehen lassen wollten und die sie an der letztmöglichen Stelle einsetzten, ehe mit 1 Kön 1,1 das Schluss-Furioso des David-Romans anhebt: das Abtreten und Sterben des Helden sowie das Antreten zweier Prätendenten um seine Nachfolge, von denen am Ende dank der Unterstützung durch Natan und Batscheba (und David und die Söldnertruppe!) Salomo die Oberhand gewinnt, in dessen Hand sich schließlich »das Königtum festigt« (1 Kön 2,46).

Der Analytiker lauscht den Anfangskapiteln des 2. Samuelbuches zwei Grundthemen ab: ein neues, das sich in dem Stichwort »David trauert« ausdrücken lässt – und tatsächlich häufen sich hier Trauer- und Klageszenen, die sich fortsetzen werden bis zu dem erschütternden (und etwa von Heinrich Schütz erschütternd vertonten) »Absalom, Absalom, fili me« von 2 Sam 19,1 –, und ein anderes, genannt die »Orgie des endlosen Mordens«. Dieses düstere Thema bestimmte auf weite Strecken schon das 1. Samuelbuch und wird auch die Fortsetzung wesentlich bestimmen: nicht nur bis zu dem Zeitpunkt, da David endlich König ist, sondern auch danach noch die Berichte vom Töten in seiner Familie und in Bürgerkriegen und Kriegen und endlich beim Machtwechsel auf Salomo. Auffällig aber ist, dass mehr und mehr aus dem tötenden der unter dem Töten leidende David wird. Aus dem siegenden und strahlenden Helden wird der traurige und schier zerbrochene – aber immer noch: Held! Nicht Politpropaganda bekommen wir präsentiert, sondern das Bild eines durch Höhen und Tiefen gehenden Menschen, wie das Leben es schreibt. Ob dies wirklich Davids Leben war und ob es in dieser Weise realitätsgetreu abgebildet ist, steht dahin. Es ist das Bild eines Menschen, der eher neben als über uns steht. Ecce homo!

5.1 David baut seine Herrschaft aus: die Bedrohung durch Mordgier

Nach der Niederlage und dem Tod von Saul und Jonatan sowie dem eigenen erfolgreichen Feldzug gegen die Amalekiter weiß David nicht weiter. Geradlinig und direkt befragte er *den Herrn und sprach: »Soll ich in eine der Städte Judas hinaufziehen?« Der Herr antwortete ihm: »Ziehe hinauf.« David sprach: »Wohin soll ich ziehen?« Er antwortete: »Nach Hebron«* (2,1). David fragt, als stehe er nach dem Tod Sauls nur noch im Dienst seines Gottes und habe keinen andern »Herrn« mehr über sich. David zeigt sich unsicher und ratlos. Genau genommen hat er selbst den zukünftigen Weg bereits klug vorbereitet, indem er Beute aus dem Amalekiterfeldzug an die Ältesten und die einzelnen Städte von Juda verteilen ließ (1 Sam 30, 26–31). Die Judäer salben den erfolgreichen David zu ihrem König.

Kaum ist David in Amt und Würden, beginnen blutige Machtkämpfe. Gegenspieler ist zunächst der Israelit Abner, Sauls ehemaliger Feldherr. Der militärisch mächtige Truppenführer bedient sich Eschbaals, eines Sohnes Sauls, und macht diesen zum König über Israel, das nördliche Nachbarland von Juda. Aus der Deckung heraus beginnt Abner, seine intriganten Fäden zu ziehen.

Die alten Stammesrivalitäten und Thronfolgekämpfe lodern heftig auf. Im Grenzgebiet treffen Abner und Joab, der Feldherr Davids, mit ihren Leuten aufeinander: *Die einen lagerten sich diesseits, die andern jenseits des Teichs. Da sprach Abner zu Joab: »Die jungen Burschen mögen auftreten und ein Kampfspiel vor uns aufführen!« Joab sprach: »Es sei«* (2,14). Was vordergründig wie ein harmloses Nachbarschaftsgeplänkel, wie Wettkämpfe zwischen zwölf Männern der einen und der anderen Seite aussieht, eskaliert: *Und ein jeder packte den Gegner mit der Hand beim Schopf und stieß ihm das Schwert in die Seite, und sie fielen miteinander* (2,16).

Abner mit den Kriegern Eschbaals wird geschlagen und flieht. Er verliert dreihundertsechzig Mann, Joab nur neunzehn. Würde hier die Szene enden, wäre sie nur eine von den zahllosen militärischen Konfliktszenen der Samuelbücher, die wie eine Auflistung historischer Ereignisse wirken, deren Lektüre ermüdet. Spannend beginnt dagegen jetzt eine von den alten Autoren einfallsreich gebaute Kriminalgeschichte. Doch dürfte sie weniger zur vergnüglichen Unterhaltung eingefügt worden sein: Sie liest sich wie eine lebendige Abhandlung, die uns anschaulich mit den Problemen der damaligen Rechtsunsicherheit und Willkür konfrontieren will. Die beeindruckende Konstruktion des Textes (2,18–28) spricht in ihrer verdichteten Sprache für sich selbst, der Inhalt sei hier kurz wieder gegeben:

Das *Kampfspiel* hat ein Nachspiel. Als Abner flieht, jagt ihm Asahel, ein Bruder Joabs nach. Abner fragt ihn ahnungsvoll nach seinem Namen und drängt ihn besorgt, irgendeinen anderen aus der Mannschaft zu töten, *geh von mir weg! Warum soll ich dich zu Boden schlagen? Wie dürfte ich dann deinem Bruder Joab noch unter die Augen treten?* Aber Asahel weicht nicht und Abner sticht ihn nieder. – Nun jagen Joab und ein anderer Bruder Abner nach, bis dieser am Abend des langen Kampftages Schutz bei seinen Leuten findet. Und wieder ist es Abner, der mit Worten eine Wende versucht: *Soll denn das Schwert ohne Ende fressen? Weißt du nicht, dass das bittere Ende nachkommt?* Joab, der Feldherr Davids, lenkt ein: *So wahr Gott lebt! Hättest du nicht geredet …*

Blutige Verfolgungsszenen unter *Brüdern!* Der Gegensatz zwischen Siegern und Besiegten löst sich auf und schafft keine klaren Verhältnisse mehr. Abner »dreht den Spieß um«: Er, der Verfolgte, ist sich seiner Kräfte bewusst und nutzt sie unerschrocken aus. Die Stimme seines Gewissens warnt ihn und warnt den Verfolger: Zwangsläufig ermordet der Verfolgte den Verfolger, um sich frei zu kämpfen – und verstrickt sich unausweichlich in das Verfolgungsnetz der Blutrache, die keine Notwehr anerkennt. Die Blutrache, privates Recht einer Familie oder Sippe, kennt keine unabhängige, neutrale Sicht.

Den jungen Asahel treibt offensichtlich ein ruheloser, innerer, blindwütiger Verfolgungsdrang, er kann nicht innehalten, nicht nachdenken oder Alternativen in den Blick nehmen, die ihm Abner anbietet. Wir erfahren nichts über Asahels Motive. Ist nicht denkbar, dass er einen Bruderkomplex von Joab auf Abner überträgt, von dem er nicht ablassen kann? Will er vielleicht besonders seinem großen Bruder Joab, dem Feldherrn, und David gefallen, um sich als starker Kämpfer zu profilieren? Schließlich sind Joab, Abischai und Asahel Vettern Davids. Der Text hilft uns im Verstehen nicht weiter.

Der Krieg zwischen Juda und Israel zieht sich über eine lange Zeit hin. David wird immer stärker, Eschbaals Macht immer schwächer. Abner, der zunächst »treu« zum Hause Sauls hält, zeigt sich nun von einer neuen Seite: Er verführt eine der verwitweten Nebenfrauen Sauls. Der Konflikt bricht offen aus. Als Eschbaal gegenüber Abner Vorwürfe erhebt und nachfragt, fährt der ihn – immerhin den König! – mit groben Worten an: *Bin ich denn jetzt ein jüdischer Hundskopf, nachdem ich dem Hause deines Vaters Saul, seinen Brüdern und Freunden, Liebe erwiesen und dich nicht in die Hände Davids habe geraten lassen? Und du machst mir heute Vorwürfe wegen eines Weibes* (3,8). Eschbaal ist sprachlos, denn er *fürchtete sich vor ihm* (3,11).

Tatsächlich, eine hoffnungslose Verwirrung der Sprache, der Gefühle, des Denkens und des Glaubens! Hat Abner Eschbaal *Liebe erwiesen* und vor David gerettet, wo doch David auf Aussöhnung bedacht ist und sie später auch an Meribaal praktiziert? Was steht hinter Abners Verachtung gegenüber Frauen, gegenüber dem toten Dienstherrn und Eschbaal, dessen Sohn? Abner steigert sich weiter und beschwört Gott, als handele er für ihn! Ein Durcheinander von Willkür, überheblicher Anmaßung und angeblicher Gefühle von Liebe und Treue im Namen seines selbstherrlichen »Gottes«-Glaubens!

Empört über Eschbaals Frage und Vorwurf läuft Abner zu David über und bietet sich und ganz Israel an, als sei er der König von Israel. David fordert für einen Vertragsschluss erstaunlicherweise nur eines: Michal, seine erste Frau! Und dies, nachdem bereits zu erfahren war, dass David in den sieben Jahren seiner Königszeit in Hebron sechs Söhne von sechs verschiedenen Frauen bekommen hat.

Davids Forderung ist schwer nachzuvollziehen, denn Michal ist inzwischen in Israel mit einem anderen Mann verheiratet, mit einem Mann, der ihr nachweint, der also ganz anders auf ihren Verlust reagiert als David bei der frühen Trennung durch seine Flucht. Geht es ihm um eine Legitimation der Annexion von Israel, indem er die alte eheliche Verbindung wiederherstellt? Das wäre eine Machtpolitik, nun von David ausgehend, in der die Frau Werkzeug, zweckbestimmtes Mittel und Opfer ist!

Abner, der jahrelange Verfolger Davids an der Seite Sauls, bestimmt nicht nur über König Eschbaal, den er Michal holen lässt, er verhandelt auch an des Königs statt mit den Ältesten von Israel und schwingt sich zum Advokaten Gottes auf: *Schon längst habt ihr euch ja David zum König gewünscht; so führt es nun aus. Denn der Herr hat zu David gesagt ...* (3,17 ff.). David belohnt Abner mit einem Ehrenmahl und lässt ihn *in Frieden wieder ziehen*. Abner verspricht David, ganz Israel für ihn zu sammeln, *damit du König werdest, so weit dein Herz begehrt* (3,21).

David reagiert Abner gegenüber naiv und machtpolitisch verständnislos. Als Abner Hebron verlassen hat, kommt Joab von einem Streifzug zurück, auf dem er reiche Beute gemacht hat. Joab erfährt vom Auftritt und von der Ehrung Abners, seines militärischen Rivalen aus dem gegnerischen

Israel, und stellt David zur Rede: *Was hast du getan? ... Hast du nicht gemerkt, dass Abner gekommen ist, um dich zu hintergehen und um dein Tun und Lassen zu erkunden ...* (3,25)? Heimlich lässt Joab Abner zurückrufen und ersticht ihn vor dem Tor der Stadt, um das Blut seines Bruders Asahel zu rächen. – Als David von der Bluttat hört, ist er verzweifelt. Joab, sein Feldhauptmann, hat sich Macht und Justiz angemaßt. Gleichzeitig verpflichtet der Sittenkodex der Blutrache Joab zu dem Mord; auch David hätte als Verwandter den Tod Asahels zu rächen!

Das Morden geht weiter, als gehöre es zur Tagesordnung. Nach dem Tod Abners bricht der Mut Eschbaals zusammen; erstaunlicherweise erst jetzt, als habe er gar nicht begriffen, wie er von Abner ausgespielt worden war. Er findet ein schmähliches Ende: Als er sich in der heißesten Zeit eines Tages in sein Haus zum Mittagsschlaf hinlegt, dringen zwei seiner Anführer heimlich in das Haus ein und schlagen ihm den Kopf ab. Sie bringen das Haupt Eschbaals zu David: *Da hast du den Kopf Eschbaals, des Sohnes Sauls, deines Feindes, der dir nach dem Leben stellte. Der Herr hat heute meinem Gebieter, dem König, Rache gewährt an Saul und seinem Geschlecht* (4,8).

Wieder fällt die wohlklingende, rationalisierende und exkulpierende Begründung der Mordtat der beiden Überläufer auf: *JHWH hat heute Rache gewährt ...* – David könnte denken: Ja, endlich ist der Rivale beseitigt! Er könnte sich bedanken und könnte sich erleichtert freuen. Doch auch dieses Mal reagiert David nicht wie erwartet. Er erweist sich als entschlossener, unabhängiger Richter und lässt die Männer hinrichten; ihnen werden Hände und Füße abgehauen, dann werden sie vor aller Augen aufgehängt.

Nach dem Mord an König Eschbaal reagieren die Ältesten und die Stämme Israel realpolitisch und hofieren jetzt David: *Schon längst, als Saul noch über uns König war, bist du es gewesen, der Israel ins Feld und wieder heim führte, und der Herr hat dir verheißen: Du sollst mein Volk Israel weiden, du sollst Fürst sein über Israel* (5,2). Und sie salben David zum König über Israel. David fühlt sich stark genug, Jerusalem und die Burg Zion zu erobern. Er lässt sich auf der Burg nieder und macht Jerusalem zur Hauptstadt. Ein prachtvoller Palast wird gebaut. Seine Erfolge und seine neue Macht werden darauf zurückgeführt, dass *JHWH, der Gott der Heerscharen, mit ihm ist* (5,10).

Die Hilfe seines Gottesbildes beansprucht David auch in der nächsten Auseinandersetzung. Das Nachbarvolk der Philister hört von Davids neuer Macht und greift ihn in Jerusalem an. Das 5. Kapitel endet mit dem Satz: *Und David tat so, wie ihm JHWH geboten hatte und er schlug die Philister von Gibeon an bis Geser* (5,25).

In den Kapiteln 6 und 7 reflektiert und konsolidiert David die Beziehungen zwischen sich, dem Volk und seinem Gott. In den Kapiteln 8 und 10 sind weitere militärische Erfolge gegen Nachbarvölker aufgezählt, gegen die Moabiter, Aramäer, Edomiter, Ammoniter, Amalekiter u. a. Er macht sie zu tributpflichtigen Untertanen, die Beute weiht er seinem Gott. Sein erfolgreicher Feldherr ist Joab.

Was charakterisiert die Teufelskreise des Mordens, in denen der

moralische Un-Geist, der *böse Geist* der Zeit und die sozialen und mentalen Verhältnisse dichterisch dargestellt sind? Mit den *bösen Dämonen,* destruktiv-narzisstischen Persönlichkeitsanteilen, war David bereits im 1. Samuelbuch in den Kämpfen mit Saul und Goliat konfrontiert worden. Erstaunlich lebensnah und personenbezogen werden auch im 2. Samuelbuch die Täter und Opfer geschildert, ihre wechselseitigen Verwicklungen: Abner, der gescheiterte Feldherr und Ränkeschmied, Asahel, der getriebene Verfolger, Eschbaal, der ängstliche und schwache Königssohn und König – sie sind sowohl Täter als auch blinde, ahnungslose Opfer ihrer selbst. Mord erscheint wie ein Kampfspiel oder Wettlauf unter Brüdern wie in der Kindheit, eine kurzweilige Aktion zum Zeitvertreib. Ein denkbarer Sinn des Geschehens – wie bei einer gezielten Eroberung etwa – ist nicht fassbar. Umso mehr werden die Aktivitäten zu Spielen und zum Selbstzweck, sie werden schöngeredet und verharmlost. Die tödlichen Folgen, die nicht wieder gutgemacht werden können, werden nicht bedacht, sie sind nur pflichtschuldig zu rächen. Das Leben und die Würde der Menschen – sie werden als Brüder und Söhne bezeichnet, als bekannte, nahe stehende Personen – sind wertlos, außer unter Blutsverwandten.

Abner und Joab beeindrucken als intelligente, ehrenwerte Männer, dynamische Führungspersönlichkeiten, Stützen der Gesellschaft und ihres Königs; gleichzeitig sind sie »Macher des Todes«. Menschen sind für sie wertlos, »Wegwerfware«. Beide sind stark im Handeln, klug im Argumentieren, konsequent und erfolgreich im Verfolgen ihrer Ziele, fähig den Zeitpunkt des effektivsten Zuschlagens abzuwarten. Sie operieren eigenständig und machtbewusst und sind gleichzeitig leitende Manager der Macht im Dienste des Königs. Beide beziehen sich gelegentlich auf einen Gott – sofern sie diese Vokabel für ihre Zwecke und Erfolge einsetzen können. Die mörderische, selbstzerstörerische Gewalt fordert immer mehr Opfer auf beiden Seiten. So wie »ein Wort das andere gibt«, folgt hier ein Mord dem anderen; ein makabres Ping-Pong-Spiel, ein nicht enden wollender Totentanz.

Vorgeführt werden in diesen Szenen die Rivalitäten zwischen Brüdern eines religiös verbundenen Volkes, zwischen Juda und Israel, fokussiert auf Abner, Joab, Asahel und auf König Eschbaal. Seit den Brüdern Kain und Abel beinhaltet der Geschwisterkomplex ein uraltes Eifersuchtsthema: *Und der Herr sah wohlgefällig auf Abel und sein Opfer, auf Kain aber und sein Opfer sah er nicht. Da ergrimmte Kain gar sehr ...* (1 Mose 4). Ein uraltes Thema der Frühgeschichte unserer Kultur und einer jeden Familie ist hier in diesen Szenen geschildert. Der Wunsch nach Wohlgefallen seitens einer idealisierten väterlichen oder brüderlichen Repräsentanz und der dranghafte Wunsch, für die eigenen Opfer und Leistungen von ihr beachtet und als »immer-nur-gut« anerkannt zu werden, lassen schon Kain zum Mörder werden. Er, der erstgeborene Sohn Adams und Evas, fühlt sich im Stich gelassen, von seinem *Herrn* nicht anerkannt und mörderisch gekränkt. Kain erreicht durch den Mord sein Ziel, wieder ohne einen Rivalen zu sein und im Mittelpunkt der Aufmerksamkeit Gottes zu stehen. Doch Schuld und Angst vor Rache verfolgen ihn nun, den skrupellosen Verfolger, lebenslang. – Die Geschichte von Kain und Abel greift als erste im Kanon des Alten Testamentes das Thema einer Blutschuld und der Angst vor Blutrache und vor »juristischer« Verfolgung auf. Nach dem Mord an Abel fragt Gott Kain: *Wo ist dein Bruder Abel? ... Was hast du getan! Horch, das Blut deines Bruders schreit zu mir empor vom Ackerland. Und nun – verflucht bist du, verbannt vom Ackerland ...* Und Kain erwiderte: *Meine Strafe ist größer, als dass ich sie tragen könnte ... Unstet und flüchtig muss ich sein auf Erden: So wird mich denn totschlagen, wer mich antrifft. Der Herr aber sprach zu ihm: Wer immer Kain totschlägt, an dem wird es siebenfältig gerächt* (1 Mose 4,9 ff.).

David stellt sich der alten Volksthematik als Staatsgründer auf neue Weise. Auch er sucht das Wohlgefallen seines *Herrn.* Immer wieder ist er gefordert, Recht zu sprechen, sich mit Schuld und Strafe auseinander zu setzen. Wie gelingt ihm sein Aufstieg zum mächtigen und einflussreichen Herrscher in diesem brutalen sozialen Chaos? Die militärischen Siege sind nur einer der beiden Wege, um anerkannt zu werden, seine Nachdenklichkeit und die Trauer um Verluste und Opfer der andere. Und vor allem: Sein *Herr* konfrontiert ihn (später durch Natan) mit seinen Fehleinstellungen, eigenen Verfehlungen und gibt ihm eine Chance.

Saul, Jonatan, Abner, Eschbaal: Von denen, die den Thron Israels innehaben oder verwalten und die David daran hindern können, ihn seinerseits zu besteigen, fällt einer nach dem anderen. Später, nachdem er die Herrschaft längst errungen hat, werden auch diejenigen fallen, die David bzw. seinem ausersehenen Nachfolger den Thron streitig machen: Abschalom, Adonija. Und das Auffällige ist: An keinem dieser Todesfälle ist David schuld. So sehr sie in seiner unmittelbaren Nähe stattfinden, so sehr sie seinen eigenen politischen Interessen dienen – ein ums andere Mal wird nicht nur behauptet, sondern ausführlich dargelegt, dass und inwiefern er damit nicht das Mindeste zu tun hatte, dass und inwiefern er darüber traurig, empört, ungehalten war. Umgekehrt wird mit Hingabe davon berichtet, wie er mit seinem Freund Jonatan ein Treuebündnis eingegangen sei und dieses bewahrt habe bis ans Ende seines Lebens (1 Sam 18,1–4; 20; 23,16–18; 2 Sam 9; 16,1–4; 19,25–31). Ist das nicht alles zu schön und zu rührend, um wahr zu sein?

Kein Wunder, dass in neuerer Zeit, nachdem der Respekt und die Pietät gegenüber der Bibel und einer Figur wie David nachgelassen haben, immer wieder der Verdacht geäußert wurde, in all jenen Passagen, die David von jeglicher Schuld am Tod der Sauliden freisprächen und ihn als treuen Beschützer der Überlebenden schilderten, liege – Propaganda vor. In Wahrheit sei anzunehmen, dass Davids Schuld umso größer sei, je lautstärker seine Unschuld beteuert werde (McKenzie, 2000). Für eine solche »Hermeneutik des Verdachts« kann man sich auf Texte aus der Umwelt des Alten Testaments berufen, in denen Könige – mit Vorliebe Usurpatoren! – sich sog. »Apologien« haben schreiben lassen, die aller Welt erklären, wie absolut korrekt und gewaltfrei, getragen von der Unterstützung durch Götter und Menschen, der betreffende Herrscher auf den Thron gelangt sei. Wenn dies dort nicht stimme, warum dann in der Bibel?

Solche Anfragen mögen schmerzhaft sein, sie sind aber heilsam. Möglicherweise treffen sie sogar die historische Wirklichkeit, zumindest teilweise. Wir wissen das, was wir über jene Ereignisse wissen, einzig aus den biblischen Berichten; es gibt keine Möglichkeit der Außenkontrolle. Und die biblische Darstellung, das sieht der Analytiker völlig richtig, stellt David nicht als Täter dar, sondern als einen, der den Tätern ins Handwerk fährt und die Opfer zu schützen, wenigstens zu rächen versucht. Historische Ungeduld mag sich damit nicht zufrieden geben und fragen: War es wirklich so? Sind es nicht Krokodilstränen, die David um Saul und Jonatan und Abner vergießt (2 Sam 1; 3)? Hofften die Mörder Eschbaals völlig zu Recht auf Lohn für ihre Mordtat – weil sie nämlich dazu angestiftet waren (2 Sam 4)?

Wer weiß. Doch wer solche Verdächtigungen erhebt, muss sich über Folgendes klar sein: Der Ermöglichungsgrund dieser Unterstellungen ist – der biblische Text! Niemand anders als die biblischen Autoren, die sicher dem David keinen Makel anhängen wollten, haben ihn so gefährlich nahe an die Sphäre von Mord und Totschlag gebracht. Sie hätten über die fraglichen Vorfälle ja einfach schweigen, hätten von anderem, Unverdächtigem berichten, hätten ein glattes und lächelndes Propagandabild vom glanzvollen Staatsgründer und fürsorglichen Landesvater entwerfen können. Warum müssen sie in solch unmittelbarer Nähe Davids so viele Leichen zeigen? Wären Apologeten, die derart ungeschickt zu Werke gehen, nicht absolut unfähig? Und wer wollte sagen, die biblischen Autoren seien unfähig?!

Man könnte auf solche Rückfragen antworten: Es blieb den Schreibern nichts anderes übrig, als diese unangenehmen, blutigen Fakten zu erwähnen, weil sie ohnehin in aller Munde waren und sich die Leute längst ihren wenig wohlklingenden Reim darauf machten. Diese Annahme setzt nun aber voraus, die biblische Daviddarstellung sei zeitgleich mit oder doch nah an den geschilderten Ereignissen entstanden. Das ist nicht der Fall. Das Geschichtswerk, zu dem die Samuelbücher gehören und das vom Buch Deuteronomium bis zu den Königebüchern reicht, hat seine abschließende Gestalt in und sogar noch nach der Exilszeit erhalten, also um 500 v. Chr. David lebte um 1 000 v. Chr. – was wäre leichter, als von einem Helden aus längst versunkenen Zeiten ein mindestens so leuchtendes Bild zu schaffen wie Friedrich Schiller von Wilhelm Tell oder gewisse neuzeitliche Historiker etwa von Alexander oder Karl dem Großen oder Martin Luther? Doch die biblischen Tradenten zeigen in David einen Menschen, der viele Male in bedrohliche Nähe zum Tod und zum Töten geriet, der wohl auch immer wieder hart zuschlug – gleich zu Beginn gegen Goliat, danach immer wieder gegen alle möglichen Feinde seines Volkes oder eines geordneten menschlichen Zusammenlebens (etwa gegen Meuchelmörder!) –, der sich aber nie zum Töten aus bloßem Eigennutz hinreißen ließ.

Ob es so war? Wer weiß. Vielleicht sogar eher nicht. Aber biblisch ist es so, hat es so zu sein. Gemäß dem »göttlichen Denken«, wie es der Analytiker immer wieder nennt, gemäß dem, was die biblischen Autoren für dem Willen Gottes und den Bedürfnissen der Menschen angemessen halten, ist eigennütziges Töten unzulässig. Der, an dem dieses Grundaxiom veranschaulicht wird, ist König David.

So kommt es, dass es nicht David gewesen sein konnte bzw. durfte, der Abner tötete oder töten ließ. Joab hat diesen Mord völlig eigenmächtig begangen. Joab aber ist eine Gestalt, welche die biblischen Erzähler zwar mit einem gewissen Respekt schildern – als einen harten, rational agierenden und verlässlichen Mann des Schwertes und der Macht –, keineswegs aber als positives Leitbild, an dem sich die Hörerinnen und Leser orientieren sollen. Er und sein Bruder Abischai, die »Zeruja-Söhne«, bilden ein imponierend-finsteres Gespann. Wie die Zeruja-Söhne vorzugehen, mag effizient und nützlich sein (2 Sam 2,12–17; 10,9–15; 11,16–21; 14; 18,9–23; 19,2–9; 20). Selbst David muss sich der von ihnen verkörperten Sachlogik und Skrupellosigkeit zuweilen geschlagen geben, doch immer wieder distanziert er sich von ihnen – im Auftrag der Erzähler! – überdeutlich (1 Sam 26,8–11; 2 Sam 3,28 f.; 16,9–12; 19,22 f.; 1 Kön 2,5 f.). Damit wird signalisiert: Wie Joab und Abischai zu handeln, ist im tiefsten inhuman und mit dem Ideal menschlichen Zusammenlebens, das den David-Erzählern vorschwebt, nicht vereinbar. Darum ist auch zu bezweifeln, dass nach ihrer Meinung Joab wirklich einen triftigen Grund hatte, Abner zu töten. Gewiss, Abner hatte zuvor Joabs und Abischais Bruder Asahal getötet – aber nicht meuchlings, sondern im Krieg und nach geradezu väterlichen Bemühungen, das nicht tun zu müssen. Tötung im Krieg und gar noch in Notwehr berechtigte nach damaliger Vorstellung an sich nicht zur Blutrache. Zwar klingt das in 2 Sam 3,30 anders, doch könnte dies sehr wohl eine Art erklärende Glosse eines überklugen Lesers – oder auch mit einem ironischen Unterton versehen sein: Als ob die Zeruja-Söhne (warum eigentlich beide? vorher war nur Joab der Mörder) einen Grund zur Blutrache gehabt hätten! Der wahre Grund für die Bluttat liegt ja auf der Hand: Abner, Sauls und Eschbaals Heerführer, war ein ernsthafter Konkurrent für Davids Heerführer Joab; führten nämlich Abners Vereinigungsbemühungen zum Erfolg, dann war logisch, dass er dafür belohnt würde – natürlich mit dem Heerführerposten. Aus genau diesem Grunde und auf dieselbe hinterhältige Weise hat Joab später Abschaloms Heerführer Amasa – immerhin seinen

Cousin! (2 Sam 17,25) – ermordet, als der an seine Stelle gesetzt wurde (2 Sam 19,14; 20,1–13).

So hatte David nach der Darstellung der Erzähler recht zwielichtige Gestalten um sich. Jedenfalls die Zeruja-Söhne vermochte er nie zu bändigen: nicht eben ein Kompliment für einen großen Herrscher, aber vielleicht die Realität im politisch-militärischen Überlebenskampf. Starke Männer dieser Art mögen unentbehrlich sein – unerfreulich sind sie allemal. Und David hebt sich, selbst als der in mancher Hinsicht Schwächere, erfreulich von ihnen ab. Noch schroffer, und diesmal keineswegs schwach, hebt er sich von den Mördern Sauls und Eschbaals ab: Er lässt sie allesamt umgehend hinrichten. Zumindest im Fall des Amalekiters in 2 Sam 1 fragt man sich ja, ob das Todesurteil gerechtfertigt war. Konnte er nicht besten Willens und vielleicht sogar edelmütig gehandelt haben? Er hatte jedenfalls Hand an den »Gesalbten« gelegt, und das war in jedem Fall als Sakrileg zu ahnden. Was die Erzähler uns überdies verraten und was David nicht einmal wusste: Der Mann hatte schändlich gelogen. In 1 Sam 31 wird in Erzählerrede berichtet, wie der Tod Sauls »wirklich« vor sich gegangen war; damit wird die Darstellung des Amalekiters als Lügengespinst entlarvt. David hatte also Recht, Leute dieser Art durfte er, selbst wenn sie ihm die Krone brachten, nicht in seiner Umgebung dulden. Erst recht galt dies natürlich für die Meuchelmörder, die ihm in freudiger Erwartung auf gute Entlohnung Eschbaals Kopf brachten!

Präsentiert sich David damit als unbestechlicher, auf nichts als Gerechtigkeit sehender Richter? Eine derartige, summarische Notiz findet sich in 2 Sam 8,15. Das Ideal ist hoch, doch geben die Erzähler zu erkennen, dass es nicht vollkommen und schon gar nicht nur aus edlen Motiven erreicht wurde. Es ist ja nicht zu übersehen, dass es für David durchaus von Vorteil war, sich so, wie er es zu Beginn des 2. Samuelbuches tut, von mörderischen Subjekten möglichst scharf abzugrenzen. Die Todesurteile und ihre sofortige Vollstreckung wirken keineswegs gänzlich uneigennützig. Und da waren ja noch die Zeruja-Söhne. Warum war David ihnen gegenüber so langmütig? Weil er mit ihnen verwandt war oder weil er sie brauchte? Waren sie den Erzählern gerade recht: als finstere Gegenstücke ihres Helden – oder aber gewissermaßen als dunkle Flecken auf seiner insgesamt doch hellen Weste? David ist kein Übermensch; deshalb überleben Menschen wie Joab und Abischai in seiner Umgebung, und zwar in beunruhigend hoher Position.

Es ist in den Anfangskapiteln des 2. Samuelbuches noch ein anderer, ein politischer Grundkonflikt angelegt, der in der späteren Geschichte Davids (und Israels!) immer wieder aufbrechen wird: der zwischen dem judäischen Süden, der eigentlichen Heimat des Betlehemiters David, und dem israelitischen Norden, der Heimat des Benjaminiters Saul und natürlich auch Eschbaals und Abners. David wird zuerst König im Süden. Allem Anschein nach hat er die politische Größe »Juda« überhaupt erst geschaffen. Eine solche war Israel bereits, spätestens seit Saul. Sie konnte entweder für sich bleiben, mit Königen aus der saulidischen oder, wie später tatsächlich geschehen, aus anderen Linien; oder sie konnte sich dem König David – nun nicht gerade unterwerfen, er musste immerhin einen förmlichen Vertrag mit den Ältesten Israels schließen (2 Sam 5,3). Gleichwohl blieb Nordisrael immer eine eigene Größe. David hatte alle Mühe, zwischen ihr und Juda eine gewisse Balance zu halten, wobei er nie ein Hehl aus seiner Präferenz für Juda machte (vgl. 2 Sam 19,10–16; 20). Die Residenz vom judäischen Hebron in das zwischen den Territorien Judas und Israels gelegene Jerusalem zu verlagern, einen bis dahin selbstständigen Stadtstaat, war ein gewiss kluger politischer Schachzug.

Dass Israel sich immer als eigene Größe fühlte, zeigt sich nicht nur an den wiederholt aufflammenden militärischen Konflikten, sondern auch an bestimmten, spürbar nordisraelitisch geprägten Überlieferungen, die gleichsam unter der davidisch-judäischen Oberfläche der Texte immer wieder hervorschauen. Viele Saulgeschichten lassen sich nur als genuin nordisraelitische, dann aber von judäischen Redaktoren und Schriftstellern übernommene Traditionen verstehen (etwa 1 Sam 9–11; 28; 31). Dasselbe gilt nun auch für einen Teil der Erzählungen zu Beginn des 2. Samuelbuches, namentlich diejenigen, die sich um die Gestalten Abners und Eschbaals drehen. Der Abner der Kapitel 2 Sam 2 f. erscheint ja durchaus als ein respektabler, sogar sympathischer Mann. Jedenfalls zieht er viel eher Sympathie auf sich als der skrupellose Joab. So verwundert es nicht, dass nach Abners Tod David sichtbar um ihn Trauer trägt und laut um ihn klagt. Unschwer spürt man den Wink an eine mögliche nordisraelitische Adressatenschaft: David war kein chauvinistischer Judäer. Er wusste eine Führergestalt wie den Israeliten Abner zu schätzen, und er achtete den Sauliden Eschbaal. Die Ermordung dieser beiden war gänzlich gegen seinen Willen. Er wollte den Israeliten ein ebenso guter König sein wie den

Judäern. Er war, betonen die Erzähler, ein König der Einheit Israels und Judas.

5.2 Die integrierende Kraft in Davids Trauerreaktionen

Wenn wir unseren Blick um die immer noch aktuelle Gegenwartsdiagnose von Alexander und Margarete Mitscherlich mit dem Titel »Die Unfähigkeit zu trauern« erweitern, in der sie sich mit der psychosozialen und politischen Verarbeitung des nationalsozialistischen Terrors kritisch auseinander setzen, so können wir die Bedeutung dessen eher ermessen, was das Anliegen der Erzähler der Samuelbücher gewesen sein dürfte. Im Vergleich wird deutlich, wie den alten Erzählern gelingt hervorzuheben, was die deutsche Nachkriegsgeschichte vermissen lässt: »Vorerst fehlt das Sensorium dafür, dass man sich darum zu bemühen hätte – vom Kindergarten bis zur Hochschule –, die Katastrophen der Vergangenheit in unseren Erfahrungsschatz einzubeziehen, und zwar nicht nur als Warnung, sondern als die spezifisch in unsere nationale Gesellschaft ergehende Herausforderung, mit ihren darin offenbar gewordenen brutal-aggressiven Tendenzen fertig zu werden« (Mitscherlich, 1979, 23).

Im Versuch, durch Erkenntnisschritte und Maßnahmen die Probleme der Vergangenheit und der Gegenwart zu bewältigen, verfolgen die religiös-politischen Führer vor ca. 2 500 Jahren gerade den geistigen Weg, welcher in der kapitalistisch ausgerichteten Neuzeit so wenig begangen wird, wenn A. und M. Mitscherlich von »Reaktionsträgheit«, »Indifferenz« und »Anteilnahmslosigkeit« sprechen (ebd. 17), oder von der »Abstumpfung eines neuen Typs. Er lässt sich als Verarmung in den Objektkontakten, das heißt in den von Gefühl und Denken getragenen Kommunikationsprozessen, charakterisieren« (ebd. 18). Es sind die geistigen Väter der Samuelbücher, denen es gelingt, »jene Hemmung, jene Blockierung der sozialen Fantasie, jenen fühlbaren Mangel an sozialer Gestaltungskraft« (ebd. 23) aufzulockern.

David antwortet auf die blutig-chaotischen Kämpfe seiner Zeit vor allem mit der Kraft von Gefühlen und mit neuen gesellschaftlich-integrierenden Konzepten. Er muss Abschied nehmen von den Führern und Verhältnissen, die in den vergangenen Jahren sein Leben bestimmten. Der Tod Sauls zwingt ihn, sich innerlich und äußerlich neu zu orientieren. Die Heftigkeit seiner Trauer spiegelt seine affektiven Kräfte wider. Aus dem Erleben seiner Trauer heraus motiviert, führt er politische Neuerungen durch, die gegen die Folgen von Willkür und brutaler Aggression gerichtet sind.

Wenden wir uns nun den Stationen von Davids Trauerarbeit zu. Das Motiv des Trauerns ist eher eine versteckte Thematik, erst durch wiederholtes Lesen wird deutlich, wie oft sich das Thema im 2. Samuelbuch wiederholt. Eine herausragende Bedeutung hat Davids Trauer um Saul und Jonatan. Sie markiert die Schwellensituation in seinem psychischen Erwachsenwerden, ihr ist das ganze 1. Kapitel des 2. Samuelbuches gewidmet. Die dann folgenden Trauerszenen beschränken sich jeweils auf wenige Verse. In den vier folgenden Trauerreaktionen dieser Phase verarbeitet David den Niedergang des Hauses Saul, aktiv sorgt er sich um die Angehörigen Sauls. In zwei weiteren Szenen sorgt der junge König für ein juristisches Umdenken. – Die prägendste Reaktion ist die achte, sie ist zukunftsweisend. In ihr wird König David sogar gezwungen, sich mit seiner emotionalen »Indifferenz« und seiner »Anteilnahmslosigkeit« zu beschäftigen: David trauert um den Verlust seines ersten Kindes mit Batscheba. Er muss sich mit einer persönlichen Schuld auseinander setzen und mit einer göttlichen Instanz, die auch ihm, dem König und politischen Führer, Grenzen aufzeigt, denn David hat einen Ehebruch und den Mord an Urija zu verantworten. Eine zurechtweisende Strafmaßnahme lässt ihn einen Verlust-Schmerz erleben, für den er zuvor kein Verständnis mehr hatte.

5.2.1 Die Totenklage um Saul und Jonatan (2 Sam 1)

Das erste Kapitel des 2. Samuelbuches zeichnet sich durch zwei voneinander abgesetzte Teile und durch zwei unterschiedliche Sprachstile aus. Der erste Teil ist in einem nüchternen, sachlichen, rationalen Stil geschrieben. Zu ihm kontrastiert der zweite Teil, der ein bilderreiches, lyrisches Lied voller Gefühle ist.

Im ersten Teil befasst sich David mit dem amelekitischen Boten, der ihm die Nachricht vom Tod Sauls – und von seiner eigenen Mitwirkung daran – bringt.

Zielgerichtet nachforschend, im Stil eines Untersuchungsrichters, befragt David im ersten Teil den Boten: *Woher weißt du, dass Saul und sein Sohn Jonatan tot sind?* (V. 5). Der Bursche berichtet wie ein Unbeteiligter, dass er den bereits verwundeten König traf und dass Saul ihn aufforderte, ihm den Todesstoß zu versetzen. Entsprechend handelte er und er rechtfertigt die Tat: *Denn ich wusste, dass er seinen Fall nicht überleben werde* (V. 10). Ebenfalls wie aus der Distanz eines Berichterstatters erfahren wir die Reaktion Davids: Er zerreißt seine Kleider, weint, fastet und hält Totenklage bis zum Abend; alle Männer, die mit ihm sind, schließen sich ihm an und trauern um Saul, Jonatan und die gefallenen Krieger. Später befragt David den Boten weiter und erfährt, dass dieser ein Amalekiter ist. David lässt ihn hinrichten. Er begründet sein Urteil kurz und knapp, aber doppelt vorgetragen: er habe den *Gesalbten JHWHs getötet* (V. 14).

Stolz (1981, 186) diskutiert die Möglichkeit, dass David den Boten für einen Lügner hält, denn am Ende des ersten Samuelbuches wird eine andere Geschichte des Todes von Saul erzählt, nämlich dass er sich selbst in sein Schwert stürzt. Doch darf dieser Gedankengang bezweifelt werden, denn an Davids spontaner Reaktion *(da fasste David seine Kleider und zerriss sie, und ebenso alle Männer, die bei ihm waren,* V.11) ist zu merken, dass David die Geschichte aus dem letzten Kapitel des 1. Samuelbuches nicht kannte – zu lesen ist sie nur für uns.

David weiß, dass er der gesalbte König ist, der Saul nachfolgt. Für sein Verständnis ist das Leben eines Königs, der von Gott gesalbt und ermächtigt wurde, unantastbar. Mit dem Todesurteil gegen den Boten, der Saul Sterbehilfe geleistet haben wollte, reklamiert David einen absoluten Schutzraum für den König, sozusagen einen geheiligten Bereich, in dem nur der Respekt vor der Sichtweise seines Gottes gilt; weder der verständliche Wunsch Sauls, von seinen Todeskrämpfen erlöst zu werden, noch die Bereitschaft des Amalekiters, diesen Wunsch zu erfüllen, haben einen höheren Rechtsanspruch. – So aktiviert das passive Erleiden des Abschieds David: Er scheidet und entscheidet nun selbst in seinem kritischen Erwachen, nämlich zwischen Gut und Böse. Erstmals ist er als Richter tätig. Und sogleich beginnt er, dem *bösen Geist* der Mordbereitschaft Grenzen zu ziehen. Er setzt dazu die Autorität Gottes und des gesalbten Königs kompromisslos ein.

Nach der Gerichtsszene verlassen die Autoren die rationale Ebene: *Und David sang dieses Trauerlied auf Saul* und seinen Sohn Jonatan – man soll es die Söhne Judas lehren (V. 17 ff.). Eine überraschend heftige Trauer bricht aus ihm heraus. Und wieder werden wir stutzig: Wie kann ein erwachsener Mann derart einseitig um die Figur trauern, die ihm jahrelang nach dem Leben getrachtet, ihn mit allen Mitteln verfolgt hat, nur vom Hass auf den Jüngeren, den Rivalen erfüllt war und ihn an die Grenze des Verrücktwerdens gebracht hat? Blicken wir zurück. Wie in einem Reifungsmärchen gab es für David, als er an den Königshof Sauls kam, eine außergewöhnliche Chance, die sein Leben veränderte: Er kann die Königstochter gewinnen, muss aber seine Reife erweisen, indem er das Land von einem gefürchteten Unhold erlöst. Durch die erfolgreich gemeisterte Initiation, Initialszene des Erwachsenwerdens, wird David in eine andere Welt versetzt, jedoch nur äußerlich, in sozialer Hinsicht. Saul bleibt das Rückgrat seiner neuen Existenz, auch während der Flucht. David bewegt sich immer noch in der Abhängigkeit (counterdependence) von Saul. Mit Saul verliert David einen Teil seiner selbst. Der Verlust ist für ihn viel schmerzhafter, als es die Verfolgungen und Demütigungen waren, die er aushalten musste. Er steht vor allem psychisch vor einem schwierigen Neuanfang. Nicht er wollte je König werden, sein Gott hat ihm diese Herausforderung und Chance beschert. An Vaterfiguren kann er sich nicht mehr anlehnen. Ihm bleibt für die Zukunft nur, sich an dem Geist seines Gottes zu orientieren, dem er seine bisherigen Erfolge und Entwicklungen verdankt.

Vergleichen wir Davids Trauerlied mit Hannas Danklied (1 Sam 2), so fällt ein Unterschied auf: Hanna bezieht ihren Gott mit ein; ihr Hymnus besingt vor allem den Schöpfergott, der ihr zum Kind verholfen hat und dessen Ausstrahlung auch die Welt und die Menschen erneuern werde, entgegen allen Widerständen. David blendet hier seinen Gott völlig aus. Er trauert Saul und Jonatan nach, den Objekten seiner größten Liebe. Zu ihnen hat er eine idealisierende, gleichsam verschmolzene Gefühlsbeziehung, in der Heftigkeit seiner Trauer ist er selbst von ihnen *ungetrennt* (V. 23). Wie sehr er sich in seiner Idealisierung mit ihnen, den Bewunderten und *Geliebten,* noch verbunden fühlt, besingt er im Vers 23: *Saul und Jonatan, die Geliebten und die Holden, im Leben und im Tode ungetrennt: sie waren schneller als die Adler, waren stärker als die Löwen!* – Als David zu Saul kam, sprach er Saul in ähnlichen ursprünglichen Tierbildern an, seine eigene Stärke vor dem König hervorhebend: *Den Löwen wie den Bären hat dein Knecht erschlagen* (1 Sam 17,36).

Besonders innig fühlt David sich Jonatan verbunden: *Es ist mir leid um dich, mein Bruder Jonatan, du warst mir so hold! Deine Liebe war mir köstlicher als Frauenliebe* (V. 26). David besingt die Einzigartigkeit seiner Liebe zu ihm. Es ginge aber zu weit, ihm manifeste homosexuelle Neigungen unterstellen zu wollen. So wie es der damaligen Zeit und Kultur sowie seinem Status entspricht, hat David bereits mehrere Frauen und Kinder, in Jerusalem kommen weitere hinzu. Eher ließe sich annehmen, dass sich in Jonatan Davids reifende Selbstliebe widerspiegelt. Oft ist in der Phase der Adoleszenz zu beobachten, wie junge Männer aus dem Drang des Reifens zu einer stabileren, ganzheitlichen Persönlichkeit sich leidenschaftlich verbünden: Jeder liebt im anderen das, was er sich wünscht zu werden! So träumt David als der bescheidene Hirtenjunge und Knecht davon, Königssohn und stärkster Mann im Staate zu werden, während der recht impulsive Jonatan wohl die geistigen Fähigkeiten Davids bewundert; solche Fähigkeiten fehlen dem kraftvollen Jonatan in den Auseinandersetzungen mit seinem Vater – *ungetrennt,* ohne eine eigene politische Strategie und eine eigene Persönlichkeit realisiert zu haben, findet er mit seinem Vater den Tod.

David lässt seinen Gefühlen sprachlich freien Lauf. Jede kritische Distanz zu Saul und Jonatan scheint ihm zu fehlen, schwärmerisch, wie in Jugendjahren, verklärt er ihr Bild. Aber genau die hier fehlende differenziertere Fähigkeit, Personen mit dem Zwiespalt der Gefühle wahrzunehmen und sich auf eine Auseinandersetzung mit ihnen einzulassen, wird im Folgenden weiter exemplifiziert (z. B. an seinen Beziehungen zu Joab, Amnon und Abschalom). Beim Abschiednehmen von Saul und Jonatan hat David, voller Achtung, nur eines im Blick: seine Dankbarkeit für ihre Zuwendung, für die neuen Chancen und die Nähe, die er durch sie erfuhr.

Davids Trauerlied auf Saul und Jonatan lässt den Analytiker erstaunt fragen: »Wie kann ein erwachsener Mann derart einseitig um die Figur trauern, die ihm jahrelang nach dem Leben getrachtet hat?« Er meint, es sei nicht mangelnder Realitätssinn, der sich darin ausdrücke, sondern echter Schmerz, stehe David doch nach dem Tod des Königs und des Königssohnes »psychisch vor einem schwierigen Neuanfang«. Die tiefenpsychologische ist indes nicht die einzig mögliche Erklärung für Davids Worte. Eine andere wäre der Zwang der Konvention. Das Lied auf Saul und Jonatan ist eine Totenklage.

De mortuis nisi nil bene, das wussten auch die Römer. Bis heute halten sich Leichenreden (oder die Texte auf Kranzschlaufen und in Todesanzeigen) an diese Maxime. Nach allgemeinmenschlichem Empfinden fordert der Verlust eines Menschen – fast gleichgültig, um wen es sich handelt – Pietät gegenüber dem Verstorbenen und Anteilnahme gegenüber den Hinterbliebenen. Selbst mörderische Regimes ließen scheinheilig den Angehörigen ihrer Opfer kondolieren, und der Suizid noch eines wenig geachteten oder gar geächteten Menschen löst Betroffenheit aus. So böse ist kaum jemand, dass man bei seinem Tod böse über ihn redete. Der endgültige Abschied rückt noch die fragwürdigsten Personen in ein milderes Licht.

Vor allem natürlich hat, wer sich zum Tod eines Menschen äußert, die Gefühle und möglichen Reaktionen der Umgebung, namentlich der dem Verstorbenen verbundenen Menschen, mit zu bedenken. Saul war der König Israels, Jonatan der Kronprinz. Mit ihnen fielen wohl Hunderte, wenn nicht Tausende israelitischer Krieger. Wie töricht müsste David sein, um durch missgünstige Äußerungen über die Gefallenen alle vom Schmerz des Verlustes Getroffenen gegen sich aufzubringen! Umgekehrt stand es ihm sehr gut an, selber Betroffenheit über das große Unglück zu zeigen. Er war Judäer, hatte dem jetzt getöteten König Israels als Truppenführer gedient, hatte dann die Front gewechselt und stand jetzt im Dienst der Philister, der Sieger über Israel. War es da nicht gut, den Israeliten ein Zeichen zu geben, dass er im Herzen ihnen näher war als ihren Feinden?

Gleich im nächsten Kapitel, in 2 Sam 2, wird sich David vom äußersten Südwesten Palästinas, von dem ihm zum Lehen gegebenen Städtchen Ziklag, ein großes Stück nordostwärts, nach Hebron begeben, um dort König über Juda zu werden (2,1–4a), und von dort aus wird er alsbald eine freundliche Botschaft an die Leute von Jabesch-Gilead im äußersten Nordosten Israels senden, um diesen entschiedenen Saulanhängern für ihre Tapferkeit und Treue gegenüber ihrem toten Herrn zu danken und sie zugleich diskret auf sein intaktes Königtum in Juda hinzuweisen (2,4b–7). In diesem – sei es geschichtlichen, sei es auch nur erzählerischen – Kontext bekommt das Klagelied in 2 Sam 1 einen seltsamen Beiklang: Es gibt nicht so sehr über Davids Seelenleben als vielmehr über seine politischen Absichten Auskunft. Wie schon das demonstrative Todesurteil über den jungen Amalekiter, der ihm erwartungsvoll die Krone Sauls bringt (1,1–16), so enthält auch sein Klagelied auf Saul und Jonatan eine nach außen gerichtete Botschaft: Ich, David, habe mit der Niederlage Israels und gar mit dem Tod des Königs und seiner Söhne nicht das Mindeste zu tun, im Gegenteil, ich bin darüber tief betroffen, tief traurig, und ich bin bereit, jeden umzubringen, der sich auch nur im Mindesten daran beteiligt hat, Israel dieses schreckliche Unheil zuzufügen.

Die David-Erzähler geben an dieser Stelle ausdrücklich an, aus welcher Quelle sie das Klagelied zitiert haben: aus dem »Buch des Aufrechten«, einem Liederbuch, in dem anscheinend Gesänge der Großen der Frühzeit gesammelt waren – Josuas (Jos 10,12 f.), eben Davids sowie Salomos (1 Kön 8,12 f., nach der griechischen Version) und wohl noch anderer. Es ist dies übrigens das einzige Gedicht, das mit einiger Sicherheit auf David zurückgeführt werden kann; die vielen sog. David-Psalmen sind ihm erst sehr viel später zugeschrieben (und größtenteils auch viel später gedichtet) worden. Die Elegie auf Saul und Jonatan begründete Davids Ruhm als großer Dichter. Und in der Tat ist dies ein ergreifender, geradezu erhabener Text. Ein wiederkehrender Refrain (V. 19.25.27: »Ach, wie fielen die Starken!«) teilt ihn in zwei ungleich lange Strophen: eine erste, in der die Tapferkeit und Einmütigkeit Sauls und Jonatans besungen und der schwere Verlust für die »Töchter Israels« beklagt wird, und eine zweite, in der Jonatan – und mit ihm David: erst hier kommt das Ich des Dichters ins Spiel – in den Vordergrund rückt. David wagt es, von »Liebe« zu reden: von der Liebe des Freundes, die ihm »wunderbarer« gewesen sei als Frauenliebe.

Immer wieder hat diese Aussage Anlass zu Mutmaßungen über Davids Homosexualität gegeben. Der Analytiker hat ein feines Gespür dafür, dass diese Kategorie hier – zwar nicht geradeswegs verpönt, aber doch verfehlt ist. Seine Bemerkungen zur Adoleszenz und zur Suche junger Männer nach dem, was sie an sich vermissen, im anderen, sind klärend. Und seine Andeutungen, dass David möglicherweise in Jonatan narzisstisch sich selbst geliebt habe, geben zu denken. Freilich, von seiner Liebe spricht David nicht. Und so wird ihm auch nicht so sehr mangelnde Distanz – zum Freund wie zu sich selbst und zu den eigenen Wünschen und Träumen – nachzusagen sein als vielmehr das Ergriffensein von einem Gefühl verlorener Nähe und zerstörter Vertrautheit. Wiederum aber sollte der politische Unterton nicht überhört werden. David redet nicht von irgendeinem wackeren Israeliten und dessen Sohn, seinem

Freund, die ein schmerzliches Schicksal hinweggerafft hat, er redet vom König Israels und seinem designierten Nachfolger, die im Kampf gegen die Philister auf dem Gebirge Gilboa, im Norden Israels, gefallen sind; er redet von seiner Hochachtung diesen beiden Führern Israels gegenüber, von der liebevollen Verbundenheit des Kronprinzen mit ihm, von dem unendlichen Verlust, den beider Tod für die »Töchter Israels« und erst recht für ihn bedeutete, und dass es keinesfalls den »Töchtern der Philister« (seiner Lehensgeber!) erlaubt sein dürfe, sich dieses Triumphes zu freuen . . .

Und dieses Lied sang David nicht in einem stillen Kämmerlein in Ziklag, ließ es auch nicht einen schreibkundigen Begleiter auf einer Tonscherbe zur persönlichen Erinnerung notieren, sondern sorgte dafür, dass man es »die Söhne Judas lehrte«, so dass es schließlich als offizielles David-Lied ins »Buch des Aufrechten« gelangte (1,17). Damit schuf er sich ein Denkmal: nicht nur seiner dichterischen Kunst und seiner tiefen Empfindungsfähigkeit, sondern auch seiner zutiefst pro-israelitischen, fast möchte man sagen: einwandfreien nationalen Gesinnung. Eben als solches riefen die David-Erzähler das Lied innerhalb ihrer Erzählung auf und schufen ihm so einen Kontext, der seiner würdig war und ist.

5.2.2 Davids Politik der Integration und Aussöhnung

Vier weitere Szenen zeigen uns, wie David versucht, Verluste, schmerzliche Trennungen und nachbarschaftliche Spannungen auszugleichen und zu befrieden. Seine Erzähler zeigen ein feines Sensorium für das Reifen an Beziehungskonflikten.

1. (2 Sam 2,4–7): Davids Fähigkeit, einschneidende Verluste tief zu betrauern, dann jedoch das eigene Schicksal aktiv in die Hand zu nehmen, kennen wir bereits aus einem früheren Ereignis (1 Sam 30). David reagiert nicht deprimiert, klagsam, abwartend, sich selbst bemitleidend, sondern er gibt seinem Leben eine positive Wende. Dort wie hier befragt David seinen Gott, wohin er ziehen soll. Er folgt der Weisung, kommt nach Hebron und wird zum König über das Haus Juda gesalbt. Vor allem Gefühle der Trauer und Dankbarkeit bewegen ihn in seiner ersten Amtshandlung: Er sendet Boten zu den Männern von Jabes, eines Dorfes von Israel. Nach dem Tod Sauls hatten sie sich in einem Nachtmarsch aufgemacht und die Leichname von Saul und seinen drei Söhnen aus der Hand der Philister nach Jabes geholt, um sie zu bestatten. Die Worte, die er ihnen ausrichten lässt, drücken wieder die Kraft seines Fühlens aus: *Ge-*

segnet seid ihr vom Herrn, dass ihr Saul, eurem Herrn, diesen Liebesdienst erwiesen und ihn begraben habt. So erweise euch nun der Herr Liebe und Treue, und auch ich will euch Gutes tun dafür, dass ihr das getan habt ... auch hat mich das Haus Juda zum König über sich gesalbt. Zielstrebig versucht David, sich an die Stelle Sauls zu setzen, er wirbt für sich. Liebe, Treue gegenüber dem König und Achtung vor dem Tod sind die Werte, die er benennt und den Männern von Jabes hoch anrechnet.

2. (2 Sam 3,12–16): Abner, Sauls Feldhauptmann, überlebt Sauls Niederlage und betreibt in Israel eine eigene Machtpolitik. Wie bereits dargestellt, knüpft er ein schwer durchschaubares, intrigantes diplomatisches Netz. Er setzt sich von Eschbaal ab und bietet seine Dienste David an. David fordert von ihm nur eines: Michal, seine erste Frau, die Tochter Sauls. Sie hatte ihm mit ihrem Bruder Jonatan zur lebensrettenden Flucht vor Saul verholfen. David versucht, ihren Verlust wieder gutzumachen. Ist ihre Rückforderung Legitimationspolitik für das neue Königsamt über Israel oder ein »remarrying«, weil er sie vermisst und betrauert? Das eine Motiv muss das andere nicht ausschließen.
3. (2 Sam 9): Von einer ganz anderen ausgleichenden Gerechtigkeit lesen wir im 9. Kapitel. David wird uns wieder nicht nur als der kaltblütige Eroberer und Machtmensch, sondern von seiner emotionalen, persönlichen Seite gezeigt: *Und David sprach: Ist noch jemand vom Hause Sauls übrig geblieben? So will ich Barmherzigkeit an ihm üben um Jonatans willen* (V. 1). Er setzt konsequent seine Politik des Friedens, der Integration und der Aussöhnung fort. David spürt den letzten Überlebenden auf – wieder gibt es solch eine Symbolfigur des Weiterlebens –, um ihn zu entschädigen. Aus Mitgefühl und Trauer um Jonatan überlässt er Meribaal, dem Behinderten, den Familienbesitz und sorgt sich um die Bestellung der Felder. David geht noch weiter: Er lädt Meribaal ein, zeitlebens an des Königs Tisch zu essen. Er, der so hartnäckig durch Saul verfolgt worden ist, rächt sich nicht durch erneute Verfolgung und Ausrottung. Durch die Geste des Friedens holt David Meribaal in seine Nähe und fördert das Vertrauen unter den ehemals rivalisierenden Häusern Juda und Israel.
4. (2 Sam 10): Das 10. Kapitel enthält ein drastisches Lehrstück, wie David eine gute Absicht, sein Mitgefühl, vermitteln möchte, wie er jedoch unerwartet missverstanden wird. Der König der Ammoniter ist gestorben. In früheren Jahren hatte er David Freundschaft erwiesen; darauf möchte David jetzt antworten und dem Sohn Beileid aussprechen. Beeinflusst von schlechten Beratern vermutet der Königssohn eine Aggression, er argwöhnt, die Boten seien Kundschafter und Spione, David wolle die Stadt zerstören. Er entehrt die Gesandten und macht sich dadurch David *verhasst* (V. 6). Es kommt zu einer blutigen Auseinandersetzung, die intendierte Versöhnungspolitik scheitert, David behauptet sich. Ein Beispiel, wie aus einem – vielleicht etwas naiven – guten Vorsatz ein schlimmer Krieg entstehen kann. Wieder einmal hat David das Misstrauen, die Angst und Aggression der anderen Seite nicht bedacht; er wird im Kampf zum expansiven Rächer seiner gedemütigten Leute.

5.2.3 David setzt rechtliche Maßstäbe

In den Wirren seiner ersten Jahre als König bewirken immer wieder Momente von Davids Trauer eine überraschende Problemlösung. So wird Abner von Joab, Davids Feldhauptmann, heimtückisch erstochen, der in dieser Weise den Tod seines Bruders Asahel blutig rächt. David, der bisher recht ahnungslose König der Stämme Judas, wirkt entsetzt und überfordert. Wie bringt er in die heillosen Zustände der Stammesrivalitäten eine sozial anerkannte Ordnung? Wie verschafft er sich Gehör?

Aufmerksamkeit und Mit-Leiden bewirkt er durch das Eingeständnis seiner Schwäche, seiner persönlichen Grenzen und durch seine Trauer! David weint *laut am Grabe Abners; und alles Volk weinte mit!* Und als David zusätzlich das Klagelied auf Abner anstimmt, *da beweinte ihn alles Volk noch mehr!* – Innerhalb der wenigen Trauerverse verkünden die Chronisten fünfmal, dass sich *alles Volk* David in seiner Trauer anschließt; durch die Trauer einigt er das Volk (3,28–39).

Auch blendet David seinen Gott in der Trauer um Abner nicht aus, wie in der Trauer um Saul und Jonatan; er besinnt sich auf Macht und Einfluss der göttlichen Instanz da, wo er sich ohnmächtig fühlt: *Ich bin heute zu schwach und zu gering für die Königsherrschaft, und diese Männer, die Söhne der Zeruja, sind mir durch Gewalttat überlegen. Der Herr vergelte dem, der die Untat verübt hat, nach seiner Untat!* (3,39). – David delegiert die Rechtsprechung für die – von ihm neu deklarierten – Straftaten an Gott und hebt so das primitive Recht auf Blutrache auf. David benennt eine neutrale, richtende und strafende Instanz.

Nach Abners Tod fällt Eschbaal, den Abner zum König über die israelitischen Stämme gemacht hatte, einem Mordanschlag zum Opfer. Stolz bringen die beiden Meuchelmörder David das Haupt des Erschlagenen. David jedoch reagiert radikal anders als erwartet (4,9–12): *Den, der mir die Kunde brachte: »Saul ist tot!« und der meinte, er sei ein Freudenbote, den griff ich und tötete ihn in Ziklag und gab ihm so den Botenlohn. Wie viel mehr, wenn ruchlose Menschen einen rechtschaffenen Mann im eignen Hause auf seinem Lager ermordet haben – sollte ich da nicht sein Blut von euch fordern und euch von der Erde vertilgen?*

Offensichtlich werden die israelitischen Stämme nach wie

vor von dem gierigen und mörderischen *bösen Geist* Sauls beherrscht, obwohl Saul, ihr erster König, längst tot ist. David trauert daher nicht nur um Saul, Jonatan und Abner und strebt als Nachfolger auf den Königsthron, sondern er kämpft auch um eine neue Moral und um eine Rechtsordnung, die alle schützt. Sein Schmerz um den Tod Eschbaals und seine selbstbewusste Empörung geben ihm die Kraft, entschieden, wenn auch blutig-grausam, gegen das chaotisch-willkürliche Morden innerhalb der israelitischen Stämme vorzugehen.

Das Bedürfnis zu trauern, Leid und Verluste nach Möglichkeit wieder gutzumachen und eine neue Rechtsordnung zu schaffen, kam in den vergangenen sieben Beispielen aus Davids *Herz,* aus seiner tiefen Identifizierung mit dem göttlichen Gebot, das Leben anderer zu achten und zu ehren (1 Sam 2,30; 16,7). In einem Roman, der das schöpferische Reifen der Persönlichkeit darstellen will, ist ein Konflikt unvermeidlich vorprogrammiert: Was passiert, wenn der Held nicht mehr den auf ihn gerichteten Erwartungen entspricht, wenn die Leidenschaften seines Herzens und seiner Wünsche eigene Wege gehen? Wie verträgt sich das innere Gebundensein an göttlich-wertvolle Gebote mit dem Freiheitsdrang der Sehnsüchte und sinnlicher Begierden? Davon wird im nachfolgenden Kapitel die Rede sein. Das achte Beispiel des Trauerns wird einen David zeigen, der zunächst skrupellos alle Bindungen und Gebote sprengt, der dann aber, durch die Anerkenntnis von Schuld und durch Trauer, sich neu orientieren lernt.

Die Grundthese der vorstehenden Ausführungen ist, dass David sich nach dem Tod seines Vater-Feindes Saul nicht mehr nach diesem ausrichten kann – auch nicht im Negativen –, sondern sich zu einer selbstständigen Persönlichkeit entwickeln muss und tatsächlich entwickelt. Was ihn dabei leitet, ist einerseits seine Fähigkeit zur Trauer, andererseits – Gott. Festgemacht werden diese Einsichten vor allem an dem Klagelied auf Saul und Jonatan, dann aber auch an den darauf folgenden, in der Tat sich auffällig häufenden Trauerszenen. Ein knappes, aber immer noch ergreifendes Trauerlied widmet David dem von Joab ermordeten General Abner. Seine vielen Trauerhandlungen anlässlich dieses Todesfalls wirken fast ein wenig demonstrativ. Historisch lässt sich dazu wenig Konkretes sagen: nicht, ob David wirklich so völlig unbeteiligt am Mord an Abner war, auch nicht, ob er darüber derart traurig war und ob er die Leute von seinem Traurigsein überzeugen konnte. Nehmen wir an, die Erzähler hätten zuverlässige Informationen über die damaligen Vorgänge gehabt, dann können wir konstatieren, dass David den Eindruck tiefer Betroffenheit machte oder doch zu machen versuchte. Hätten wir anzunehmen, in dieser Darstellung waltete dichterische Freiheit, dann hätten jedenfalls die Autoren der Davidgeschichte auf die Unschuld ihres Helden und auf die allgemeine Anerkennung seiner Unschuld größten Wert gelegt. Offenbar galt es, gegenteiligen Vermutungen entgegenzutreten. Schon David selber konnte sich ausrechnen, dass man sich jedenfalls in der benjaminitischen bzw. israelitischen Heimat Abners intensive Gedanken darüber machen würde, warum der starke Mann des Nordens von einer diplomatischen Mission aus dem Süden nicht zurückkehrte. Und die judäischen Autoren des Davidromans, die wohl erheblich später zu Werke gingen, hatten offenbar israelitische Adressaten vor Augen, denen sie, gewiss mit Grund, tiefes Misstrauen gegen die Machenschaften des judäischen Gründerkönigs und überhaupt der Judäer unterstellten.

Doch das ist nur die eine, die aktuell-politische Seite. Indem David bzw. die David-Erzähler in diesem Feld Position beziehen, setzen sie ein Fanal von grundsätzlicher Bedeutsamkeit. Ein Tod wie derjenige Abners dürfte nicht sein! Wie Joab gehandelt hat (oder gehandelt haben soll), das ist unzulässig und unerträglich. Wie aber David auf diese Untat (angeblich) reagiert hat, so hat man auf derlei zu reagieren. Man hat von Polit-Mördern Abstand zu nehmen und sich neben ihre Opfer zu stellen. Brutale Gewalt, blutiger Terror sind keine legitimen Mittel politischen Handelns: egal, welche Motive die Täter haben oder vorschützen, egal, welche Makel den Opfern anhängen mögen. Denn natürlich ist Abner nicht einfach ein Edelmann, sondern eher ein zwielichtiger Geselle. Doch das ist kein Grund, ihn umzubringen.

Nichts auch kann den Mord an Eschbaal, dem Sohn und Nachfolger Sauls, rechtfertigen. Zwar lassen uns die Erzähler wissen, dass er eine schwache Figur und bloße Marionette Abners war (bzw. gewesen sei). Zudem lässt sich zwischen den Zeilen lesen – und auch die Meuchelmörder nahmen das an –, dass er David im Weg war. Und schließlich wird angedeutet, dass die Mörder ein handfestes politisches Motiv hatten: Die Bewohner ihres Herkunftsortes Beerot hatten, wohl vor Saul, aus der Heimat fliehen müssen, und nun traf Sauls Sohn die Rache dafür (2 Sam 4,2 f., vgl. auch 2 Sam 21,1–6). Das ist die Sprache von Gewalt und Gegengewalt, von Terror und Vergeltung, die bis heute geläufig ist, nicht nur in Israel und Palästina. Durch Davids schnelles und scharfes Urteil wird ihr das Wort abgeschnitten: Wie Beerotiter und Sauliden miteinander umgehen, so geht man unter Davids Herrschaft nicht miteinander um.

Freilich, die Sache hat einen doppelten Haken. David verhängt über die Mörder die Todesstrafe – und damit tötet er faktisch wie sie. Überdies lässt sich der fatale Verdacht kaum widerlegen (freilich auch nicht belegen), dass es gedungene Mörder waren, die da zum Schweigen gebracht wurden. Von da her erhält der Satz des Analytikers – »Offensichtlich werden die israelitischen Stämme nach wie vor von dem gierigen und mörderischen bösen Geist Sauls beherrscht, obwohl Saul längst tot ist« – einen bitteren Beigeschmack: Trifft dieses Urteil möglicherweise den scheinbar hehren Richter David ebenso wie die von ihm verurteilten Mörder? Und ist es nicht höchst problematisch, für den Mord an einem Sauliden den bösen Geist Sauls verantwortlich zu machen? Macht man so nicht die Opfer zu Tätern? Meinten die Täter nicht sogar, im Geiste Davids zu handeln?

Dem Theologen fällt noch etwas anderes auf: In den ersten Kapiteln des 2. Samuelbuches ist ungewöhnlich wenig von Gott die Rede. Über weite Strecken handeln die Menschen und handelt auch David in weitgehender Autonomie. Das ist theologisch kein Unglück. Für manche Handlungen macht man besser Gott nicht verantwortlich, andere wieder verstehen sich, auch ohne dass man Gott als ihren Urheber benennt. Es gehört gerade zur Kunst der David-Erzähler, dass sie geschichtliche Zusammenhänge und psychische Hintergründe zu einem derart dichten Netzwerk verflechten, dass nur selten die »Hypothese Gott« bemüht werden muss. Dennoch steht überall Gott im Hintergrund (und tritt zuweilen überraschend auch in den Vordergrund). Gott ist in das innerweltliche und zwischenmenschliche Geschehen so verflochten, dass man nicht weiß, ob er es bewegt oder sich von ihm mit bewegen lässt. Er ist aber dabei: an jeder Biegung und auf jeder Wegstrecke der biblischen Davidbiografie.

6 David und die Liebe (2 Sam 6; 7; 11; 12)

Mit dem 11. Kapitel des 2. Samuelbuches ändern sich Erzählweise und Inhalte des Davidromanes. Die Phase der militärischen Eroberungen Davids ist im Wesentlichen abgeschlossen. Ab jetzt stehen interne Familienprobleme Davids im Vordergrund, beginnend mit der Beziehung zu Batscheba. Nirgendwo zuvor in den Samuelbüchern werden die persönlichen, intimen und familiären Probleme Davids so ausführlich und einfühlsam-nachvollziehbar geschildert, wie jetzt: Leidenschaftliche Liebe, »Fremd-Gehen«, Ermordung des Rivalen, Geschwisterinzest und Geschwistermord, Vater-Sohn-Kämpfe um die Thronfolge, Macht und Liebe – ein reiches Spektrum urwüchsiger Fantasien breitet sich vor uns aus. Das uns aus Träumen, Dramen, Romanen, Filmen, vielleicht auch aus realen Erfahrungen Vertraute wird von den Erzählern der damaligen Zeit an den alltäglichen Realitäten einer prominenten Königsfamilie modellhaft vorgeführt, literarisch feinsinnig reflektiert und erstaunlich konfliktbewusst durchkonstruiert.

Was bedeutet diese Linienführung? Wo endet sie? Wird uns in Fragmenten der Bericht über eine konkrete historische Wirklichkeit, die sich ereignet hat, dargeboten – ein Ehebruch des Königs, die Umstände der Geburt Salomos und der Ablauf der Thronfolgekämpfe – oder eine Dichtung, ein »religiöses Volksmärchen«, mit immerwährenden Wahrheiten und Antworten auf Urkonflikte des menschlichen Fühlens, Fantasierens, Liebens und Zusammenlebens? Die Feinheiten der Unterscheidung werden wohl immer im Dunkel längst vergangener Geschichte bewahrt bleiben. Dank der Ergebnisse und Hypothesen einer ausgiebigen historisch-kritischen Forschung (übersichtlich dargestellt und theologisch-wissenschaftlich problematisiert z. B. in Dietrich/Naumann, 1995, 229 ff.) lässt sich vielleicht eher von einem »sowohl – als auch« sprechen, wobei die Grenzen fließend sind.

Die exegetische Wissenschaft erforscht die Entstehung des

vorliegenden Bibeltextes aus verschiedenen Überlieferungsquellen, wobei sich ein Prozess ergibt wie beim Zusammensetzen eines szenischen Puzzle-Bildes aus einer Vielzahl von Elementen. Müssen wir anhand der akribischen, neuzeitlich-wissenschaftlichen Diskussion um unterschiedliche Einzelteile und Zusammenhänge annehmen, einem Endredakteur sei nur eine in sich mäßig stimmige, wenig rational-logische Komposition gelungen, vielleicht sogar nur »Flickschusterei«? Hier wird versucht, dem bewusst-unbewussten, psycho-logischen Anliegen der Verfasser, ihren *Herzens*-Themen und Motiven nachzuspüren, ausgehend von der bereits erwähnten These, dass die Erzähler primär, leitmotivisch, die Sicht, das Denken und Wirken ihres Gottes beschreiben möchten, als dessen außergewöhnliche Besonderheit (Botschaft?) sie annehmen, dass er *auf das Herz* des Menschen, die Innenwelt sieht (1 Sam 16,7).

Das Berichten von »konkreten« äußeren Fakten und Geschehnissen erhält aus dieser Blickrichtung eine marginale Bedeutung: Seine Funktion wäre demnach, möglichst realitätsnah zu illustrieren und hervorzuheben, was die Botschaft der Erzähler jenseits des historischen Berichtes ist. In der Erzählung von David und Batscheba ist sehr klar die Konstruktion eines historisch-realitätsgerechten Rahmens zu erkennen, in den die religiös motivierte Märchenerzählung mit ihrer bildhaft-szenischen Sprache und mit tieferen Sinnebenen eingebettet ist. Die konkret wirkende Darstellungsweise regt an, sich mit den Gestalten zu identifizieren und mit dem Für-und-Wider, mit Gut-und-Böse auseinander zu setzen. Die vielfältigen künstlerischen, subjektiv-gestalteten Rezeptionen der Batscheba-Erzählung sind Zeugnis dafür, wie wirkungsvoll die Botschaft – in ihrer Vielgesichtigkeit – angekommen ist.

Bevor wir die Batscheba-Geschichte in den Blick nehmen, wollen wir uns aber noch einmal ins Gedächtnis rufen, dass David schon früher anderen Frauen begegnet ist, namentlich Michal und Abigajil. Es wird sich herausstellen, dass die biblischen Erzähler in der Abfolge und der Art ihrer Darstellung ein entwicklungspsychologisch überzeugendes Bild vom Reifen der Liebesfähigkeit ihres Helden zeichnen. Ungemein lebensnah schildern sie, wie dieser zunächst harte, kämpferische Mann schrittweise sich der »Weiblichkeit« – in Gestalt von Frauen und von eigenen, sog. weiblichen Gefühlsqualitäten – öffnet.

6.1 Davids Probleme mit der Liebe: Michal und Abigajil

Betrachten wir die Szenen des Textes als symbolische Interaktionsformen, die der Interpretation bedürfen, so offenbaren sie ihre Vieldeutigkeit. Auch enthält jeder literarische Text »eine Reihe von Leer- oder Unbestimmtheitsstellen (gaps), die jeweils einen größeren Auslegungsspielraum ermöglichen, und die vom Leser im Prozess des Verstehens gefüllt werden müssen (gap filling)« (Perry/Sternberg, 1968, zitiert nach Dietrich/Naumann, 1995, 239). Sobald wir einzelne Textstellen, Erlebnisse Davids, aus dem Zusammenhang herausgreifen, ist der Aussagewert noch vage und gering. Vergleichen wir jedoch Davids Verhalten und seine Gefühlsreaktionen gegenüber verschiedenen Ehefrauen (Michal, Abigajil und Batscheba) in den markant platzierten Szenen, lassen sich bemerkenswerte Unterschiede aufzeigen. Aus der neu arrangierten biografischen Sicht »füllen« sich manche Leerstellen mit Fragen, Fantasien und Gefühlen des interpretierenden, aber auch imaginierenden Lesers, die dieser nun wieder am Textmaterial überprüfen und verifizieren kann.

Die Beschreibung der Begegnungen und Erlebnisse, die charakterisieren, wie David liebebedürftiger und liebesfähiger wird, ist eine der am feinfühligsten dargestellten Entwicklungslinien der Samuelbücher. Wie entfaltet sich Davids Geistes- und Gefühlswelt, als er sich auf das Abenteuer »gegen«-geschlechtlicher Liebe einlässt, ein Abenteuer, das vor allem herausfordert, Triebbedürfnisse des Liebens und Kämpfens miteinander zu integrieren?

Einer Schwierigkeit im Verstehen der sinnlich-kommunikativen Szenen müssen wir uns stellen: Wenn ein Mann von einer Frau träumt bzw. sich auf sie einlässt, so bietet sich dem hinterfragenden Analytiker immer eine zweifache Sichtweise der Interpretation an, jenseits der vordergründigen Realitätsebene. Zunächst lässt sich fragen, wer könnte das »Objekt« seiner Begierde *auch* sein, welche frühere Szenen wiederholen sich möglicherweise in einer Übertragung auf die neue Gestalt (z. B. Charakteristika der Liebe zu einer Schwester? Oder zur Mutter?) Zum anderen die schwierigere Frage: Welche weiblichen Aspekte dieses Mannes spiegeln sich projiziert in seinem Bild des weiblichen »Objektes« wider? C. G. Jung prägte für diese – gewöhnlich unbewusste – weibliche Seite im Mann den Begriff der »Anima« des Mannes, wie umgekehrt Frauen unbewusst eine »Animus«-Seite in sich tragen und von ihr mehr oder weniger bewegt und getrieben werden (Subjektstufensicht). C. G. Jung versteht unter dem »Animus« und der »Anima« jeweils »einen zur äußeren Persönlichkeit kompensatorisch sich verhaltenden Funktionskomplex, gewissermaßen eine innere Persönlichkeit, welche diejenigen Eigenschaften aufweist, die der äußeren bewussten und manifesten Persönlichkeit abgehen« (zitiert nach E. Jung, 1983, 10).

Inwiefern teilt uns der Text – aus psychoanalytischer Sicht – etwas über Davids Liebesfähigkeit bzw. seine Beziehungsfähigkeit mit? In einer interessanten theologischen Erörterung fragt Naumann (2002, 73): »Wie steht es mit David? Die Erzählung fällt über ihn durch die Schilderung des Ereignisverlaufs ein vernichtendes Urteil. Sympathiemerkmale des Erzählers für seinen Protagonisten gibt es keine.« Wirklich? wäre zu fragen; spricht hier der Erzähler oder der Interpret? Erzählt wird doch als Quintessenz, dass dem König David ein achtbarer Thronfolger und Volksführer geboren wird *(Salomo; und JHWH liebte ihn,* 2 Sam 12,24); David und Batscheba bringen also eine Lösung des Thronfolgeproblems zustande, die zuvor den prominenten Vätern Eli, Samuel und Saul nicht gelang! An ihren *Früchten* werdet ihr sie erkennen, heißt es später in Matth 7,15 ff., im Hinblick auf die primitiv gebliebenen Triebwünsche, als *den inwendigen räuberischen Wölfen* in der psychischen Struktur des Menschen. *Ein guter Baum kann nicht schlechte Früchte bringen, noch kann ein fauler Baum gute Früchte bringen.* Geht es nicht gerade um die schwierige Kultivierung dieser menschlichen *räuberischen, wölfischen* Triebnatur in David?

Naumann orientiert sich primär an der Verwendung des hebräischen Begriffes *'aheb* für Liebe. Der Begriff beschreibe »sinnliches Verlangen, das nach Gemeinschaft mit der Person drängt, die man liebt«, eine »Haltung, die auf eine entsprechende Lebenspraxis um der geliebten Person oder Sache willen drängt«, deren »gemeinsamer Grund« »Emotionalität und Leidenschaft« sei, ja es werde sogar »die Liebe zum Nächsten und die Liebe zu Gott mit *'aheb* ausgedrückt«. Für Naumann wird *'aheb* zu einem strengen Maßstab für Davids Verhalten. Mir erscheint problematisch, einen idealisierenden Begriff ausschließlich kategorisierend, normativ-wertend zu benutzen, da er dann der Vielschichtigkeit und Realität alltäglicher Lebensschicksale von Zweierbeziehungen, meist entstanden aus ursprünglichen Liebeswünschen, nicht gerecht werden kann (vgl. Willi, 1975). Das Ideal der Liebe lässt sich als Reinkultur denken und anstreben, aber fast nie ohne Konflikte im Alltag leben. Naumanns Sicht fördert die Polarisierung, indem auf der einen Seite abgespalten und machtvoll das Ideal der Liebe steht, auf der anderen Seite ihr Gegenteil (Aggression, Destruktion, Lieblosigkeit, »Rätselhaftigkeit«); eine moralisierende Polarisierung wird gefördert wie zwischen Gut und Böse, Richtig und Falsch, Positiv und Negativ.

Für Fromm ist Liebe »Antwort auf das Problem der menschlichen Existenz« (1980, 17). Ihm gelingt es, eine Brücke zu schlagen von den Lebensweisheiten des Alten Testamentes zu den Beobachtungen und Konzepten des anteilnehmenden Verstehens der Psychoanalyse. Wichtig sei, »sich klarzumachen, *dass Lieben eine Kunst ist,* genauso wie Leben eine Kunst ist« (S. 15). Die Fähigkeit des Liebens bedarf eines aktiven Lernprozesses und nicht nur der Auffassung, dass »sie einem sozusagen ›in den Schoß fällt‹, wenn man Glück hat . . . Die meisten Menschen sehen das Problem der Liebe in erster Linie als das Problem, *selbst geliebt zu werden,* statt *zu lieben* und lieben zu können« (S. 11).

Mit anderen Worten sieht Fromm als zentrale Schwierigkeit, die einer reiferen Liebesfähigkeit im Wege steht, die Einbahnstraße des narzisstischen Anspruchs, von anderen geliebt zu werden (d. h. die Verliebtheit in sich selbst). Und genau um diese Reifungsproblematik (vom Narzissmus zur gleichzeitigen Liebe und Achtung eines anderen Menschen; vgl. z. B. auch B. Grunberger: »Vom Narzissmus zum Objekt«) geht es in Davids Liebes- und Kampfszenen. In beiden Samuelbüchern ist er, der Hauptheld, die einzige Figur, bei der sich ein positiver Lernprozess nachzeichnen lässt, im Gegensatz zu allen anderen Charakteren. Die Schilderung seiner Konflikte und seiner Art zu lieben ist beeindruckend, auch wenn das Ergebnis den Erwartungen vieler Leserinnen und Leser bzw. Theologen, die sich einseitig an sozialmoralischen Idealbildern orientieren, nicht entsprechen mag. In seiner Liebe zu all den anderen männlichen und weiblichen Figuren offenbart sich vorrangig, modellhaft-menschlich, wie David sein Leben meistert und was die Erzähler uns vermitteln wollen.

Fern von allen Perfektionsvorstellungen wird im Folgenden weniger der Frage nachgegangen, ob David ein normgerechter, vielleicht sogar vorbildlicher Ehemann gewesen sei, sondern anhand der Szenen wird Hinweisen nachgespürt, wie Davids kommunikative Ich-Fähigkeiten im Rahmen von Zweierbeziehungen sich entwickeln bzw. wo und wie der Text ihm – für eine Heldenfigur sicher überraschend – durch Konfrontationen, Deutungen und Warnungen über Ratgeber-Gestalten »Nachhilfeunterricht« angedeihen lässt.

David ist insofern ein außergewöhnlicher Volksheld, als er Schwächen, Fehler und Abhängigkeiten einsehen kann und dadurch lernfähig ist. Diese Leitidee sozialen, religiösen Lernens beginnt in den Samuelbüchern nicht erst mit Davids Auftritt. Bereits in Hannas Lied ihres Dankes und der Prophezeiungen heißt es (1 Sam 2):

3 *Machet nicht trotziger Worte so viel,*
Vermessenes entfahre nicht eurem Mund!
Denn der Herr ist ein Gott, der alles weiß,
und von ihm werden die Taten gewogen.

4 *Der Bogen der Helden wird zerbrochen,*
Wankende aber gürten sich mit Kraft.

Die Voraussagen treffen sowohl auf das Bild des jungen, armen und äußerlich schwachen Hirtenjungen zu, der mit dem Schwert Goliats und mit innerer *Kraft gegürtet* und aufgebaut wird, als auch auf das Bild des stark gewordenen, übermütigen Königs, der eine zurechtweisende Niederlage erleidet: Sein erstes Kind mit Batscheba, entstanden aus einer *trotzig*-rücksichtslosen Gewalttat, wird *zerbrochen.* Es stirbt, weil *die Tat gewogen wird* und David den *Herrn* durch sein Tun *verhöhnt hat* (2 Sam 12,14). – Aus psychoanalytischer Sicht ließe sich von einer Kastration, Beschneidung der Selbst-Herrlichkeit und skrupellosen *Vermessenheit* Davids sprechen.

Aber zunächst zu Davids erster und zweiter Ehe, damit wir nachvollziehen können, wie David liebt, kämpft und sich zu der Vaterfigur der dann folgenden Kapitel entwickelt, zu einem königlichen Vater, der – wie es das Leben bringt – immer wieder ins *Wanken* gerät.

David und Michal

Der Anfang ihrer Beziehung könnte einem Märchen entstammen (einem, von dem vielleicht jeder Jüngling irgendwann träumt): David möchte eine Königstochter heiraten, reich werden und das Haus seines Vaters steuerfrei machen (1 Sam 17,25). Er wagt sich in den Kampf mit dem Unhold Goliat, der das Land bedroht. Der Sieg macht ihn bekannt und berühmt.

Soweit der Wunschtraum. Nun kommen die eigentlichen Konflikte, nachdem er seinen Wunsch realisiert hat, denn erst nach dem Sieg setzt sich David mit den Realitäten auseinander. Minderwertigkeitsgefühle gegenüber dem König beginnen ihn zu plagen, verunsichert fragt er ihn: *Wer bin ich? Und was ist meine Sippe, das Geschlecht meines Vaters in Israel, dass ich des Königs Tochtermann werden könnte?* (1 Sam 18,18). Und ebenso nagen im Gespräch mit den Dienern Sauls Selbstzweifel an ihm, er hat Angst, sich mit seinen Karriere- und Liebeswünschen übernommen zu haben: *Dünkt euch das ein Geringes, des Königs Tochtermann zu werden, wo ich doch ein armer und geringer Mann bin?* (1 Sam 18,23).

König Saul hat zwar dem Sieger die Hand seiner Tochter versprochen, ihn überwältigt nun aber Angst vor der Rivalität mit dem kraftvollen Jüngling; Saul wird intrigant, registriert die Unsicherheit Davids und schraubt nicht nur den Brautpreis um *hundert Vorhäute von Philistern* höher (1 Sam 18,25), sondern er tauscht auch noch die versprochene ältere Tochter gegen Michal, die jüngere aus (1 Sam 18,17).

Wir erfahren, dass Michal David liebt (1 Sam 18,20). Saul gibt sie David, damit sie ihm *zum Fallstrick werde* (1 Sam 18,21). David jedoch weiß zu kämpfen, bringt locker die doppelte Anzahl *Vorhäute* für den künftigen Schwiegervater und macht sich durch seine Siege allseits beim Volk beliebt. Michal muss allerdings David zur Flucht vor ihrem Vater verhelfen, der ihn nun offen ermorden lassen will (1 Sam 19,11 ff.). David gelingt mit Mühe die Flucht. Jedoch keinen Moment erfahren wir in den Texten, dass David Michal liebt, sie vermisst oder um sie trauert; er ist ganz mit sich beschäftigt.

Wie entwickelt sich Davids Beziehung zu Michal weiter? Der Text lässt viele Jahre vergehen, dann erst vernehmen wir, dass David, inzwischen König von Juda, sie nicht vergessen hat. Überraschend fordert er sie als Gegenleistung, als der israelitische Feldherr Abner ihm das Königsamt auch über Israel anbietet (2 Sam 3,14–16) – zu einem Zeitpunkt, als dort noch Eschbaal König ist. Michal ist inzwischen mit einem israelitischen Mann verheiratet, der ihr *weinend* folgt und von Abner weggeschickt werden muss. Wieder hören wir nichts über Davids Gefühle ihr gegenüber, was Spekulationen freien Lauf lässt (so wurde z. B. aus historisch-kritischer

Sicht gemutmaßt, dass David sie zur Legitimation seines Anspruchs auf den Königsthron von Israel beansprucht haben könnte).

Wir erfahren nicht, was David motivierte, Michal nach vielen Jahren der Trennung zurückzufordern und keine Rücksicht auf ihre neue Ehe zu nehmen. Ausführlich schildern uns allerdings die Erzähler dann einige Kapitel weiter einen Ehekonflikt, der mehr ist als nur eine Eifersuchtsszene. David ist inzwischen König von Israel geworden, hat Jerusalem erobert und bereits die Stadt und die neu ausgebaute Burg Zion gegen das Heer der Philister verteidigt. Wir erfahren von einem neuen Selbst-Bewusstsein Davids, das ihn in eine Auseinandersetzung mit seinem Gott bringt (2 Sam 6,1–11; s. u. 6.2.3) und, nachdem die Krise bereinigt ist, in einen Streit mit Michal (2 Sam 6,14–23).

Auslösend für diesen Streit ist die durch David veranlasste Überführung der *heiligen Lade* nach Jerusalem. Der Umzug wird in einem großen Volksfest gefeiert. Ausführlich wird geschildert, wie David reiche Opfer darbringt, das Volk *im Namen des Herrn* segnet und Männer wie Frauen mit Früchtebrot, Fleisch und Rosinenkuchen beschenkt. David drückt wohl seine Freude, seinen Stolz und vor allem Dankbarkeit und Liebe seinem Gott gegenüber aus, als er mit aller Macht vor der Lade her tanzt, *mit einem linnenen Ephod umgürtet.* Fünfmal wird in dem Kapitel von *tanzen* gesprochen. Jedoch als Michal ihn *vor dem Herrn hüpfen und tanzen sah, da verachtete sie ihn in ihrem Herzen.* Kaum kommt David nach Hause, um die Seinen zu begrüßen, tritt ihm Michal zänkisch entgegen und empfängt ihn unvermittelt mit ihrer Verächtlichkeit und mit Streit: *Wie würdig hat sich heute der König Israels benommen, da er sich heute vor den Mägden seiner Knechte entblößt hat, wie nur gemeine Leute sich entblößen!*

Hier stehen sich David und – in Michal – das Haus des verstorbenen Saul gegenüber. Erstmals bekennt sich David selbstbewusst dazu, zum neuen König gesalbt worden zu sein: *Vor dem Herrn will ich tanzen! Gesegnet sei der Herr, der mich vor deinem Vater und seinem ganzen Hause erwählt hat, um mich zum Fürsten über das Volk des Herrn, über Israel, zu bestellen!* David, von Erfolgen verwöhnt, tanzt vor dem Volk glücklich und ausgelassen – und gleichzeitig bleibt er bescheiden im Bewusstsein der Abhängigkeit von der Hilfe einer göttlichen Macht. Wir erleben hier David als eine politische Führerpersönlichkeit, die nicht nur öffentlich trauert, seine Ohnmacht und Grenzen eingestehen kann und daraus seine Politik gestaltet, sondern er zeigt auch öffentlich einen Stolz, seine Freude und seine geistige, auf ein Gottesbild bezogene Orientierung.

Michal missversteht den leidenschaftlichen Ausdruck seines Denkens und seiner Gefühle; sie ist nicht fähig, eine Unterscheidung zu treffen, die David ihr klar zu machen versucht, als er kontert: *Vor dem Herrn will ich tanzen und mich noch mehr erniedrigen als diesmal und mich vor dir noch verächtlicher machen; aber bei den Mägden, von denen du redest, bei ihnen will ich mich zu Ehren bringen!* – Die Fronten dürften klar sein: Auf der einen Seite stehen in Michal die stolze Selbstherrlichkeit, Überheblichkeit und die Missachtung, die schon ihr Vater Saul gegenüber seinem Gott zunehmend ausgelebt hatte und die hier Michal aggressiv gegenüber David vertritt (übrigens: auch Jonatan, Michals Bruder, zeichnen diese narzisstischen Wesenszüge aus, als er eigenmächtig Kriegsposten der Philister angreift), und auf der anderen Seite steht das kritische, gereifte Selbst-Bewusstsein Davids, das ihn bereit sein lässt für die Vorherrschaft und die Führung durch die Stimme seines Gottes.

Davids Ehe mit Michal bleibt, im Gegensatz zur Ehe Davids mit Batscheba, *kinderlos bis an den Tag ihres Todes* (2 Sam 6,23). Michal wird von den Erzählern, symbolisch ausgedrückt, eine deutliche Lehre erteilt – nicht anders als später David durch Natan, weil er sich Batscheba und Urija gegenüber eben nicht *zu Ehren bringt.*

Trotz aller Versöhnungsgesten Davids, die er dem Hause Sauls zukommen lässt: Für ein gemeinsames Kind, ein Zeichen der Gemeinsamkeit des Denkens, Fühlens und Liebens, fehlen die Voraussetzungen. Michal, nicht anders als schon Jonatan, scheitert – so ließe sich schlussfolgern – aufgrund der geistigen und emotionalen Bindung an ihren Vater Saul bzw. an ihrem »trotzigen«, uneinsichtigen Verhalten gegenüber der göttlichen Autorität und der neuen Glaubensbotschaft, die David zu vertreten hat. David ist zu Abstrichen oder Alternativen nicht bereit, wenn es um die Achtung seines Gottesglaubens geht, auch wenn er selbst, menschlich wie er geschildert ist, immer wieder Irrwege einschlägt.

Anfangs sind Frauen für die Zukunftsträume des jungen David wohl noch eher ein »Statusobjekt«, eine männliche Sehnsucht, durch die Verbindung mit dem weiblichen Wesen bereichert und emporgehoben zu werden – eine Fantasie, die er nach dem Weggang von seiner Familie hat, als er das Terrain am Königshof und am Kriegsschauplatz neugierig erkundet. Der *arme* Hirtenjunge möchte durch gute Einheirat in die soziale »Spitzenklasse« aufgewertet werden. Er wünscht sich, die Frau von einer Vaterfigur gestellt zu bekommen; jedoch der Intriganz und Rivalität des künftigen Schwiegervaters ist er noch längst nicht gewachsen. Zurecht wird David im Text zweimal als *Tochtermann* Sauls bezeichnet (1 Sam 18,18.22), er präsentiert sich damals nicht als erwachsener, eigenständig-selbstbewusster Mann. David ist als Mann Michals ein Ehemann von Sauls Gnaden. Aus diesen inneren Abhängigkeiten können sich beide innerhalb ihrer Beziehung nur wenig emanzipieren; das Niveau ihrer Gefühlswelt entspricht eher einer seelischen Bruder-Schwester-Verbindung. Weder erträgt Michal die überschwängliche, wenig selbstkritische Liebe Davids zu seinem Gott – sie reagiert moralisch bevormundend, wie vielleicht eine große Schwester auf den Stolz eines jüngeren Bruders – noch weiß David mit ihrer Überheblichkeit umzugehen. Doch zeigt er dann, wie er sich gegen die ursprünglich erträumte Prinzessinnen-Figur und gegen ihre jetzt deutlich werdende uneinsichtige Überheblichkeit behaupten kann.

David und Abigajil

In Davids zweiter ausführlich geschilderter Frauenbeziehung stellt sich der Dreiecks-Konflikt zwischen dem Mann auf der einen Seite, Frau oder Weiblichkeit auf der Gegenseite und dem Leitbild göttlich guter Werte als einem lenkenden Motiv in veränderter Form dar.

Rückblickend sei daran erinnert, dass David die Ehe mit Abigajil eingeht, als er noch auf der Flucht vor Saul ist; damals ist er nicht mehr ein Einzelkämpfer, sondern anerkannter Truppenführer (1 Sam 25; vgl.4.4). Wie Michal zwischen ihrem Vater Saul und David rettend eingreifen muss, so schaltet sich Abigajil in den eskalierten Konflikt zwischen ihrem *törichten* Ehemann Nabal und dem jähzornig-gekränkten David ein. Nabal *ist zu bösartig, als dass man mit ihm reden könnte* (V. 17). David hingegen *schenkt ihr Gehör und nimmt sie wohlwollend auf;* er *nimmt von ihr an, was sie ihm mitgebracht hat;* auch weiß David, sich von ihr abzugrenzen und ihre Ehe mit Nabal zu akzeptieren: *Zieh in Frieden wieder in dein Haus hinauf* (V. 35).

Die Erzähler gestalten in der Geschichte ein weiteres Lehrbeispiel des Miteinanders von Mann und Frau, in einer höchst kritischen Konfliktsituation, in der sich die beiden rivalisierenden Männer selbstgerecht »verrannt« haben. Der weiblichen *Klugheit* wird ein Hohes Lied der Liebesfähigkeit gesungen. Hingegen wird der *rohen* und abweisenden Männlichkeit Nabals das Todesurteil gesprochen: *wärest du mir nicht eilends entgegengekommen, so wäre dem Nabal bis zum Anbruch des Morgens nichts übrig geblieben,was männlich ist* (V. 34).

Abigajil repräsentiert eine Fähigkeit, die David zu dieser Zeit noch abgeht: Sie tritt nicht Gerechtigkeit fordernd auf wie er, sondern versucht, durch Gesprächsangebote und Geschenke den mächtigen Gegner umzustimmen. Ihre Achtung gilt nicht nur Gott und seinen Geboten, sondern auch ihrem direkten Gegenüber: *Und nun, o Herr, so wahr Gott lebt und so wahr du selbst lebst ...* (V. 26). Abigajil sagt respektvoll zu David, was JHWH für ihn bedeutet und bedeuten kann: dass er ihn abhält, in Blutschuld zu fallen und sich mit eigener Hand zu helfen; dass er ihm ein dauerndes Haus gründen und ihn beauftragen wird, seine Kriege zu führen; dass seine *Seele verwahrt wird im Beutel des Lebens bei JHWH,* dass dieser aber die Seele der Feinde fortschleudern wird; dass er ihn zum Fürsten über Israel bestellen und vor Gewissensvorwürfen bewahren und ihm lauter Gutes tun wird (V. 26–31). In ihrer Ehrerbietung belehrt Abigajil David in einer so wissend-souveränen Weise, dass er ihren Wertmaßstäben folgt und seine Dankbarkeit später, nach dem *Herz*-Tod Nabals, in einem Heiratsantrag ausdrückt.

Auf der gottgewollten Suche nach Unterstützung im Kampf gegen den männlichen *bösen Geist* begegnet David in Gestalt Abigajils einer weiblichen Figur; sie bedeutet für seine Bedürfnisse mehr als ein waches, kritisches Gegenüber (Objekt), sie stellt auch eine Anima-Figur dar, im Sinne einer kompensatorischen inneren Persönlichkeitsfunktion. Davids Stärke ist, dass er sich auf Abigajil einlassen kann, dass er fähig ist, Fehlreaktionen einzugestehen, umzudenken und Konsequenzen zu ergreifen. Seine Schwäche ist die gleichzeitige Passivität seines Geistes: Abigajil denkt verantwortlich für ihn, als er seine Affekte und sein Handeln nicht mehr unter Kontrolle hat. In einer ganz erstaunlichen Weise repräsentiert Abigajil als Anima für David Wesenszüge, die ihm fehlen und die er braucht, um seine Unausgeglichenheit zu bewältigen und um Konflikte besser zu meistern – im Sinne des gemeinsamen Gottesbildes.

Die symbolisch verstandene Ehe Davids mit Abigajil bedeutet die *Ankündigung* eines integrierenden Individuationsschrittes, eine Erweiterung von Möglichkeiten, sich emotionaler und freier auszuleben und die Stimme »weiblicher« Vernunft einzubeziehen. Abigajils Auftritt ist eine Demonstration einfühlsamen und ausgleichenden Redens und Denkens, er ist ein Appell an das Ich und an das Gewissen, gerichtet gegen die destruktiv-narzisstischen Kräfte in Nabal und auch in David.

Das neue Element, das Abigajil in die Denk- und Beziehungskultur einführt, stellt sich szenisch dar: Weder allein David dominiert mit seiner Gekränktheit und der narzisstischen, vernichtenden Wut, noch Nabals Geiz und trotzige Verachtung setzen sich durch, sondern etwas Drittes taucht auf, gerät vermittelnd zwischen beide selbstsüchtigen Kontrahenten und fördert eine konstruktive Form des Interessenausgleichs. In einem anderen Zusammenhang erfahren wir nebenbei, dass Davids Ehe mit Abigajil fruchtbar ist (2 Sam 3,3); ihr gemeinsamer Sohn spielt jedoch keine wichtige, zukunftsträchtige Rolle.

Nach dem eindrucksvoll geschilderten Auftritt scheinen die

Erzähler ihr Interesse an Abigajil verloren zu haben. Sie ist nur noch einmal kurz erwähnt, als sie David nach Gat in das feindliche Philisterland begleitet. David raubt dort, mordet hemmungslos und belügt seinen Schutzherrn Achisch – Abigajil bewahrt dieses Mal David nicht vor seinen verrückt anmutenden Eskapaden (1 Sam 27,8–12), sondern bleibt ihrerseits passiv. Wenig später wird sie geraubt, so dass David sie zurückerobern muss (1 Sam 30). – Werden letztere Szenen symbolisch verstanden, so offenbaren sie einen ergänzenden Sinn: In der Tat scheint David in dieser Episode seines Lebens etwas »Weibliches« verloren bzw. psychisch abgespalten zu haben, das er »zurückerobern« muss.

Die Michal-Geschichte verschlingt sich mit der David-Geschichte als ein feiner, oft liegen gelassener und doch immer wieder aufgenommener Erzählfaden, aus dem kunstvoll eine Frauen-Biografie gewebt ist. Eine ganz kurze, aber folgenreiche Episode verdient hier noch nachgetragen zu werden: Ihr Vater Saul gab sie, nachdem ihr erster Ehemann David entflohen und zum schlimmsten Staatsfeind avanciert war, einem anderen Mann, einem gewissen Palti ben Lajisch (1 Sam 25,44). Damit durchschnitt Saul rabiat und gezielt Davids Bindung an die Königsfamilie. Der Traum des jungen Aufsteigers, über die Königstochter an der Macht teil zu haben, war ausgeträumt. Später versuchte er, diesen Traum weiter zu träumen: erfahrungsgemäß ein schwieriges Unterfangen. Er verlangte von Abner bzw. von Eschbaal die Wiederbeschaffung seiner früheren Frau. Die Erzähler ahnen das Gleiche wie wir: Das konnte nicht gut gehen. Nicht nur die bodenlose Traurigkeit des zweiten Ehemanns stand dem im Weg (2 Sam 3,13–16), sondern wohl ihr eigener Stolz. Sie, von der als einziger Frau der Bibel (abgesehen nur von der Geliebten im Hohenlied) die starke Aussage gewagt wird, dass sie einen Mann »liebte« (eben David: 1 Sam 18,20), über sie wurde von den starken Männern verfügt wie über ein Stück Handelsware. Beim Fest anlässlich der Überführung der Lade kam es zum Eklat (2 Sam 6,16.20–23). Der Analytiker sieht die Gewichte im Streit klar verteilt: Er, David, hat hinter sich die »göttliche Autorität« und tritt ein für eine »neue Glaubensbotschaft«; sie, Michal, »scheitert . . . aufgrund der geistigen und emotionalen Bindung an ihren Vater« und an ihrem »trotzigen, uneinsichtigen Verhalten« gegenüber den von David vertretenen Idealen. Vielleicht sehen es die Erzähler ähnlich. Immerhin aber haben sie zuvor sehr vieles mitgeteilt, was Verständnis wecken kann für den Zorn der Prinzessin. Ob sie an ihren Vater geistig und emotional noch so gebunden ist, lässt sich bezweifeln; immerhin hat sie ihm widerstanden und ins Gesicht gelogen, als es darum ging, David vor seiner Wut zu retten (1 Sam 19,11–17). Dieser »gab« sie daraufhin einem anderen: vielleicht eine Bestrafungsaktion, die ihr einen zwar anhänglichen, im Übrigen aber nicht positiv gekennzeichneten Ehemann einbrachte. Dann wurde sie David wieder zugeführt – sicher wieder, ohne gefragt worden zu sein – und musste mit ansehen, wie ihr alt-neuer Gatte die heilige Lade, einen alten Kultgegenstand der Stämme Israels (! vgl. 1 Sam 4), in seine, die judäische, Residenz Jerusalem verbrachte. Ihr, der Königstochter Israels, wird nicht nur Davids demonstrative Fröhlichkeit und Freizügigkeit als anstößig erschienen sein, sie durchschaute sicher auch das politische Kalkül, das sich hinter der frommen Aktion verbarg. Ihre »Verachtung« rührte kaum von »geistiger und emotionaler Bindung an den Vater« her (der sich um die Lade nie gekümmert hatte), sondern aus der Verbundenheit mit ihrem Volk, das David so geschickt an sich band – in ihren Augen wohl: köderte. Zur Strafe bekam sie von ihm keine Kinder – oder vielleicht er keine von ihr? Folgt man der hebräischen Textüberlieferung von 2 Sam 21,8, dann hatte sie fünf Söhne: wenn nicht von David, dann vermutlich von Palti. Sie wurden mit Billigung Davids alle umgebracht. Michal – nur »trotzig und uneinsichtig«?

Sodann Abigajil. David traf sie, so war oben zu lesen, auf »der gottgewollten Suche nach Unterstützung im Kampf gegen den männlichen bösen Geist«. Nun wird Abigajils Gatte Nabal in der Erzählung (1 Sam 25) zwar wirklich »böse« und »dumm« genannt (pikanterweise sogar von seiner Frau! V.25, vgl. V.17 und 21). Überdies wird er – was sich in der Rahmung durch die beiden Verschonungsgeschichten 1 Sam 24 und 26 andeutet – mit Saul parallelisiert. Vieldeutig sagt Abigajil dem David: »Mögen wie Nabal werden deine Feinde und die Böses sinnen wider meinen Herrn!« Was aus Nabal »wird«, ist klar: Zunächst wird er »wie ein Stein« (moderne Diagnose: Herzinfarkt), dann »stirbt« er. Auch Saul, der vom bösen Geist Geplagte, wird sterben. Wichtig ist den Erzählern nicht nur der Tod dieser Männer, sondern dass David zu ihm nichts beigetragen hat. Seine Feinde fallen von selbst – nein, von Gottes Hand getroffen (1 Sam 25,38); er aber muss und darf sich nicht

»mit eigener Hand helfen« (25,31). Das ist die Lektion, welche die kluge Abigajil ihm erteilt. Und sie kam gerade noch rechtzeitig. David war bereits drauf und dran, nicht nur Nabal, der ihn gereizt hatte, sondern in seinem Anwesen alles umzubringen, »was an die Wand pisst«: nicht eben vornehm in der Sprache und nicht sehr beherrscht im Handeln, der angehende König. Wozu ihm Abigajil verhilft, ist wohl nicht so sehr, »sich emotionaler und freier auszuleben«, als vielmehr, »die destruktiv-narzisstischen Kräfte« in sich niederzuringen, indem er auf die »Stimme ›weiblicher‹ Vernunft« hört, konkret: Er muss seine Gewaltbereitschaft zügeln lernen. Gewaltverzicht und Gewaltüberwindung ist eines der wichtigsten Ideale, welche die David-Biografen ihrer Leserschaft vermitteln wollen. Die Figur, durch die sie es übermitteln, ist eine Frau! (vgl. Levenson, 1978, und Gordon, 1980)

6.2 Batscheba, Urija und Natan: Urbilder männlicher Träume

Bis Batscheba als eine neue weibliche (Traum-) Gestalt in der Biografie Davids auftaucht, vergehen wieder einige Jahre. David wird zwischenzeitlich König von Juda und Israel. In dieser Phase hat er nicht nur militärische Erfolge, sondern muss er sich vor allem auch mit den destruktiv-chaotischen Kräften im eigenen Lager auseinander setzen, wie bereits beschrieben.

Mit Batscheba lernen wir David von einer ganz neuen Wesensseite kennen, sowohl als leidenschaftlich-kraftvollen, aktiven Liebhaber als auch als einen gefährlichen Mann und Herrscher, der sich durch seine hemmungslose sexuelle Liebe und Selbstsucht in Schuld verstrickt. Einmal mehr wird David nicht unrealistisch als eine »nur gute« fromme Persönlichkeit vorgeführt, sondern als vitaler Mann mit alltäglichen Versuchungen und Konflikten – und als ein Mann, der von Schuld nichts wissen will, der ein Unrechtsbewusstsein nicht zu kennen scheint. Wieder zeigt sich, dass uns die Erzähler nicht eine jenseitige weltfremde fromme Utopie von Konflikt- und Gewaltfreiheit vorgaukeln. Ihr Anliegen scheint zu sein, menschliche, sinnliche Bedürfnisse ernst zu nehmen, seien sie libidinöser oder destruktiver Genese, und die unvermeidlichen Konflikte aufzugreifen, um sie auf Wertmaßstäbe bezogen zu reflektieren (vgl. Lorenzer, 1986, 27).

6.2.1 *Batscheba: Davids Traum-Frau (2 Sam 11,2–5)*

Die Begegnung Davids mit Batscheba lässt sich wie ein literarisch überarbeiteter Traum lesen, geträumt von einem Mann, der sich in seinem Leben alles erkämpft hat, immer reicher und gewichtiger geworden ist, und der doch irgendwo stehen geblieben ist – innerlich, voller Sehnsucht und Einsamkeit. Wie in den Abgründen eines Traumes verschwimmen im Text vorübergehend Ordnungsstrukturen von Zeit und Raum, Gut und Böse; latent gebliebene Wünsche, Nicht-Verwirklichtes und unbewusste Konflikte brechen um so anschaulicher – verdichtet – hervor.

Der erste einrahmende Vers des Kapitels regte literaturanalytisch-theologische Forscher zu der kontrovers diskutierten Frage an, ob sich eine »Trennung von Kriegsbericht und Erzählung« (Dietrich/Naumann, 1995, 229) aus dem Text erschließen lasse. Die sprachliche Dichte und die »Bildung sinnlich-ummittelbarer Symbole« (Lorenzer, 1986, 54) legt nahe, die Einleitungsszene zunächst wiederzugeben (2 Sam 11,1–5):

1 *Im folgenden Jahre aber, um die Zeit, da die Könige ins Feld ziehen, sandte David den Joab mit seinen Leuten und ganz Israel aus; die verheerten das Land der Ammoniter und belagerten Rabba, während David in Jerusalem blieb.*

2 *Da begab es sich eines Abends, als David von seinem Lager aufstand und auf dem Dache des königlichen Palastes sich erging, dass er vom Dache aus ein Weib sich baden sah. Das Weib aber war von sehr schöner Gestalt.*

3 *Und David sandte hin und ließ nach dem Weibe fragen, und man sagte: Das ist ja Batscheba, die Tochter Eliams, das Weib des Hethiters Urija.*

4 *Da schickte David Boten hin und ließ sie holen; und als sie zu ihm hineinkam, schlief er bei ihr. Sie war aber gerade daran, sich von ihrer Unreinheit zu reinigen. Dann kehrte sie nach Hause zurück.*

5 *Und das Weib ward schwanger. Da schickte sie hin und ließ David melden: Ich bin schwanger.*

Formal hat der Erzählstil eine bemerkenswerte Parallele: Die beiden großen, zentralen literarischen Erzähleinheiten des Davidromanes (David und Goliat, 1 Sam 16–18; David, Batscheba und Natan, 2 Sam 11–12) beginnen fast identisch, indem einem kurzen, rational-logischen Lagebericht die imaginierte, auf David bezogene, ausgeschmückte Schilderung einer Konfliktszene folgt. Schon die Darstellung des Kampfes Davids mit Goliat lässt sich wie eine Traumerzählung lesen und interpretieren. So betrachtet, werden beide großen Szenen Schwellensituationen von Davids emotionalem Wachstum: Im Konflikt mit Goliat geht es um den Beweis seiner Männlichkeit im Kampf, um die beginnende Auseinandersetzung mit dem männlichen *bösen Geist;* in der Dreiecks-Geschichte mit Batscheba und Urija geht es um die psychische Integration und Sozialverträglichkeit von ausgelebter Leidenschaft, Liebe und um Machtmissbrauch. Beide Erzählungen beginnen, nach einer rationalen situativen Zuordnung, fast wörtlich im Stil eines Märchens: *Da begab es sich, als ...* (s. o.) bzw.: *Da trat aus den Reihen der Philister ein Zweikämpfer hervor ...* (1 Sam 17,4)

Gerahmt durch 11,1 am Anfang und 12,26–31 am Ende, ist die Erzählung von David und Batscheba in drei Teilen aufgebaut. Die drei Einheiten stehen in einem konfliktdynamischen, produktiven Verhältnis zueinander, wie wir es z. B. als klassisches Muster von These-Antithese-Synthese kennen oder aus der Musik als erstes Thema (Liebe, emotionale Verschmelzung, Kind), zweites Thema (Aggression, hemmungslose Rivalität und Machtausübung, Mord) und danach Bearbeitung der Gegensätzlichkeiten (Ausgleich der kontroversen Melodienführung; Neuorientierung):

1. Thema (2 Sam 11,2–5): In nur acht, überwiegend kurzen Sätzen wird erzählt, wie David Batscheba sah, mit ihr schlief und dass sie wahrnehmbar schwanger wurde. Eine Kurzgeschichte, die mit ihrer traumähnlichen Verdichtung des Geschehens nicht in die konkrete, rational-kontrollierte Realität passt, aber die Vorstellungsfähigkeit fast grenzenlos anspricht. Inszeniert ist eine sexuelle Verführungsfantasie. Sie suggeriert, dass »es tatsächlich so passiert ist«. Wir sehen die Szene lebendig vor unseren inneren Augen, wie schon viele Künstler sie darstellten, jeder auf seine subjektive Weise – und doch war niemand dabei.

2. Thema (2 Sam 11,6–25): Davids Rivalenkampf mit Urija, dem Ehemann Batschebas, ist eine literarisch und logisch sorgfältig durchkonstruierte Kriminalgeschichte. Sie schließt nach dem Mord an Urija mit dem höchst skrupellosen Satz Davids an seinen Feldherrn Joab, der Beihilfe geleistet hat: »*Lass dich das nicht anfechten; denn das Schwert frisst bald so, bald so*« (V. 25).
3. Konfliktlösung (2 Sam 11,26–12,25): Leidenschaftliche Liebe, skrupelloser Mord, Neugründung einer Heile-Welt-Familie – das *missfällt* den Erzählern im Hinblick auf ihren Gott (11,27); sie wollen den Ausgang so nicht stehen lassen. Mit Hilfe einer brillant formulierten, parabelähnlichen Erzählung (analysierende Therapeuten würden von der Konfrontation mit einem »Fremdbeispiel« sprechen) leiten sie in David ein partielles Umdenken ein und präsentieren der Öffentlichkeit eine Lektion, die den Konflikt (mehr psychologisch-symbolisch als juristisch!) löst und zum Nachdenken über Gut-und-Böse triebhafter Leidenschaften anregt.

Der Erzählstil des traumähnlichen ersten Teils der drei Abschnitte täuscht anschauliche Genauigkeit vor, denn sehr rasch entsteht vor unseren inneren Augen eine sinnlich-interaktionelle Szene. Und doch ist die kurze Beschreibung – nicht zuletzt medizinisch-rational betrachtet – voller Ungereimtheiten. Zunächst wird daher versucht, die mehrschichtige Poesie des Textes emotional ausmalend nachzuerzählen (wie ein Erzähler in alten Zeiten mündlicher Überlieferungen), um dadurch lebendiger werden zu lassen, welche Gedanken und Gefühle David bewegt und hin und her getrieben haben mögen.

Doch ist eine freiere Nacherzählung nicht so einfach, denn der kurze, von den Erzählern imaginierte Text ist vieldeutig – was sich bereits in den theologischen Diskussionen der Szene höchst kontrovers widerspiegelt; er setzt den subjektiven Fantasien und Produktionen weiblicher oder männlicher Interpreten wenig Grenzen. Zwei Ausgestaltungen mögen hier verdeutlichen, wie unterschiedlich die Wiedergabe traumähnlicher Texte ausfallen kann, wenn wir versuchen, sie der gelebten Wirklichkeit näher zu bringen. Die beiden folgenden modellhaften Erzählversionen sind parallelisiert zu den beiden Szenen des ersten Auftritts Davids bei Saul. In der 1. Version entspricht David dem sensiblen Harfenspieler, der mit seinen Gefühlen in die Klänge hineinhorcht, die er bewegt anklingen lässt. In der 2. Version tritt David wie der furchtlose Draufgänger und Goliatbezwinger auf:

1. Version: David, der Mann und Träumer, könnte eines Abends unruhig-kampfesmüde von seinem Lager aufgestanden sein, hoch auf dem Dach des eben neu errichteten, prachtvollen Königspalastes, sichtlich auf dem Höhepunkt seiner Karriere. Er reibt seine Augen, nicht wissend, ob die überwältigend schöne weibliche Gestalt, die er überraschend erblickt, Traum oder Wirklichkeit ist ... Durch einen Boten lässt er sie holen *und als sie zu ihm hineinkam, da schlief er mit ihr;* ein beglückender, seligmachender Liebesrausch. Noch nie, so sein Fühlen, hat er sich einer Frau so frei und ohne Hemmungen geöffnet, ihr seine Liebe so direkt offenbart und sie in seine innere Welt so grenzenlos hineingelassen.

Sehnsüchte, aber auch erste Ängste beunruhigen ihn im Traum: Kann eine Frau unmittelbar nach ihrer Monatsblutung, von der sie sich eben, als er sie sah, vermutlich reinigte, bereits schwanger werden? Erste Skrupel schiebt er beiseite; unberührt lässt ihn, dass sie bereits verheiratet ist. Ihr Bild entschwindet ihm – wie in die bodenlose Dunkelheit einer nagenden Ungewissheit bzw. wie nach dem Blitz einer Kurzschluss-Handlung –, um unerwartet als schwangere Frau wieder zu erscheinen; als wäre alles in einer Nacht geschehen!

Noch erfüllt ihn sein Traumbild: Der Augen-Blick des Verliebens und erotischen Verschmelzens, ihr Bild, das ihm die Augen und Sinne öffnet. Er könnte ihre Hände gesehen haben, als sie sich nach dem Bad reinigt: Nicht die narbenbedeckten, schwieligen Hände eines Kriegsmannes berühren sie, sondern er sieht die Bewegungen einer langsamen Zärtlichkeit ihrer eigenen Hände, die mit ruhevollem und selbst-liebendem Streichen einen schönen Körper entlang gleiten und ihn pflegen. David spürt Gefühlswallungen und Dimensionen, die ihm bisher fremd sind, die er vielleicht von der Musik kennt, wenn er seine Fantasien, durch Wohlklänge angeregt, schweifen lässt und die seinen Geist in eine andere Sphäre entheben.

2. Version: David ergeht sich eines Abends auf dem Dach seines Jerusalemer Königspalastes, mit stolzen Blicken das von ihm geschaffene Großreich musternd. Die Welt ist für ihn in Ordnung, der Kriegsschauplatz mit den Ammonitern fern. Ein Tag, an dem der gelangweilte König noch kein Abenteuer, keine Herausforderung erlebt hat. In der Stadt unter ihm wimmelt es von Menschen, die sich wie Ameisen ausmachen. Als er sich umsieht, nehmen seine Augen wahr, wie sich in einem der benachbarten Häuser ein Körper bewegt. Der Rahmen des Fensters lässt ihn im Dunkel des Raumes nur teilweise erblicken, was ihn erotisiert: Es muss eine sehr schöne Frau sein, die er bei ihrem Bade erblickt.

Er fühlt sich provoziert durch ihre aufdringliche Schau, ist doch Sex bisher etwas, dem er sich mit seinen zahlreichen Frauen möglichst im Verborgenen hingegeben hat. Ein reißendes Gefühl, wie ein Tier in ihm, bedrängt ihn, sie holen zu lassen. Er spürt den Reiz, den der verführerisch-gefährliche Körper ausstrahlt; von ihrer Nacktheit fühlt er sich angegriffen wie von einem wilden Wesen, das er bezwingen muss. Indem er ihr mit einem in die Ferne gerichteten Blick beiwohnt, trifft er sie wie mit dem kalten Schleuderstein seiner erotisierten Schleuderwaffe – ohne alle Gefühle, mit einem Herz wie ein Stein – an ihrer verletzlichsten Stelle. Wie im griechischen Mythos Perseus mit abgewandtem Blick das Bild der verführerisch-wilden Gorgone Medusa entzaubert, beweist sich der Mann David in einem one-night-stand seine männliche Stärke. Längst dürfte er Batscheba vergessen haben, als ihm nach Wochen oder Monaten von ihr mitgeteilt wird, dass sie schwanger ist.

Auf die eine oder die andere der geschilderten Weisen könnte David gefühlt haben, wenn wir versuchen, uns in seine szenisch radikal geschilderten Leidenschaften und in seine affektive Verwirrung zu versetzen. Wir können uns zärtliche und brutale Seiten von Liebe und Sexualität vorstellen. Von Batschebas Gefühlen und psychischen Reaktionen, von ihrem Frau-Sein als eigenständige, für David fremde, unabhängige Existenz erfahren wir nichts. Wir erfahren nur, dass Batscheba sich öffentlich sichtbar – verführerisch für David – nach dem Bad *reinigte* und dass sie sich verführen ließ. Wir erfahren nicht, ob sie sich vergewaltigt fühlte oder – selbst auch liebend, vielleicht auch mit bestimmten Absichten – sich erkannt und verstanden fühlte. Umso mehr können wir annehmen, dass ihre Rolle in der Szene auch, vielleicht sogar primär, dem Spiel einer männlichen Fantasie, einer Projektion unterdrückter psychischer Inhalte, entstammt und als solche, als Anima-Konstellation Davids, im Text »ihr« Leben entfaltet. David begegnet, als er Batscheba erblickt, wieder seiner verdrängten emotionalen Seite, dem latent stark andrängenden, aber bisher abgewehrten weiblichen »Funktionskomplex« (s. o.) in neuer Gestalt.

Batscheba – als Anima-Persönlichkeitsseite in dem Kämpfer

David (als »Teil des Selbst, das einem Objekt zugeschrieben wird«; eine projektive Identifizierung, Hinshelwood, 1993, 568) – kämpft nicht: Sie kämpft weder gegen eine Person noch für etwas. Sie zeigt sich, überlässt sich, wartet ab und lässt sich rufen. Batscheba ist eine Kontrastfigur zu der kämpferischen Triebhaftigkeit des Königs, der brutal-hemmungslos fordert und liebt und der von Konsequenzen und Konflikten nichts wissen will. Erst als Batscheba schwanger ist, unausweichlich an David gebunden, konfrontiert sie ihn per Boten mit den Folgen seines Handelns, sich selbst vornehm zurückhaltend und Distanz wahrend. Sie weist ihn auf die Realität hin. Bei aller Zurückhaltung: Auch Batscheba ist sich wichtig, sie zeigt und meldet sich. Sie bringt sich auf ihre Weise zur Geltung – nicht zuletzt auch, wenn es um die Frucht ihres Leibes und um die Thronfolge geht, wie wir später vernehmen werden (1 Kön 1). – Diese Gedanken über die Anima-Persönlichkeitsseite in David sind insofern bedeutungsvoll, als sie entwicklungsfähige psychische Potenziale veranschaulichen. Und tatsächlich reagiert David nun in den bevorstehenden Familienkonflikten weniger propulsiv-kämpferisch als vielmehr abwartend-aushaltend, offen für Ratgeber und vor allem: mit Gefühlen!

Der nun folgende Klärungsprozess der Schuldverstrickung, in die David mit dem inneren und äußeren Liebesakt eingetaucht ist, und das »Reinigen« von der Schuld nimmt im weiteren Text sehr viel mehr Raum ein als der rauschhafte Liebestraum. Erzählen wir also weiter, wie David die Folgen seiner Impulsivität zu verarbeiten sucht, und wie dann die Erzähler auf Davids Denken und Handeln, auf seine fehlenden Gefühle und Skrupel antworten.

6.2.2 Urija: geliebt-gehasstes Abbild des jungen Mannes David (2 Sam 11,6 ff.)

David, beherrscht von seinen sexuellen Leidenschaften, hat sich über das Gebot *Du sollst nicht ehebrechen! … noch begehren deines Nächsten Weib!* (2 Mose 20,14.17) hinweggesetzt. Erwachend, im Blick auf die schwangere Batscheba – wir wissen nicht, wie viele Monate vergangen sind –, versucht er nachzudenken: Was tun mit ihrem Mann, mit Urija, der am Feldzug gegen die Ammoniter teilnimmt? Wie kann er verhindern, dass sein ausagierter Liebestraum der Öffentlichkeit offenbar wird? Kann er, der König, seine Privatsphäre schützen, auch seine neuentdeckten königlich-liebenden Gefühle? Lässt sich seine Liebe für Batscheba erhalten? Kann er ihr – und auch sich – treu bleiben?

Hin-und-hergerissen erschrickt David vor sich selbst. Sein Verstand und sein Realitätssinn beginnen zu rasen. Der zupackende Kämpfer in ihm erwacht. Er spürt nicht mehr, wie heftig Angst und Aggression ihn überwältigen und auch all die Liebesgefühle, die er eben noch empfand. Seine Angst wütet so heftig, dass sie ihn drängt, sich zu verbergen, um als Vater eines Kindes mit Batscheba gar nicht in Erscheinung zu treten. Eine »verrückte« Idee kommt ihm, jenseits jeder vernünftigen Rechnung: Er könnte Urija, ihren Ehemann, aus dem Feld holen lassen, damit dieser dann Batscheba lieben und als Vater des Kindes gelten könnte. Zutiefst beginnt David sich seiner Liebe und des Durchbruchs seiner leidenschaftlichen Gefühle zu schämen.

Eine spannende Konfrontation bahnt sich an, als sich beide Männer, beide einsatzbereite, harte Kämpfer und beide Liebhaber derselben schönen Frau, gegenüberstehen. Aber Batscheba ist nicht ihr Thema. Korrekt und angemessen lässt sich der König von den Verhältnissen am Kriegsschauplatz berichten, um Urija dann in sein Haus zu schicken; er versäumt nicht die kleine Spitze, dass Urija sich auch *die Füße waschen* möge …

Urija verlässt den Palast, ohne seinem König offiziell zu widersprechen; jedoch am Eingang des Palastes legt er sich bei den Knechten des Königs nieder, jederzeit dienstbereit. Als David ihn mit gespielter Verwunderung und Anteilnahme fragt, warum er nicht in sein Haus gehe, da er doch von einer Reise komme, gibt Urija dem König eine erstaunliche Antwort: *Die Lade und Israel und Juda wohnen in Zelten, und mein Gebieter Joab und die Knechte meines Herrn lagern im freien Feld, und ich sollte in mein Haus gehen, um zu essen und zu trinken und bei meinem Weibe zu schlafen? So wahr der Herr lebt und so wahr du lebst, ich kann das nicht tun!* (V. 11). Pflichtbewusst, gläubig und stets einsatzbereit gibt Urija eine Antwort, die aus dem Herzen des jungen pflichtbewussten, gläubigen und stets einsatzbereiten David hätte stammen können! Für das schlechte Gewissen eines David, der als König dem Kriegsschauplatz fernblieb und sich einer Liebesnacht mit Urijas Frau hingab, müsste die Antwort eine heftige Ohrfeige bedeuten, die ihn moralisch wachrüttelt.

Urija, die literarische Gestalt eines aufrechten Kämpfers, vielleicht auch das verinnerlichte Bild von Davids aufrechtem, pflichtbewusstem Vater, repräsentiert einen derzeit verleugneten psychischen Aspekt von David und seinem Gewissen. Sein ihm unbewusst gewordener Gewissenskonflikt spiegelt sich in der Auseinandersetzung mit Urija. David begreift die Lektion, die Urija ihm erteilt, nicht. Er hat verdrängt, wer er selbst früher war, wie er früher dachte und handelte, z. B. als er von seinem Vater zum Kriegsschauplatz und zu Saul geschickt wurde. Die Stimme seines Gewissens hört er nicht mehr; doch spürt er die Niederlage, die ihm Urija beibringt.

Urija ist ein Vorbild an kategorischem Triebaufschub: Für ihn duldet die Aufgabe im Dienste seines Herrn, des Volkes und des Überlebens keine Sofortbefriedigung seiner Wünsche. Urijas positiv-väterliche Rolle versucht David darauf aufmerksam zu machen, wie ungesichert die Existenz der Stämme Israels und der sie verbindende Glaube noch ist, wie notwendig es ist, in der kämpferischen Einstellung nicht nachzulassen. Urija ist als Mann mit einem erstaunlich großen, ja königlich zu nennenden Verantwortungsbewusstsein dargestellt: Er sagt die Worte, die David nicht fühlt, aber als guter König zu vertreten hätte: *So wahr der Herr lebt, ich kann das nicht tun …!* Urija und das Gott-Vater-Bild setzen eindeutige Grenzen.

Mehr hilflos und benommen als klar bei Sinnen, versucht David Urija trunken zu machen: Er verführt ihn zu einem köstlichen mittäglichen Mahl – obwohl Urija vorher ihm erklärt hatte, wie sehr er die Befriedigung von Triebbedürfnissen (*zu essen und zu trinken und bei meinem Weibe zu schlafen,* V.11) während des Krieges ablehnt. Urija lässt sich vom König einladen, bleibt aber standhaft.

David sind nun bereits zwei Konflikt-Bereinigungsversuche misslungen. Dem König soll die Flucht nicht gelingen, denn diesmal würde er nicht vor dem *bösen Geist* in Saul fliehen, sondern vor dem gewissenlosen Ungeist in sich selbst. David begreift in seiner Panik nicht, dass ein solcher Schuldkomplex sich nicht einfach oberflächlich reinigen, abwaschen oder wegmanipulieren lässt, wie sich einfacher Schmutz beseitigen lässt.

Die Erzähler wollen eine andere Botschaft vermitteln. So verstrickt sich ihr Protagonist noch heftiger in Not, Destruktion und Schuld. David spinnt ein Mordkomplott aus, bei dem ihm Joab, sein Feldherr zur Hand geht, und das ihm zu einem vordergründigen »Sieg« über Urija verhilft; Urija stirbt an vorderster Front – und mit ihm das zu einseitige männlich-militante Bild mit seinen Widersprüchen. Jedoch – die Bindung an eine gottväterliche Stimme als Gewissensinstanz und Orientierungshilfe ist nicht zu beseitigen.

Urijas Tod, betrachten wir Urija als psychische Repräsentanz auf Davids innerer Bühne, kann auch einen neuen Reifungsaspekt bedeuten. Der Kontext erzählt uns, dass David nicht in den Kampf gezogen ist. In dem Moment, als David leidenschaftlich zu sehen und zu lieben beginnt, stirbt in ihm der fanatische, pflichtbewusste Soldat, der nur den Kampf und den Auftrag im Blick hat. Neben seinem Kämpfertum der jüngeren Jahre, der Lebensphase seines Aufstiegs und der Eroberungen, beginnt nun eine andere Wesensseite sich zu entwickeln: Kämpfen und Lieben müssen sich nicht ausschließen (wie Urija vertritt). Sie bedürfen aber einer ausreichend guten psychischen Steuerung unter Berücksichtigung sozialer Realitäten und Gesetze. Bedenken wir: Urija ist, wie der junge David, eine männliche Gestalt, die militärischen Einsatz mehr liebt als (s)eine Frau; ferner scheint Urija keine Kinder zu haben, um die er sich väterlich nach langer Abwesenheit zu kümmern hätte; auch für David spielten, dem Text zufolge, seine zahlreichen Kinder bisher keine Rolle.

Wie in einem Traum, der eine Wandlung ankündigt, wird das einseitig kompromisslos fordernde Männerbild des Urija in den Tod geschickt; David wird in seiner Zukunft nun eigene Maßstäbe zu suchen und zu entwickeln haben – die Konflikte und Schwierigkeiten werden dadurch für ihn nicht geringer. In Urija ist militärischen »Heldentugenden« ein Denkmal gesetzt, das gleichzeitig gestürzt wird.

Neue Aufgaben, vor allem familiäre Beziehungskonflikte, kommen auf David zu. Das Modell einer vom göttlichen Denken inspirierten Konfliktlösung führt uns der Prophet Natan vor; mit ihm taucht ein Bild *geistig*-männlicher Konfliktfähigkeit auf. Seine Weisheit, geistige Macht und Verhandlungsfähigkeit sorgen für einen Ausgleich der widersprüchlichen Strebungen in David, der zwischen sexuellen Begierden und den Forderungen des Gewissens hin- und hergerissen ist. Natans

Auftritt markiert die Schwelle des Rollenwechsels Davids vom Mann zum Vater; dabei steht David nun an der Seite einer mütterlichen, klugen und einflussreichen Figur.

Dietrich (1997), der aus einer wissenschaftlich-theologischen Sicht die Dreiecksgeschichte zwischen David, Batscheba und Urija hinterfragt, formuliert einen ungewöhnlichen Schluss: »Fragen über Fragen, die nicht nur *eine* Antwort zulassen, so dass wir als Lesende für die von uns gegebene Antwort selbst die Verantwortung übernehmen. Wir werden weder objektiv informiert noch nur spannend unterhalten, sondern werden in eine Geschichte so hineingezogen und müssen sie für uns so zu Ende denken, dass sie am Ende unsere Geschichte ist« (S. 73). Ist die Erzählung »unsere Geschichte« oder ein »religiöses Volksmärchen«, das uns noch immer etwas zu sagen hat und »unsere Geschichte« inspirieren kann? Das Thema der Beziehung zwischen Männern und Frauen im Alten Testament ist besonders vielschichtig und vieldeutig. Wann sind Mann oder Frau historische Menschen, wann Bilder für Männlichkeit oder Weiblichkeit in einem historischen Kontext – genauer: Teilaspekte von Bildern? Lässt sich z. B. wirklich von der Weiblichkeit Batschebas anspielungsreich sagen: »Batscheba gleicht dem Lamm, das sich stumm zur Schlachtbank führen lässt« (S. 293) – wenn wir die weitere Geschichte betrachten? Mutterschaft als »Schlachtbank«? Sicher ein treffendes Bild für moderne, »stumm«-leidende, weiblich-depressive Entwicklungen, für Menschen, die sich die Entwicklungs-Botschaft dieses Textes und des Lebens nicht zu eigen machen können.

Die Erzählung, vergleichbar dem urmenschlichen Drama des Ödipus, spiegelt prototypisch menschliche Wunschfantasien und Konflikte wider. David lässt seinen Leidenschaften freien Lauf und entdeckt Batscheba. Letztere lässt zu, von einem leidenschaftlichen Mann genommen zu werden – lässt sich lieben! – und entflieht so ihrem (möglicherweise) lieblos-engen Gefängnis und ihrer Einsamkeit mit einem pflichtbewussten, glaubensstrengen, soldatischen, väterlich-belehrenden, desinteressierten Mann. Durch David wird Batscheba Mutter. Batscheba verwirklicht sich als »angesehene« Frau und erkämpft später für Salomo den Königsthron (1 Kön 1). Und David löst mit ihr als erster Volksführer das politisch zentral wichtige Problem des Thronfolgers.

Der Analytiker fasst die Batscheba-Geschichte nicht als historischen Report, sondern als »Dichtung« auf – schwerlich zu bestreiten, wenn man sich klar macht, was die Erzähler alles zum Besten geben, wovon sie beim besten Willen keine historisch zuverlässige Kenntnis haben konnten. Was David wann von wo aus sah, wo und wovon sich Batscheba reinigte, was der König über sie in Erfahrung brachte, was er, nachdem er sie hatte holen lassen, mit ihr tat, warum ihr Ehemann Urija von der Front zum Heimaturlaub beordert wurde, was der König zu ihm sagte und was er antwortete, was er des Nachts in Jerusalem tat und was nicht, was in dem Brief stand, den er Joab überbrachte, warum er bei einem Scharmützel vor Rabbat Ammon fiel, was dann Joab darüber David zu melden auftrug und was der Bote tatsächlich meldete: das alles vollzog sich weitestgehend ohne Zeugen. Viele Zufälle müssten zusammen gespielt haben, damit ein außenstehender Autor von dieser Ereigniskette exakte Kenntnis erhielt. Schon die vielen direkten Reden, allermeist untrügliches Kennzeichen freier erzählerischer Gestaltung, widerraten einem historistischen Verständnis. In der Tat haben wir es hier – wie übrigens auch bei den Begegnungen Davids mit Abigajil draußen in der Landschaft (1 Sam 25) und mit Michal drinnen im Palast (2 Sam 6,16.20–23) – mit »Dichtung« zu tun; ob mit »religiösen Volksmärchen«, sei dahingestellt, denn üblicherweise sehen Märchen anders aus. Das Volk freilich wird schon beteiligt gewesen sein an der Entstehung solcher Geschichten: Es wird gemurmelt und gemunkelt haben auf den Straßen, zum Beispiel darüber, dass und warum da Ehemänner so plötzlich starben, deren Frauen kurz darauf Ehefrauen Davids wurden. Doch dass aus Gerüchten Geschichten werden, und solch artifizielle, dazu bedarf es der Dichter.

Mit wenigen Strichen zaubert der Erzähler ein Bild vor Augen, das die Männer – voran David – ins Träumen bringt. Die badende Batscheba ist Sujet zahlreicher Gemälde, in denen ausgemalt wird, was David gesehen haben mag. Die knappen, verhalten andeutenden Eingangssätze der Erzählung (2 Sam 11,1–5) machen den – nur den männlichen? – Leser unversehens zum voyeuristischen Mitbetrachter der Szene. Der Analytiker spürt eine »traumähnliche Verdichtung des Geschehens« und lässt sich mit ins Bild ziehen. In zwei »Versionen« schlüpft er in zwei unterschiedliche David-Rollen: zunächst in die des sensiblen, eher kunstsinnigen, von überstandenen Kämpfen erschöpften, sich nach Geborgenheit sehnenden und nun in einen »beglückenden, seligmachenden Liebesrausch« fallenden, danach in die des kraftvoll-kämpferischen, eroberungssüchtigen, durch die sich ihm darbietende weibliche Schönheit gereizten und die herbeigeschaffte Schöne »wie mit dem kalten Schleuderstein seiner erotisierten Schleuderwaffe ... an ihrer verletzlichsten Stelle« treffenden Mannes.

Nun gut. Sich in die Rolle(n) Davids zu versetzen, ist sicher das Recht des Lesers. Die Erzählung bietet ihm dazu Handhabe, schildert sie doch das Geschehen genau aus dem Blickwinkel Davids, während die Gestalt der Batscheba nur schemenhaft schön bleibt. Freilich baut der Erzähler – doch wohl ein männlicher? – ein paar Warnsignale ein, die das Traumbild stören. Schon der Einsatz mit einer harten Kriegsschilderung (... »sie vernichteten die Ammoniter und schnürten [die Hauptstadt] Rabba ein«, V.1) hält vom puren Genießen ab. Ob die Bemerkung, David sei dem Kriegsgeschehen fern und in Jerusalem geblieben, eine leise Kritik enthält oder einfach nur die Exposition für das Folgende ist, mag offen bleiben. Die nächste Warnung steckt darin, dass David vom Dach seines Palastes aus »eine sich waschende Frau« zu Gesicht bekommt. Die Partizipialform signalisiert eine längere Dauer der Handlung, die Dame lässt sich Zeit beim Waschen, und David hat reichlich Gelegenheit zum Schauen. Jedermann weiß, dass dies kein alltägliches Erlebnis ist; normalerweise, und schon gar im Orient, wissen sich Frauen in solcher Situation den Blicken Neugieriger zu entziehen – wenn sie wollen. Doch lassen wir vorerst die möglichen Motive Batschebas außer Betracht; der Erzähler teilt über sie ja auch nichts mit. Immerhin, David könnte, müsste stutzig werden ob des aufreizenden Anblicks, der sich ihm da unvermutet bietet. Er erkundigt sich, wer die Schöne sei, erfährt ihren Namen und Vatersnamen – und dass es die Gattin des Hethiters Urija sei. Das ist das schärfste Warnsignal: Sie ist verheiratet, und in Altisrael ist es dem Mann wohl erlaubt, seine eigene, nicht aber, eine fremde Ehe zu brechen; dieses Vergehen stand unter schwerster Strafe. Der Ablauf der Erzählung ist frappant. David hört, die Frau sei verheiratet – und lässt sie holen. Das ist unerwartet, geradezu paradox. Natürlich hätte jene Nachricht jegliche Gedanken an eine Liebelei in ihm sofort ersticken müssen. Sie scheint sie umgekehrt gerade aufgestachelt zu haben. Wir werden wenig später erfahren, dass Urija ein Offizier war, der mit Davids Truppen vor Rabba stand. (In einem nachgetragenen Stück, 2 Sam 23,39, wird er als einer der »Dreißig« vorgestellt, einer Elitetruppe des Königs.) David kannte also Batschebas Mann, wusste, dass er ihm im Krieg diente – »und sandte Boten und ließ sie holen.« Dem Leser und erst recht der Leserin stockt der Atem. Mit genüsslichen Träumereien sollte es jetzt vorbei sein. Und Batscheba? »Sie kam zu ihm hinein« (in der griechischen Textüberlieferung heißt es: »Er ging zu ihr hinein« – Ausdruck für den Beischlaf) »und er lag bei ihr«.

Die Erzählung, so schlicht, fast trocken sie daherkommt, ist der atemberaubende Bericht eines dreisten Ehebruchs. David hat Batschebas Ehe gebrochen. Hat auch Batscheba sie gebrochen? Objektiv gewiss. Subjektiv mag es anders sein. Der Mann, der sie »holen« ließ, war der mächtigste Mann im Land, womöglich einer, der meinte, seine Macht und sein Wille stünden über dem Recht. (Später wird sich zeigen, dass dem nicht so ist – jedenfalls nicht nach Meinung der biblischen Autoren.) Die Erzählung lässt sogar der Möglichkeit Raum, dass dieser mächtige Mann nur wollte, was zuvor schon die machtlose Frau wollte. Immer wieder haben (freilich immer nur männliche!) Interpreten unterstellt, Batscheba habe David durch ihr öffentliches Baden verführt, habe nur darauf gewartet, zu ihm gerufen und von ihm geliebt zu werden – womöglich auch schon, um von ihm ein Kind zu bekommen und dieses am Ende auf den Thron zu heben. Batscheba, die skrupellose Verführerin! Man könnte für dieses Bild auch noch stützende Motive in der Zeichnung der Gestalt Urijas, ihres Gatten, suchen. Immer wieder ist er als über-ehrbar, bedauerlich unverführbar, soldatisch-stur, geradlinig-dumm verunglimpft worden. Der Analytiker sieht in ihm einerseits einen »Mann mit einem erstaunlich großen, ja königlich zu nennenden Verantwortungsbewusstsein«. Andererseits hat Batscheba in ihm einen »pflichtbewussten, glaubensstrengen, soldatischen, väterlich-belehrenden, desinteressierten Mann«, vor dem sie zu dem leidenschaftlicher Liebe fähigen David flieht.

Das wäre eine Erklärung für Batschebas (scheinbar laszives und willfähriges) Verhalten, die sie selbst und mit ihr David vom Makel des Ehebruchs ein Stück weit entlastete. Doch sind an dieser Sicht erhebliche Zweifel angebracht. Auf Urija fällt in der Erzählung kein Schatten (allerdings auch kein besonders helles Licht). Sein Verhalten ist wohl erklärbar, ohne jeden missgünstigen Nebengedanken. Selbst dass er den Todesbrief, den David durch ihn sendet, überbringt und aufrecht in den Tod geht, ist nachvollziehbar: entweder als untadelhafte Aufrichtigkeit oder als wohlbegreifliche Lebensmüdigkeit. Der Gedanke, dass mit ihm »das einseitig kompromisslos fordernde Männerbild«, das David selbst in sich trug, »in den Tod geschickt« wurde, ist zweifellos anregend. Er darf indes nicht vergessen machen, dass das Motiv des »Urias-Briefs«, das in der Weltliteratur in vielerlei Abwandlungen begegnet, allüberall als besonders schreiendes Beispiel der Niedertracht und des Treubruchs eines Mächtigen gegenüber einem ihm vertrauenden Schwächeren gilt.

Und Batscheba? Ist sie das verführerische Weib oder eine erniedrigte Frau? Der Text nimmt uns die Entscheidung nicht ab. Der Analytiker formuliert es so: »Wir erfahren nicht, ob sie sich vergewaltigt fühlte oder – selbst auch liebend – sich erkannt und verstanden fühlte.« Vergewaltigt fühlte? Sprechen nicht eine Reihe Tatbestände dafür, dass sie vergewaltigt wurde? Sie wäscht sich und wird dabei gesehen: gut, aber nichts deutet der Erzähler von bewusster Absicht an. Sie wird zum König gerufen, geht hin, und er schläft mit ihr – kein Wort, dass sie das irgendwie genossen hätte. Gewiss, auch kein Wort von körperlichem oder verbalem Widerstand gegen den Zudringlichen (wie bei der tapferen Tamar gegenüber Amnon, 2 Sam 13,12 f.). Signalisiert aber das Schweigen des Erzählers ihr Schweigen – oder gar ihr Einverständnis mit dem, was ihr da geschieht? Umgekehrt: Wenn später vom Widerstand der Tamar erzählt wird, dann stellt sich unweigerlich die Parallele zur Batscheba-Geschichte her: Ist der Sohn ein Vergewaltiger, dann wohl auch der Vater. Prompt scheint David gegenüber Amnon, gegenüber dessen unsauberen Absichten und seiner verbrecherischen Tat wie mit Blindheit geschlagen. Hat der Vater einen Balken im Auge, dann sieht er natürlich den Splitter im Auge des Sohnes nicht. Und Batscheba (nach glaubhaften Textzeugen sie – nicht David!) gibt dem Kind, das aus der Liaison mit David hervorgeht, den Namen »Salomo« (2 Sam 12,24). Das bedeutet wörtlich »sein Ersatz«, »Ersatz für ihn« (ist mir geschenkt worden). Ersatz für wen? Nach der biblischen Erzählung: für das erste, gestorbene Kind (2 Sam 12,15–23). Historisch hat es dieses Kind womöglich nie gegeben, sondern sofort den kleinen Salomo. Man denke: der berühmte Salomo als unmittelbare Frucht eines Ehebruchs – und als »Ersatz« für den im Krieg gefallenen rechtmäßigen Ehemann (und Vater??) Urija! Viel später dann wird Mutter Batscheba wesentlich daran beteiligt sein, dass ihr Salomo den Thron Davids erbt (1 Kön 1 f.). Wieder bleibt die Frage offen: War dies von allem

Anfang an das Kalkül einer raffinierten Intrigantin – oder nicht vielmehr die späte Genugtuung einer Frau, die von einem gierigen König zu seiner Mätresse erniedrigt und ihres Mannes beraubt wurde und die daraus für sich und ihr Kind das Beste zu machen verstand?

Die Erzähler lassen unseren Gedanken sehr weiten Raum. Recht unterschiedliche Interpretationen der Batscheba-Geschichte und ihrer Hauptcharaktere scheinen möglich. Der Analytiker scheint sich in den Mann David besser einfühlen zu können als in die Frau Batscheba (bzw. in die literarischen Facetten dieser Gestalt): »David lässt seinen Leidenschaften freien Lauf«, schreibt er, und dies trifft zweifellos zu. Wenn er hingegen meint: Batscheba »lässt es zu, von einem leidenschaftlichen Mann genommen zu werden – lässt sich lieben!«, dann ist diese Deutung weniger eindeutig richtig. Fast möchte man David (oder unserem Bild von David) wünschen, es sei so gewesen.

Die Leserschaft wird bemerken: Bestimmte Zusammenhänge, die der Analytiker hervorhebt, irritieren den theologischen Interpreten. So, wenn der Analytiker formuliert: »David lässt seinen Leidenschaften freien Lauf und entdeckt Batscheba. Letztere ... lässt sich lieben«. Der Analytiker hat hier die Doppel- (oder Mehr-)Deutigkeit der Szene im Blick und damit auch ihre innere Widersprüchlichkeit. Ihn beschäftigt die Frage: Als was lässt sich die Szene verstehen? Als konkretes, nacherzähltes Geschehen oder als ein Traumbild? Wie lässt letzteres sich dann als szenisch-symbolische Darstellung und im Blick auf den Kontext übersetzen?

Für den Theologen ist die Szene »der atemberaubende Bericht eines dreisten Ehebruchs«; seine Gefühlsreaktionen, Entsetzen und Empörung, sind unmittelbar nachzuvollziehen. Seiner Sicht ist zuzustimmen – *einerseits:* In der (literarisch) konkret-realen Betrachtungsweise »liebt« und vergewaltigt David Batscheba hemmungslos und ohne »Warnsignale« zu beachten. David macht sich an Batscheba, Urija, dem göttlichen Verbot des Ehebruchs und ferner des Mordes an Urija schuldig. Aber ist die Verurteilung und moralische Empörung die einzige Botschaft, die der Text uns vermittelt? Aus meiner Sicht, einer Sicht der Entwicklung Davids, möchte uns der Text auch einen beispielhaften, seelisch-geistigen Lernprozess nahe bringen. Denn die Szene lässt sich *andererseits auch* als inneres ödipales Drama betrachten, als Fantasieproduktion Davids (genauer: des Erzählers/Dichters), als dichterische Imagination, aus dem Leben gegriffen. Solche schöpferischen Produktionen – wir können sie am besten an Träumen studieren, die in einem analytischen Prozess, d. h. einem bezogenen, für Analytiker und Analysanden überschaubaren Kontext, mitgeteilt werden – entstehen im Subjekt zu einem spezifischen Zeitpunkt in einem aktuellen Bezug.

Zwei Denkmöglichkeiten wären zu unterscheiden, je nach dem ob ein Mensch die Vergewaltigung träumt und sie dadurch eine symbolische Bedeutung hat oder ob er sie begeht. Wichtige Wahrheiten stecken in dem einen wie in dem anderen Fall! Aber nicht beide Fälle sind für die juristische Anklage geeignet! Die Botschaft eines Traumes oder einer Wachfantasie gehört nicht auf den Scheiterhaufen der »realen« Verurteilung; vor dieser Verurteilung seiner Vorstellungen hat der träumende Mensch – ob Mann oder Frau! – gerade panische Angst, daher wagt er/sie dann im Leben so wenig Initiative und Zugehen. Für die verletzten Gefühle von traumatisierten, misshandelten Kindern, die später gelernt haben, hart zu kämpfen und sich sozial zu behaupten, kann z. B. das Wagnis von Liebe und Zärtlichkeit, obwohl sie ersehnt werden, ein kaum zu bewältigendes subjektives »Verbrechen« sein, vor dem der spätere Erwachsene reflexhaft zurückschreckt (Lorenzer spricht daher von »verpönten Lebensentwürfen«: 1986, 85). Später wird uns die Frage beschäftigen, ob der literarische David solch ein traumatisiertes Kind war (vgl. 7.1).

Betrachten wir Batscheba als eine im Hier-und-Jetzt auftauchende Anima-Gestalt Davids (oder seines Dichters), dann kann sie eine Doppelrolle spielen: einerseits als bewusstseinsnahes inneres Bild Davids aus früheren Erfahrungen und Identifizierungen mit einer weiblichen Person, andererseits als Funktion eines abgespaltenen, der Bewusstseinskontrolle entzogenen, Persönlichkeitsanteils Davids. Das Auftauchen des Bildes der Batscheba ließe sich dann so verstehen, dass der unbesiegte, trotzig-stolze, unermüdliche und doch auch, gleichzeitig, kampfes-müde König an jenem Abend sehnsüchtig von eben diesem »weiblichen Wesen« träumt – von einer Gestalt, die nicht kämpft – und die nun wiederum sein männliches »Wesen« unbedingt für sich gewinnen will, um zu einem inneren Ausgleich zu finden. So verstanden zeigt sich eine innere Unausgeglichenheit in David zwischen »Männlichkeit« und »abgespaltenen weiblichen Anteilen«, propulsiv-aktiv-kämpferischen und passiv-empfänglichen Wesenszügen!

Kuiper (1968, 172) stellt zu Recht fest: »Der Don-Giovanni-Typ ... der ›he-man‹ muss aus Angst vor seinen weiblichen Zügen so besonders männlich sein«. David schickt zu Batscheba hin und eignet sich die »weibliche Gestalt« bzw. die bisher von ihm abgewehrte, eher weiblich identifizierte Wesensseite an, um zu einer reiferen, vollständigeren Integrität zu finden. – Tatsächlich erleben wir David in den folgenden Konfliktszenen mit seinen Kindern Amnon, Tamar und Abschalom erstaunlich passiv, und doch auch überlegen. Er löst das Thronfolgeproblem. Jedoch kann solch ein integrierender Reifungsschritt erst möglich werden, wenn eine Vision mit ihren affektiven Kräften und schuldhaften Verwicklungen (sofern der Liebestraum ausagiert wird!) Zugang zu einem selbst-kritischen Bewusstsein findet. In dem konflikthaften Zusammenhang – als David in seiner Entwicklung desorientiert und einsichtslos, liebend-erobernd wie skrupellos-brutal festhängt – lassen die Erzähler den Propheten Natan auftreten, den Botschafter einer neuen, für altorientalische Herrschaftsverhältnisse vermutlich außergewöhnlichen, »göttlichen« Denkweise.

6.2.3 Natan: Repräsentanz göttlicher Weisheit und Macht (2 Sam 7; 12)

Zum Verständnis des 12. Kapitels und der Konflikte Davids mit Batscheba, Urija und Natan ist es notwendig, zunächst das 7. Kapitel genauer zu betrachten. In beiden Kapiteln tritt nicht ein persönlich sprechender Gott auf, sondern der *Herr* wird repräsentiert durch einen Sprecher, in diesen Kapiteln durch den *Propheten Natan.* Letzterer beschränkt sich wiederum auf diese Funktion. In der funktionalen Bedeutung ist Natan vergleichbar dem Bild der Batscheba im 11. Kapitel: Beiden geht jede individuelle Eigenständigkeit ab. Die schemenhaften Bilder Batschebas und Natans präsentieren sich wie überraschende, uns neue Impulse vermittelnde Erscheinungen.

Das Kapitel 2 Sam 7 und die Erzählung 2 Sam 12,1–25 sind ausschließlich dazu verwandt, uns Wesen und Inhalte des Miteinanders zwischen David und seinem Gott zu veranschaulichen. Thematisiert sind zentrale Ziele einer religiösen und pädagogischen Führung, wir hören sowohl von wohlwollend-unterstützendem Beistand durch die göttliche Repräsentanz als auch vom strengen Verfolgen einzelner *Vergehen* durch eine Grenzen markierende Strafe; Förderung ist verbunden mit Forderungen und Strafen.

Es ist nicht uninteressant, 2 Sam 7 mit der Parallele in 1 Chr 17 zu vergleichen. Die Chronik folgt dem (älteren) Samuel-Text auf weite Strecken wortwörtlich, doch gibt es einen höchst bemerkenswerten Unterschied. Die folgenden drei Samuel-Verse fehlen in der Chronik völlig: *Ich will ihm (dem Nachwuchs Davids) Vater sein, und er soll mir Sohn sein. Wenn er sich vergeht, will ich ihn mit menschlicher Rute und mit menschlichen Schlägen züchtigen; aber meine Gnade will ich ihm nicht entziehen, wie ich sie Saul entzogen habe, der vor dir gewesen ist, sondern dein Haus und dein Königtum sollen immerdar vor mir Bestand haben; dein Thron soll in Ewigkeit feststehen* (7,14–16).

Diese Verse kennzeichnen ein Charakteristikum des David-Romanes, ein Motiv, das den ganzen Roman, beginnend mit der Geburt Samuels (!) und seinem Offenbarungstraum, durchzieht: die konflikthafte Beziehung zwischen *Vätern* und *Söhnen.* Das Gottesbild präsentiert sich hier als väterliches Vorbild, das die *Vergehen* der Söhne nicht übergehen will, sondern sich – bei aller *Gnade* (7,15) und Verlässlichkeit – mit ihnen konsequent auseinander setzen will. Schon im 1. Samuelbuch war zu lesen, wie die Propheten Eli und Samuel an ihren Söhnen, und damit dem Nachfolgeproblem, scheiterten. – Der nächste Problemfall ist David.

Die Figur Natans gewinnt infolge ihrer Schemenhaftigkeit nur dadurch einen Sinn und eine wichtige Bedeutung, dass sie auf Ereignisse im Leben Davids bezogen ist. Im Gegensatz zu ihr stehen z. B. die widerspenstigen Söhne Jonatan und Abschalom oder Saul, Michal und Abigajil, die neben dem Bezug auf David auch als Charaktere mit eigener, individueller Prägung gezeichnet sind. Der unvermittelte und szenisch nicht ausgestaltete Auftritt Natans hingegen – einer doch höchst bedeutsamen Gestalt mit einer psychodynamisch erstaunlich neuen Mitteilung – erinnert einmal mehr an den Erzählstil eines Traumes, der mit seiner unverhofften Botschaft in die Zukunft weist und zugleich auf die konflikthafte Vergangenheit des Träumers bezogen ist. Die Vision kann eine Wende einleiten, sofern ihr Anliegen begriffen wird; die Kapitel 7 und 12 haben dieselbe Zielsetzung – die einer Wesensänderung Davids, des Königsbildes.

Das Kapitel 2 Sam 7 wird mit der Feststellung eingeleitet, dass *der König in seinem Palaste saß – JHWH aber hatte ihm Ruhe verschafft vor all seinen Feinden.* Wir erleben im 7. Kapitel einen dankbaren David, er hat Ruhe gefunden und kann sich geborgen fühlen. Er denkt nach über sich und das Erreichte. Er klopft nicht stolz auf seine geschwellte Brust, er bleibt bescheiden. – Nebenbei sei erwähnt, wie anders dagegen die Batscheba-Szene (Kap. 11) eingeleitet ist: *David erging sich auf dem Dache des königlichen Palastes ...* In letzterer Szene ist er »obenauf«, erhebt sich über seine ganze Umgebung.

Kaum dass David *Ruhe verschafft* worden ist, will er schon wieder aufbrechen und aktiv werden: Aus Ehrerbietung, vielleicht auch aus einem schlechten Gewissen darüber, wie fürstlich er in seinem Palast wohnt, will er einen Wunsch verwirklichen. Er will seinem Gott *ein Haus bauen,* als bräuchte sein Gott ein Haus, dass er *darin wohne* (V. 5). Den Wunsch Davids vernehmen wir nicht offen ausgesprochen, erst die interpretierende Nachfrage seines *Herrn* (V. 5) klärt Davids Vorhaben. Die göttliche Stimme greift die Idee Davids auf, aber wendet ihre Richtung: *Dich aber will JHWH groß machen; denn JHWH wird dir ein Haus bauen* (V. 11). Aus der Sicht Gottes bzw. des Gottesbildes der Erzähler bedarf nicht Gott eines Hauses, vielleicht nicht einmal eines Tempelbaues, sondern der Wunsch Davids für ein Gotteshaus wird ihm selbst erfüllt – in qualitativ veränderter Form. Als ob ein projektiver Vorgang – entstammend einem heimlichen Wunsch Davids nach militärischer Ruhe, nach Kontinuität und stabilen Verhältnissen – erkannt worden wäre und auf die Ursprungsadresse, David und das israelitische Volk (V. 10) zurückgewendet würde.

Das 7. Kapitel bringt, indem es mit dem Begriff »Haus« spielt, ein schönes Beispiel dafür, wie ein konkreter Begriff eine mehrdeutige, symbolische, übertragene Bedeutung als Metapher beigelegt bekommen kann, denn einen vorzeigbaren, prachtvollen Palast, ein *Zedernhaus,* hat sich David längst schon selbst errichtet (2 Sam 5,11). Was für eine Art Haus soll er noch bekommen? Natan formuliert es im Namen Gottes so: *Ich will seinen Königsthron auf ewig befestigen* und spricht dann davon, dass er dem Nachwuchs *Vater sein* will.

Der folgende Bibeltext verdeutlicht, dass nicht mehr ein Haus- oder Tempelbau in der konkreten materiellen Form gemeint ist, wie Davids ursprüngliche Wunsch- und Denkvorstellung war, sondern der Bau, die Vermittlung einer stabilen Identität, einer psychischen Konstruktion, basierend auf einer positiven, respektvollen, ideellen Bindung. In der *Verheißung* wechseln die Verfasser in einer sprachlich und geistig brillanten Weise zwischen konkreter Anschauung und gleichnishafter, metaphorischer Bedeutung hin und her, ebenso wie zwischen dem Wunschtraum Davids, des Volkshelden, nach militärischer Ruhe und Stabilität und den Problemen der Realisierung solch eines kollektiven Traumes.

Was charakterisiert die Dialog-Beziehung, in der *Gott* als Gegenüber und Machthaber gesehen wird? Zunächst die erstaunliche Umkehrung des Anliegens zwischen David und seinem Gott. Wollte ursprünglich David seinem Gott ein Haus bauen, damit dieser nicht schlechter wohne als er selbst in seinem Palast, so folgt nun der Gott-Vater dem Wunsch Davids, aber interpretiert ihn um und lässt Natan zu David sagen: *Ich will dir einen Namen machen gleich dem Namen der Größten auf Erden und ich will meinem Volke Israel eine Stätte bereiten* (V. 9 ff.). Die Bedürftigkeit, die David der göttlichen Repräsentanz andichtet, kommt auf den Urheber des Wunsches zurück. Seinem *Knecht David* will JHWH *ein Haus bauen,* aber er versteht darunter etwas ganz anderes als David. David wird nun mit narzisstischen Gratifikationen *(Dich aber will JHWH groß machen . . . deinen Nachwuchs aufrichten)* und ernsten Mahnungen (V. 8–16) aufgebaut. Irritiert und verwundert richtet darauf in V.18 David die offene Frage nach seiner Identität an Gott*: Wer bin ich, Gott mein Herr, und was ist mein Haus, dass du mich bis hierher gebracht hast?* Auch die eigene Entwicklung und die Dynastie-Gründung werden also als »Haus-Bau« verstanden.

Aus seinem Gefühl der Bescheidenheit, des Dankes und des Wissens um seine Hilfsbedürftigkeit (nach weiterer Unterstützung durch seinen Gott) appelliert David in seiner Erwiderung an Gott und scheut sich nicht, ihn in die Pflicht zu nehmen und ihm die *Verheißung* zurück zu spielen, indem er zu ihm sagt: *Tue, wie du geredet hast! Dann wird dein Name groß sein für alle Zeiten* (V. 25.26). Ausdrücklich ist betont, dass David sich *ein Herz gefasst hat* (V. 27), so zu reden und zu beten, ein Aufruf zu wechselseitiger Kooperation beim Aufbau einer dauerhaften »Existenz« des anderen. David ist voller *Glück* (V. 28), weil sein tief empfundener Wunsch ge- und erhört worden ist, weil ihm die Erfüllung des Wunsches nach stabilen religiösen, staatlichen und psychosozialen Verhältnissen, nach einer einzigartigen Identität, verheißen worden ist. Realistisch und skeptisch, wie die Erzähler auch sind, lassen sie David den Appell an die göttliche Repräsentanz richten, als hätten sie Zweifel an der Realisierung der Verheißung: *So erfülle nun, o Gott mein Herr, für alle Zeiten die Verheißung, die du . . . gegeben und tue, wie du geredet hast!* (V. 25)

Sehr klar erfasst der Text die Voraussetzungen für ein Verwirklichen der verheißenen Möglichkeiten: Tat-Sache ist, dass Wünsche und erträumte Vorstellungen nur durch *Tun,* nicht durch *Reden,* verwirklicht werden. Die Entwicklung einer stabilen Identität bedarf immer neu der Übereinstimmung mit den schöpferischen Kräften. So hingebungsvoll und dankbar die Worte Davids wirken mögen – sie sind fordernde »menschliche« Worte und Vorstellungen. Sie stehen im Gegensatz zu der »prophetisch-göttlichen« Verheißung (V. 5–16), welche die Erzähler im Namen des Gottesbildes formuliert haben: Die göttliche Repräsentanz wertet demnach das Tun des Menschen, *seine* Taten (und Un-Taten, *Verfehlungen*). David sagt nicht: *Ich* will tun, wie *du* geredet hast – sein Appell ist eine Flucht vor der Verantwortung für das eigene, auf die Wertmaßstäbe dieses Gottes bezogene, Handeln. David wehrt die ihm anstößige Wahrheit dessen ab, was der Vater-Gott des Textes für die Realisierung stabiler Verhältnisse von ihm erwartet. Er ist weiter von einem konkretistischen Missverständnis des identitätsstiftenden »Hausbau«-Angebotes beherrscht, da er wünscht, dass Gott alles für ihn tut und aufbaut und da er die Strafandrohung, welche eine eigen-verantwortliche, gott-gefällige *innere Führung* intendiert, überhört; in der Geschichte mit Batscheba wird die Thematik weiter bearbeitet.

So sind in Kapitel 7 die beiden Seiten der Konfliktdynamik ausgesprochen: der Idealanspruch auf ewigen Bestand (V. 13.16.24.25.29), auf Glück (V. 28) und verlässliche Toleranz (V. 15) und auf der anderen Seite die Einsicht in die Verletzlichkeit der Absprache, in die menschlichen *Vergehen* und in die konfliktvolle Wirklichkeit (V. 13.14). Schon aus früheren Textstellen kennen wir zwei weitere wichtige Wertmaßstäbe des Gottesbildes, *der Herr sieht auf das Herz* (1 Sam 16,7) und *wer mich ehrt, den ehre ich; wer mich verachtet, der wird zuschanden* (1 Sam 2,30). Die Erzähler definieren ein beeindruckendes Wahrheitsideal – *du bist Gott, und deine Worte sind Wahrheit* (V. 28) –, einen Wahrheitsbegriff, der unangenehme Tatsachen und Konflikte nicht verleugnet und über regulierende Maßnahmen nachdenkt. In der Vorstellung der Erzähler wird modellhaft eine positive Kultur menschlich-konstruktiver Beziehungen unter Führung durch Wertmaßstäbe der göttlichen Repräsentanz beschworen, als Schutz vor den destruktiv-chaotischen

Mächten der menschlichen Natur. Angestrebt wird eine Verinnerlichung des Leitbildes, eine innere dialogbereite Einheit; die Vorstellung beinhaltet eine selbstkritische Sicht menschlicher Fehlbarkeit und Schwäche. Der *Name* Gottes erscheint im Text als vergeistigtes Gegenüber, als Dialogpartner bei der Suche nach Existenzsicherung und persönlicher, staatlicher und religiöser Identität. Gott wird nicht als konkret wirkender personaler *Herr* begriffen, sondern erstaunlich differenziert und offen als eine Metapher umschrieben: *der Nachwuchs ... soll meinem Namen ein Haus bauen* (V. 13), oder *nach diesen Worten und nach diesem Gesicht redete Natan mit David* (V. 17).

Ausdrücklich werden König Saul und König David einander gegenübergestellt: *Meine Gnade will ich ihm nicht entziehen, wie ich sie Saul entzogen habe* (V. 15). Beide Könige sind als kraftvolle, menschliche Gestalten geschildert, entsprechend sind sie mehr oder weniger von ihrer Triebnatur beherrscht und von *Verfehlungen* bedroht. David wird uns nun in einer Modellszene (Kap. 12) als der König nahe gebracht, der im Sinne des neuen Gottesbildes trotz seiner Verfehlungen beeinflussbar und lernfähig ist.

Das 7. Kapitel lässt sich als theologisches und pädagogisches »Credo« der Autoren ansehen, als *Verheißung* ihres Gottesbildes. Für sie ist die Gottesvorstellung von *ewigem* Wert, ein Leitbild, das dem Menschen, dem *Haus des Knechtes immerdar* zum Segen ist (V. 29). Der Glaube der Erzähler entwirft Strukturen, bei denen sich vom ideellen Bau eines Tempels bzw. Gottes-Hauses im *Herzen* jenes Menschen sprechen lässt, der für die produktive Botschaft des Bildes offen ist. Als göttliche Werte bezeichnen sie Wahrheit, Emotionalität unter Berücksichtigung gegenseitiger Achtung, Glück, Verlässlichkeit und Toleranz, einschließlich der Sanktionen bei Verfehlungen.

Solche Vorstellungen vom »Bau« einer stabilen geistig-seelischen Identität, basierend auf einer respektvollen, ideellen Bindung, vermittelt durch entsprechend eingestellte Menschen, haben eine erstaunliche Verwandtschaft zu dem psychoanalytischen Konstrukt einer Bindung an ein positives inneres Objekt, das fähig ist, die vielfältige seelische Zerrissenheit des Menschen auszuhalten und das sich aus ausreichend guten zwischenmenschlichen Erfahrungen aufgebaut hat.

Die Erzähler erleben ihr »Credo« als *Verheißung* von ihrem

Gott, von außen kommend. Das Verheißene kann sich so verstehen lassen, dass ihnen die eigenen Worte, die Gedanken und ein inneres *Gesicht* in einer Weise erscheinen, als ob ihr Gottesbild Verantwortung und Veränderungen des Denkens, Fühlens und Handelns fordert, die sie selbst in ihrer historischen Situation und Verantwortung für bessere psychosoziale Bedingungen etablieren wollen; dauerhafte Stabilität wäre der Lohn, Schicksals-Schläge – wie wir wohl sagen würden – wären die Strafe für Versäumnisse und Verfehlungen, *Züchtigungen mit menschlichen Schlägen.*

Aus psychoanalytischer Sicht ließen sich m. E. die Vorgänge als schöpferische Ausgestaltung einer recht idealen, souveränen und machtvollen Repräsentanz beschreiben, die auch den Wunsch nach einer Re-Integration, einer rückführenden Verinnerlichung des Bildes, als werteorientierte Führungskraft im Ich, im Wir des Volkes, ausdrückt. Der Text spiegelt demnach (kollektive?) geistige Ich-Leistungen wieder, schöpferische Kräfte der Autoren in der Auseinandersetzung mit sozialen Missständen. Solche produktiv-konstruktiven Fähigkeiten – Versuche, desorientierte, destruktive Zustände lebenserhaltend umzustrukturieren – lassen auch heute nichts an Aktualität und Dringlichkeit vermissen.

Die in dieser Textstelle verborgene eigentliche Botschaft der Verheißung dieses Gottes an den Menschen – tue du (Mensch), wie ich (väterlich-göttliche Weisheit) geredet habe – kann durchaus Anlass zu Missverständnissen geben, entsprechend der Reaktion Davids: Beschrieben wird im Text nicht ein reales Vater-Sohn-Herrschaftsverhältnis, in dem Gott ein Handelnder ist und der »Sohn« dadurch in einer regressiven Abhängigkeit bleibt, sondern anvisiert wird die Verinnerlichung heilbringender, sozusagen göttlich-absoluter Wertorientierungen, welche eine Progression hinsichtlich reiferen sozialen Denkens und Verhaltens bedeuten.

Die dem *Verheißungs*-Text vorausgehende Szene *2 Sam 6,1–13* vermittelt bereits anschaulich, wie wenig es den Autoren um eine kritiklose oder passive Abhängigkeit von diesem Gott oder um geistige Unmündigkeit geht. Bei diesem Zwischenfall während der Prozession der *heiligen Lade* auf dem Weg nach Jerusalem wird David zornig über ein Todesurteil seines Gottes (V. 6 ff.: *Ussa griff mit der Hand nach der Lade Gottes und hielt sie fest, weil die*

Rinder umwerfen wollten. Da entbrannte der Zorn des Herrn wider Ussa, und Gott schlug ihn dort, weil er mit der Hand nach der Lade gegriffen hatte, sodass er dort neben der Lade Gottes starb. Da wurde David unmutig). David lässt die Lade beiseite führen und drei Monate in einem anderen Haus sich bewähren. Erst als ihm gemeldet wird, dass die Aufbewahrung der Lade Gottes jenem Haus und Besitzer zum Segen gereichte, holt er sie nach Jerusalem. – Die Szene drückt m. E. im Bild eine affektiv getragene geistige Auseinandersetzung um die *heilige Lade* aus. David hinterfragt aus Verantwortung gegenüber Ussa und aus Sorge um sich selbst das Gott zugeschriebene »Urteil« (war ein Unfall passiert, den David sich nicht erklären konnte?) und distanziert sich zeitweise von der Lade, obwohl er eben noch *mit aller Macht vor dem Herrn hertanzte* (V. 5). Sein mitfühlendes Bewusstsein wehrt sich in der Szene gegen die angenommene Willkür seines Gottes – eine gewisse Verinnerlichung der eigentlichen Werte eben dieses Gottesbildes wirkt allerdings bereits in ihm. Erst als David erfährt, wie segensreich die Lade für den ist, der sie aufnimmt, akzeptiert er sie in Jerusalem, der *Stadt Davids.* – Für uns mag ein Staunen bleiben, welch kühne, befreiende Konfliktkonstruktionen bzw. Idealvorstellungen vor zwei- bis drei Jahrtausenden im Rahmen einer religiösen Orientierung und Bindung gewagt wurden; sie haben wenig mit dem Menschenbild einer »braven«, unkritischen Frömmigkeit zu tun.

Das *12. Kapitel* (V. 1–25) vertieft unser Verständnis für das »Credo« im 7. Kapitel durch eine weitere beispielhafte Szene menschlich-göttlichen Zusammenwirkens. Dass solche seelisch aufbauenden *Verheißungen,* wie im 7. Kapitel vernommen, konfliktträchtig sind und eben missverstanden werden können oder auf Desinteresse stoßen können, war schon damals bekannt. Als David in 2 Sam 7 Natan seinen Wunsch geäußert hatte, dem Herrn ein Haus bauen zu wollen, antwortete der Prophet zunächst unterstützend und antriebsfreundlich: *Wohlan, alles, was du im Sinne hast, das tue; denn JHWH ist mit dir* (2 Sam 7,3). David verfehlt, in der Szene mit Batscheba und Urija, den *Geist JHWHs*. Doch diesmal zieht sich sein Gott nicht von dem König zurück und resigniert (wie gegenüber Saul), sondern er konfrontiert und gibt David eine Chance. Ohne jede Anfrage oder Umstände tritt der Prophet Natan in den stolzen Palast Davids ein und spricht den König an:

Es waren zwei Männer in derselben Stadt, der eine reich, der andere arm. Der Reiche hatte sehr viele Schafe und Rinder; aber der Arme hatte nichts als ein einziges kleines Schäflein, das er sich gekauft hatte, und er zog es auf, und es ward bei ihm zugleich mit seinen Kindern groß. Es aß von seinem Bissen und trank aus seinem Becher und schlief an seinem Busen, und er hielt es wie ein Kind. Da kam einst zu dem reichen Mann ein Gast. Weil es ihn nun reute, von seinen Schafen oder Rindern eins zu nehmen, um es dem Wanderer herzurichten, der zu ihm gekommen war, nahm er das Lamm des armen Mannes und richtetet es dem Manne zu, der zu ihm gekommen war. Da entbrannte der Zorn Davids heftig wider den Mann, und er sprach zu Natan: So wahr der Herr lebt: der Mann, der das getan hat, ist ein Kind des Todes! Das Lamm soll er vierfach ersetzen, weil er das getan und kein Erbarmen bewiesen hat (V. 1–6).

Beeindruckend, was Natan mit wenigen Worten ausdrückt und bewirkt! Wieder versteht er, einen verborgenen Gefühlskonflikt Davids anzusprechen, ihn in das Bewusstsein zu heben und Davids Selbst-Verständnis eine ganz neue Wendung zu geben. Natan spricht in der kleinen Erzählung affektiv besetzte Gegensätze an, die das *Herz* berühren, den Konflikt zwischen selbstgefälliger Hartherzigkeit und mitfühlender Zuwendung (Stolz, 1981, 238, übersetzt: *Weil er diese Tat getan hat und kein Mitleid gezeigt hat).*

Gegenüber stehen sich ein Reicher und ein Armer, ein Starker und ein Schwacher, ein Mächtiger und ein Ohnmächtiger – auch wir kennen solche elementaren Gefühle der Hilflosigkeit und des Ausgeliefertseins aus Kindheitstagen, aus der Zeit, als wir als neugeborenes »Schäflein« auf die Welt und zu unseren Eltern kamen. *Der Arme hatte nichts als ein einziges kleines Schäflein* – und als seine anrührende reiche Liebe, die uns in dem Bild anschaulich beschrieben wird. Der Arme und Schwache wird zum Bild eines liebevollen, fürsorglichen und objektbezogenen Vaters! Wir fühlen mit dem »Schäflein« – wer wünschte sich nicht selbst, solch ein zärtlich behütetes Kind gewesen zu sein. Ein Miteinander, in dem keine (Geschwister-) Rivalität und kein Mangel zornig macht, sondern wo der Vater Essen und Trinken teilt.

Als ein Gast zu dem reichen Mann kommt, ist auch er in seiner Gastfreundschaft und Gebe-Bereitschaft gefordert. Er empfindet auch etwas, aber entgegengesetzt zu dem Armen: Ihn reut, eines seiner Rinder oder Schafe herrichten und geben zu müssen. Wie hätte sich der Arme verhalten, wäre der Gast zu ihm gekommen? Hätte er sein einziges Schäflein für den Gast geschlachtet? Der Reiche, der nur an seinen Vorteil denkt und daran, wie er seinen Reichtum erhalten oder vermehren kann, nimmt dem armen Mann das Lamm weg und schlachtet es, ein Reicher, der brutal »über Leichen geht«, ein symbolisch-szenischer Kindermord. Dieser Reiche lebt nur auf die eigene Hab-Gier bezogen, er kann den Armen, den anderen Menschen und dessen Besitz nicht achten; wie Hohn mutet an, dass auch ihm Gastfreundschaft etwas bedeutet.

In der kurzen Fabel Natans ist wie in einem zentralen Konflikt-Brennpunkt das kulturschaffende Entwicklungs- und Bildungsanliegen des David-Romanes verdichtet und inszeniert dargestellt: Der urmenschliche Konflikt zwischen einer primitiv-narzisstischen Orientierung, bei der rücksichtslose Gier und Macht ausgelebt wird auf der einen Seite, und dem Ideal nach objektbezogener Achtung und Pflege von Mensch und Natur mit Rücksicht auf die Bedürfnisse der Schwächeren andererseits. Natan konfrontiert David mit seiner ausagierten, destruktiv-narzisstischen Wesensseite. – Welches Konfliktlösungs-Modell für die alltägliche Reifungsproblematik entwerfen nun die Erzähler?

In der Szene fehlt etwas und ist doch in einer eigentümlichen Weise ersetzt: Die Rolle einer Frau und Mutter ist nicht besetzt; stattdessen hat der *arme Mann,* auch in dieser Hinsicht wäre er zu bedauern, die mütterliche Rolle neben der eines liebenden Vaters übernommen. Ließe sich vielleicht folgern: Weil er so sehr in der männlich-weiblichen Doppelrolle identifiziert und gebunden ist, kann er nicht fähig sein, als Mann für sein *kleines Schäflein* zu kämpfen und seinen Besitz gegen einen Reichen zu verteidigen? Die fehlende Rivalität der Männer, des Reichen und des Armen, ist die eine Seite des nicht ausgetragenen Konfliktes, aber was fehlt zwischen Mann und Frau? Eine aktive, zärtliche, achtungsvolle Liebe? Erhält in diesem Zusammenhang Batscheba eine neue wichtige Bedeutung?

Davids Mitgefühl kann sich der Botschaft Natans mit der Anklage gegenüber dem Reichen letztlich nicht entziehen, David selbst spricht ein vernichtendes Urteil: *So wahr JHWH lebt: Der Mann, der das getan hat, ist ein Kind des Todes!* Ein erneutes Todesurteil Davids aus seinem Gerechtigkeitsgefühl heraus.

Betrachten wir nun also, wie der Gott Israels hier und im David-Roman seine Wahrheit und Macht zur Geltung bringt. Dieser Gott, den David beschwört, ist ganz und gar nicht der Ansicht des Königs. Wie ein Blitz aus heiterem Himmel trifft David die entlarvende Anklage: *Du bist der Mann! So spricht JHWH, der Gott Israels.* – Erstaunlich, wie naiv und erschrocken der durch und durch als gottesgläubig geschilderte David reagiert, als habe er das Denken und die Gebote seines Gottes noch wenig verinnerlicht – zumindest in der Situation nicht, wo er seiner Liebe freien Lauf lässt. Er wähnt sich mitfühlend als der gute, fürsorgliche Mann, der Arme – Natan stößt ihn auf die andere, dem Bewusstsein fremde und unbewusste, destruktive Seite seines Verhaltens. So direkt, wie Natan bildlich in der Szene *bei ihm eintrat* (V. 1), so betritt jetzt Natan/Gott durch sein Sprechen Davids »inneren Raum«, seine geistig-seelische Realität. *So spricht JHWH,* und er spricht Klartext – David wird erinnert, was Gott für ihn getan hat und bedeutet und wie er ihn in seinem Leben geführt und aufgebaut hat. Gott wird von den Erzählern nicht präsentiert als eine Konfiguration strenger Gebote oder Verbote, mit starren Prinzipien und festen Ordnungsstrukturen, sondern als wichtige Funktion für David im Hinblick darauf, was er für David verrichtet hat als produktive, auf Reifung und Realität hinwirkende Leitfigur.

Wie wird das lebensgeschichtliche Wirken des göttlichen Bildes von den Erzählern gesehen? Die *Worte* der göttlichen Stimme erscheinen David wie der Blick in einen Spiegel, der ihm in einer bestimmten kritischen Situation vorgehalten wird. Das *Gesicht* (2 Sam 7,17), in dessen Rede David widergespiegelt wird, erinnert ihn und ist in seinem lebendigen Bezug höchst individuell auf Davids aktuellen Entwicklungsstand und seine seelische Verfassung abgestimmt. Selbst-bewusst – ein Wesenszug, der David in dieser kritischen Differenziertheit sonst meist fehlt – spricht das Leit-Bild und zählt markante geistige Leistungen auf, eingeleitet mit *Ich habe dich ...* (V. 7 ff.)! Danach wird der bisher unkritisch-selbstherrliche, die Schuld verleugnende David in seinem Fehlverhalten gepackt: *Warum hast d u ...* ?

Dieses Bild Gottes führt kein abgespaltenes, unbezogenes oder gar willkürliches Eigen-Leben aus fernen Welten heraus, doch vertreten seine *Worte* eine kritische, Werte reflektierende geistige Eigen-Ständigkeit. Das Gottesbild präsentiert sich als höchst präsenter Dialogpartner, als eine Orientierungshilfe, und es versteht, auf sich aufmerksam zu machen – wie eine überraschend-neue, alternative Sicht- und Denkweise, welche die Persönlichkeit Davids ergänzt. Welche Leistungen beansprucht das göttliche Bild für sich? *Ich habe dich zum König über Israel gesalbt und ich dich aus der Hand Sauls* gerettet, spricht JHWH (V. 7). Die aufgezählten Beispiele lassen sich alle als ideelle Einflüsse, als motivierende Denkanstöße verstehen, die auf Davids Leben wirkten, die dann sein Leben durch die eigene Aktivität und durch Unterstützung veränderten (im Gegensatz zum »unmittelbaren« Handeln der Lade in der Ladegeschichte). Es waren die Wünsche und Vorstellungen dieses Gottes, die David zum neuen, besseren König bestimmten und ihn aus den traditionellen Bindungen herausführten. David musste lernen, sich gegen die übermächtige Vaterfigur des Saul zu behaupten und für sich zu kämpfen. Überleben konnte er nur, weil er Unterstützung von vielen Seiten erfuhr. Es waren Menschen, die David unterstützten und ihn aus der Hand Sauls retteten – sie ließen die Verheißung von Davids »Gott« wahr werden

Den Maximen des Gottesbildes verdankt David, was ihn als königliches Bild im David-Roman auszeichnet und charakterisiert. Vor allem soll er fähig werden, seine Affekte und Triebimpulse unter Kontrolle zu halten. Ohne Nachsicht wird David aber auch mit der Wahrheit seines Versagens konfrontiert, wo er nicht den Erwartungen an einen innengeleiteten, verantwortungsbewussten, sensiblen König entspricht, *denn der Herr sieht auf das Herz*. Gott bestraft ihn, weil er *getan, was ihm missfällt* (V. 9) – wie im 7. Kapitel angekündigt. Wir könnten auch sagen: Bestraft wird er vom Leben, *mit menschlichen Schlägen* (7,14).

Auf den ersten Blick mutet erstaunlich, ja bösartig an, was dieser Gott als Konsequenz nach Davids Vergehen der ganzen David-Sippe verheißt: *So soll denn das Schwert niemals von deinem Hause lassen, darum weil du mich verachtet und das Weib des Hethiters Urija genommen hast, dass sie dein Weib werde* (V. 10). Mit anderen Worten sagt dieser Gott: David und seine Nachkommen werden immer mit Konflikten und Machtkämpfen leben müssen. Verheißt aber der Text in diesen Worten nicht eine uralte Lebensweisheit, die schon Adam nach seinem »Sündenfall« begreifen musste, als *Gott der Herr* zur *Schlange*, einem Symbol tierisch starker, schwer erkennbarer menschlicher Verführungswünsche – und nicht eingestandener Verführbarkeit – sagt: *Und ich will Feindschaft setzen zwischen dir und dem Weibe und zwischen deinem Nachwuchs und ihrem Nachwuchs ... Und er vertrieb den Menschen und ließ östlich vom Garten Eden die Cherube sich lagern und die Flamme des zuckenden Schwertes, den Weg zum Baume des Lebens zu bewachen* (1 Mose 3,24).

Was wie eine von dem Gott Adams und Davids verfügte Strafe erscheint, ist letzten Endes eine Einsicht in die Realität der menschlichen Existenz, eine geistige Vertreibung aus der Welt naiver religiöser Paradiesesträume. Das Gottesbild der Erzähler ist nicht von der Illusion geprägt, dass Menschen frei von Feindschaft und der *Flamme des zuckenden Schwertes* leben können. Daher ist jeder Mensch gefordert, so ist m. E. ihre Botschaft zu verstehen, sich an Werten zu orientieren, die im Text vorgestellt werden. David wird vor allem Einsicht, Leidensfähigkeit, Mitgefühl, Schuldeingeständnis und Veränderungsbereitschaft abverlangt. Seine Einsicht stimmt JHWH versöhnlich, David muss nicht sterben. Aber *weil du JHWH durch dies dein Tun verhöhnt hast, so muss der Sohn, der dir geboren ist, sterben* (V. 14)!

David stellt sich der Sanktion, er nimmt das göttliche Urteil an und in sich auf. Er reagiert in keiner Weise trotzig, er »lässt sich lieben« von seinem Gott, auch durch eine Strafe, die ihn innerlich trifft; er hört auf die ihn überraschende, verunsichernde Botschaft, die ihm Natan auszurichten hat. Er reagiert auf die an ihm geübte Kritik nicht aggressiv-abweisend, beleidigt, beschämt, rechtfertigend, besserwisserisch, unverständig, stolz-arrogant, verächtlich, depressiv-gelähmt, pseudo-selbstbewusst und narzisstisch, kurz: abwehrend aufgrund angewöhnter, spezifischer seelischer Reaktionsmuster, einer männlich-stolzen (phallisch-narzisstischen) Charakterpanzerung. David ist offen für die Kritik und begreift: *Ich habe gegen JHWH gesündigt* (V. 13), er trauert, nimmt sich zurück, leidet – aber er besinnt sich auch auf seine männlich-produktiven und sensibel-mitfühlenden Möglichkeiten.

In was für einem Bild symbolisiert sich das Leitmotiv der religiösen Lehrdichtung, sich durch Gott lieben zu lassen und aufnahmebereit zu sein? Es ist ein weibliches Bild: Hanna! In der »Eröffnungs«-Szene (1 Sam 1) muss sie lernen, ihre körperliche Sterilität und ihre psychische Frigidität zu überwinden, um fruchtbar zu werden. Oder psychodynamisch betrachtet: Hanna muss lernen, ihre Ängste vor der Geburt eines Kindes, ihren Neid und ihren überzogenen Rivalitätshass auf die kinderreiche Peninna zu bewältigen, um sich zu einer sorgenden und fühlenden Gestalt entwickeln zu können. Sie muss hingabefähig werden zugunsten ihres Kinderwunsches, was im übertragenen Sinn heißt: zugunsten einer fruchtbaren, produktiven Beziehungs- und Liebesfähigkeit (nicht zu verwechseln mit Unterwerfung!). – Dieses, ihr Motiv der Empfängnisbereitschaft trotz innerer Widerstände, wiederholt sich dann in ihrem Sohn Samuel, als er – nachts, im Traum, aufgeschreckt aus seinem Schlaf – offen werden muss für die Offenbarung seines Gottes (1 Sam 3). Der Priester Eli, sein Ziehvater, leitet Samuel mit Nachdruck an, auf die Stimme Gottes aktiv zu hören (*Rede Herr, dein Knecht hört*, 1 Sam 3,9.10) – wie der Prophet Natan auf seine Weise David anleitet.

So muss nun David im Batscheba-Urija-Skandal empfänglich werden für die Einsicht in ein Unrecht, das er getan hat, und in eine schmerzliche Strafe: eine pädagogisch äußerst heikle Situation. Natans eindrucksvolle, modellhafte Konfrontation braucht als »helfendes Gespräch« den Vergleich mit einem höchst modernen Therapiekonzept nicht zu scheuen. Mit F. Redl (1971), der sich als Lehrer und Psychoanalytiker mit den Fehlentwicklungen dissozialer Jugendlicher beschäftigte, lässt sich sagen, dass Natan mit dem sozial entgleisten David ein »Life Space Interview (Therapeutisches Gespräch im aktuellen Lebenskontext)« (S. 49 ff.) führt. Redl benutzt es u. a. als sofortige emotionale »Erste Hilfe« mit verschiedenen Zielen: der »Entfremdung des Ichs von seinem Fehlverhalten« (56); dem »Wiederbeleben eingeschlafener Wertgefühle« (55); einer »Einmassierung des Realitätsprinzips« (55); zum »Aufbau realistischer Rollenerwartungen« (45). Redl spricht von einer »psychosynthetischen Hilfe« (41) und auch von der Aufgabe, einen Gefährdeten »von etwas Verbotenem abzuhalten«, Grenzen zu ziehen und ihm gegebenenfalls mit einer wohlüberlegten, förderlichen Strafe zu helfen (203 ff.). Redl will helfen, »Kontrollen von innen aufzubauen« (19) – wie Natan im Bibeltext! Und Redl resümiert: »Eher, als sich auf den ersten Blick vermuten ließe, sind viele unserer Kinder dazu bereit, ihr Selbst zu erweitern, um andere Leute, gütige Erwachsene, ihre Gruppe oder die ganze Institution, zu der sie eine Art Zugehörigkeitsgefühl entwickelt haben darin aufzunehmen.« (59). – Um emotional und geistig zu lernen, das Selbst und das Ich zu erweitern, um liebesfähiger und offener zu werden, ist der Prozess solch einer Verinnerlichung, der identifikatorischen Aufnahme neuer positiver Beziehungs-Erfahrungen, notwendig. Natan ist Repräsentant, ein Vermittler des neuen Denkens der Erzähler. Welch wertvolle geistige Grundvorstellungen einer modernen, psychoanalytisch orientierten Pädagogik finden wir hier in der Gottvater-Sohn- und Gott-Mensch-Thematik eines Textes, der mehr als zweieinhalb Jahrtausende alt ist!

Der primitiven propulsiven Kämpferhaltung eines »blindlings drauflos gehenden« David (gegenüber Batscheba, Urija und im Urteil gegen den Reichen) wird ein abwägendes »Einerseits-andererseits« gegenübergestellt. Nicht ein vernichtendes Urteil ist das Ergebnis der Auseinandersetzung, sondern einerseits die Absage an die willkürliche Herrschaft Davids und andererseits die Chance für einen Neuanfang; einerseits wird David verurteilt und bestraft, andererseits wird Davids Liebe für Batscheba geachtet und erhalten. Für David ist die Kritik an seiner brutalen Männlichkeit und die Strafe ein Ausdruck der Güte und Liebe seines Gottes. Er ist offen für dessen Liebe und verweigert sich nicht; die Erlebnisse mit Batscheba und Natan fördern in ihm eine gereiftere soziale Sensibilität. – Die schöpferische Kraft des Gottesbildes ist in den Samuelbüchern auf der Seite des Lebens und der Liebe des *Herzens.* David versinkt nach dem symbolisch zu verstehenden Tod des Kindes (der ethischen »Missgeburt«) nicht lange in der Trauer, sondern er ist auch fähig, sich nüchtern zu distanzieren und Batscheba zu lieben: *Ich werde wohl zu ihm gehen, es aber kommt nie wieder zu mir. Und als David sein Weib Batscheba getröstet hatte, ging er zu ihr hinein und schlief bei ihr. Und sie gebar einen Sohn, den hieß er Salomo* (V. 23.24). – Dieses zweite Mal *tröstete* David Batscheba, bevor er *bei ihr schlief!*

Das Salomo-Bild dieser Textstelle zeigt symbolisch die Geburt einer Aussöhnung zwischen David und seiner gott-väterlichen Repräsentanz und kündigt den Thronfolger an. Salomo, als gottgefällige »Frucht« (s. o.), entstammt der Liebe des *Herzens* zwischen David und Batscheba: *und JHWH liebte ihn* (V. 24) – den David-Menschen. Eine sprachliche Formel, die wohl die höchste Anerkennung der Erzähler für Davids Fähigkeiten zu lernen und zu lieben ausspricht. So interpretiert, hat der Name Salomos an dieser Textstelle nur eine symbolische Bedeutung, einerseits als Namensträger von Davids Nachfolger (was sicher allgemein bekannt war) und andererseits als rettendes Kind für die Liebesbeziehung zwischen David und Batscheba, in der David Batscheba nun achten kann und sich dabei den Maßgaben seines Gottes unterwirft.

Wahrheitssuche und Offenheit, Einsicht und Verinnerlichung, Toleranz auch bei Verfehlungen, Züchtigungen, Glück und neue Chancen, Achtung göttlich-absoluter Wertmaßstäbe: Das alles findet sich in diesem schmerzlich-eindrücklichen Modellfall wieder.

Dieser Abschnitt ist in manchem zentral – zentral vor allem für das Bild von Gott, das der Analytiker hat und vertritt bzw. das er die Erzähler der Samuelbücher haben und vertreten sieht. Sehr richtig nimmt er wahr, dass es in den hier behandelten Kapiteln nicht so sehr um äußere Geschehnisse geht, als vielmehr um innere Vorgänge, um Begegnungen und Auseinandersetzungen Davids mit »seinem« Gott. Dass dabei Natan eine wichtige Mittlerrolle spielt, tut dem keinen Abbruch, ist Natan der biblischen Darstellung zufolge doch nichts anderes als Sprachrohr und verlängerter Arm Gottes, gewissermaßen die Verkörperung des »Gottesbildes«. (Allerdings tritt Natan später, in 1 Kön 1, noch einmal auf, und da hinterlässt er einen ganz anderen Eindruck: nämlich den eines höfischen Ratgebers oder auch Intriganten, der für die Thronbesteigung Salomos sorgen hilft. Exegetisch gehören die Kapitel 1 Kön 1 f. eindeutig zur Davidgeschichte der Samuelbücher hinzu, sie bilden deren Abschluss. Der Analytiker kann und will dem nicht folgen, und darüber wird noch zu diskutieren sein.)

In 2 Sam 6, 7 und 12 geht es also um Davids Gottesverhältnis bzw. darum, wie die biblischen Autoren es beschreiben. Sie stellen sich Gott als eine personale, außermenschliche Größe vor; sie sind noch nicht durch das Stahlbad der Feuerbach'schen und Freud'schen Religionskritik gegangen – anders als der heutige Analytiker. Für ihn verbietet es sich, von einem außermenschlichen, nicht-irdischen Gott zu sprechen. Auch der Theologe, jedenfalls der Exeget dürfte das nur mit großer Behutsamkeit tun. Die Theologie hat, nicht zuletzt von Feuerbach und Freud, aber eigentlich schon von Kant, lernen müssen, dass nach den Maßstäben neuzeitlicher Wissenschaft nur davon geredet werden kann, dass bestimmte Menschen oder Gruppen bestimmte Vorstellungen von Gott vertreten hätten oder heute verträten. Glaube an Gott ist ein wissenschaftlich beschreibbares Phänomen. Ob dieser Glaube ein tatsächliches, subjekthaftes Gegenüber hat oder etwa eine Projektion menschlicher Erwartungen oder Befürchtungen ins Außer- oder Übermenschliche ist, lässt sich mit den Mitteln der neuzeitlichen, säkularen Wissenschaft nicht entscheiden.

Nun werden allerdings Psychoanalytiker wie Theologen eine Vormeinung darüber haben, ob es Gott als transzendente Größe gebe oder nicht – wobei Ersteres durchaus auch Psychoanalytiker und Letzteres durchaus auch Theologen annehmen. Gläubige Menschen rechnen mit einem solchen Gott, nicht-gläubige Menschen nicht. Insofern kann der Theologe dem Analytiker nicht widersprechen, wenn dieser behauptet, in den Natan-David-Erzählungen fordere nur scheinbar Gott selber von David »Verantwortung und Veränderungen des Denkens, Fühlens und Handelns«; in Wirklichkeit seien dies Forderungen, welche die Autoren der Samuelbücher »in ihrer historischen Situation und Verantwortung für bessere psychosoziale Bedingungen etablieren« wollten. »Aus psychoanalytischer Sicht ließen sich ... die Vorgänge als schöpferische Ausgestaltung einer recht idealen, souveränen und machtvollen Repräsentanz beschreiben«. Anders als Freud vermag sein später Schüler dem Gottesglauben also positive Seiten abzugewinnen. Für ihn verdichten sich in den Gottesvorstellungen der Bibel, und in besonderer Weise der Samuelbücher, höchst beachtenswerte und bis heute beherzigenswerte Einsichten in das Wesen des Menschen und in die Möglichkeiten seiner Entwicklung.

Sogar dies scheint dem Analytiker denkbar, dass die dem David von Natan im Namen Gottes auferlegte Strafe ein Ausdruck der »Liebe« sei, und indem er sich der Strafe unterwerfe, lasse David sich »lieben« (eine ebenso paradoxe wie nachdenkenswerte, angesichts des verbissenen Kampfes Davids um das sterbende Kind freilich ziemlich kühne Behauptung!). Auf diese Weise schüfen die Erzähler in »Gott« dem David (in Wahrheit ihren Lesern) ein kraftvolles Gegenüber, das ein Mensch benötige, um nicht fortwährend um sich selbst zu kreisen und in innerlichen Stillstand zu sinken. David soll sich bewegen lassen: zu »Einsicht, Leidensfähigkeit, Mitgefühl, Schuldeingeständnis und Veränderungsbereitschaft«. Er muss lernen zuzuhören, auch wenn ihm Unangenehmes mitgeteilt wird (»Du bist der Mann!«, 2 Sam 12,7). Er darf kein Narziss bleiben, und darum müssen ihm Grenzen gesetzt werden – von Gott, wie die Erzähler sagen; doch in Wirklichkeit sind sie selbst es, die diese Grenzen ziehen und uns dazu auffordern, sie zu verinnerlichen und einzuhalten. Auf den ersten Blick erscheint der Gott, der David nach dem Batscheba-Urija-Skandal bestraft, als »bösartig«, das in Natans Strafrede aufscheinende Gottesbild als feindselig. Doch dies trifft nicht zu. Die Ankündigung von Konflikten im Hause Davids ist nichts als »eine uralte Lebensweisheit«; was als »Strafe erscheint, ist letzten Endes eine Einsicht in die Realität menschlicher Existenz«. Es sei dies wie bei den Strafsprüchen anlässlich der Vertreibung des ersten Menschenpaares aus dem Paradies (1 Mose

3,14–19), wo ja eigentlich nur beschrieben werde, was das Schicksal der Menschen auf der Welt ist.

Dort, bei der Paradiesgeschichte, ist das richtig beobachtet: Es handelt sich um sog. Ätiologien, d. h. Grund-Angaben dafür, warum etwas so ist, wie es ist. Geburten sind schmerzhaft, Arbeit ist mühsam – seit Adam und Eva. Ist dies im Falle von 2 Sam 12 genau so? Könnte man sich ein Davidhaus vorstellen, in dem nicht ständig das Schwert wütet, wo nicht ein Bruder seine Halbschwester vergewaltigt und dafür von deren Bruder erschlagen wird? Man könnte. Hätte Abschalom auf den Aufstand gegen den Vater, hätte er auf die demonstrative Geste der Inbesitznahme von Davids Nebenfrauen verzichten, hätte er anders als am Baum hängend sterben können? Es wäre möglich gewesen. Genauso hätte David Batscheba nicht nehmen und Urija nicht töten müssen (so wie der Reiche im Gleichnis dem Armen das Schaf nicht hätte wegnehmen müssen). Die Erzähler wollen sagen: David handelte willentlich so, wie er nicht hätte handeln dürfen, und daraufhin handelte Gott (nicht irgendein »Gottesbild«!) so, wie David es sich sicherlich nicht wünschte.

Die Daviderzählungen veranschaulichen nicht einfach »uralte Lebensweisheiten«, sie wollen Geschichtserzählungen sein. So sehr sie die Geschichte frei gestalten – völlig frei ihr gegenüber sind sie nicht, wollen sie nicht sein. Geschichtliche Vorgänge aber sind kontingent, einmalig und unwiederholbar. Die beteiligten Menschen wie auch Gott haben nach Meinung der Erzähler in der von ihnen geschilderten Geschichte kontingent und konkret gehandelt. Hätte David nicht Ehebruch und Mord begangen, hätte Gott dies nicht geahndet. Da er sich aber beides zuschulden kommen ließ, reagierte Gott entsprechend. Gott ist für die David-Erzähler kein hehres Prinzip, nicht der an den Himmel projizierte Garant ihres Bildungsideals, sondern ein auf irdische Vorgänge und menschliche Taten reagierendes, d. h. ein wandelbares und beeinflussbares, in seinen Entschlüssen freies Gegenüber der Welt und der Menschen.

Letztlich weiß auch der Analytiker, dass Gott, wenn er denn ist, »extra nos« sein muss. Er möchte darüber jedoch nicht eigens sprechen. Er möchte nicht entfalten, dass die Autoren der Samuelbücher ihn sich als Gegenüber denken – und schon gar nicht sich darüber äußern, ob sie recht haben. So stellt er auch zu dem Geschichtsrückblick 2 Sam 12,7 ff. fest: »Es waren Menschen, die David unterstützten und ihn aus der Hand Sauls retteten«, obwohl dort ausdrücklich steht, Gott habe dies getan. Nach biblischer Auffassung ist Gott souverän gegenüber menschlichen Bemühungen, gedanklichen wie faktischen. Er schreitet ein, helfend oder zurechtweisend – und nicht unbedingt dann und so, wann und wie Menschen es täten oder für angemessen hielten. Er selbst ist es vielmehr, der bemisst, was angemessen ist, und wir Menschen werden angehalten, uns seine Maßstäbe zu eigen zu machen. So stellen es die biblischen Autoren dar – und so hätte es auch der Theologe zu sagen: als Wissenschaftler beschreibend und reflektierend, als zum Glauben bereiter Mensch auch zustimmend.

Der Analytiker beschreibt, hier wie sonst, David mit Empathie und Sympathie. Er sieht in ihm den Inbegriff einer vorbildhaften Entwicklung. Im Idealfall müsste er zu einer abgerundeten, in sich ruhenden Persönlichkeit reifen, die »Gott« selbstbewusst gegenübertreten (und ihn letztlich gar entbehren?) kann. Wenn zunächst er Gott und dann Gott ihm ein »Haus« zu bauen anbietet – ein Wortspiel, das leitmotivisch 2 Sam 7 durchzieht –, so helfen sich beide in »wechselseitiger Kooperation beim Aufbau einer dauerhaften ›Existenz‹ des anderen«. (Aber David baut ja dann Gott eben kein Haus, keinen Tempel, während sehr wohl Gott ihm das seine baut, nämlich eine dauerhafte Dynastie – ein markantes Ungleichgewicht in der »Wechselseitigkeit«.) Und als laut 2 Sam 6 beim Transport der Gotteslade ein Priester tödlich verunglückt, da stellt David das unheimliche Ding unter Quarantäne – und erst als es sich längere Zeit kooperativ gezeigt hat, lässt er es in seine Stadt bringen: Welch selbstbewusster Umgang mit Gott! (Kann man es aber nicht auch andersherum sehen: David meint anfangs, in großem Selbstbewusstsein über die Lade verfügen zu können; der Unfall aber weist ihm seine Grenzen auf, er muss – zornig zwar, aber letztlich hilflos – die Prozession abbrechen und kann sie erst, als Gott ihm sein Einverständnis signalisiert hat, wieder aufnehmen!?)

Der Analytiker, wie gesagt, sieht in David eine Art Modell des vorbildhaft reifenden Menschen. Es helfen ihm dabei alle möglichen Menschen und nicht zuletzt das »Gottesbild«: nicht immer nur bestätigend und unterstützend, sondern zuweilen auch, indem sie ihm Widerstände und Hindernisse entgegensetzen. Schwächen, die David hat – narzisstische Ich-Bezogenheit, Maßlosigkeit, Unausgeglichenheit, Unbeherrschtheit –, sind grundsätzlich überwindbar. Am Anfang können sie ihm noch nachgesehen werden, dann aber sollten sie sich mehr und mehr zurückbilden; der herangereifte David sollte sie möglichst abgelegt haben. Entsprechende Mühe bereiten dann Facetten des biblischen Davidbildes, die sich in diese Entwicklungsvorstellung nicht recht fügen wollen. In 2 Sam 7 z. B. zeige David, so der Analytiker, eine merkwürdig »regressive Abhängigkeit«, wenn er auf die Natanverheißung nicht nur, was verständlich ist, »hingebungsvoll und dankbar« reagiert, sondern dann seinen Gott auch noch ausdrücklich auffordert, das ihm Zugesagte wirklich zu erfüllen: das sei »Flucht vor der Verantwortung für das eigene ... Handeln«. Wie aber, wenn die biblischen Autoren menschliche Autonomie im Sinne einer Unabhängigkeit von Gott gar nicht anstrebten? Wenn sie sich einen idealen Menschen gar nicht vorstellen könnten, auch nicht im Falle Davids? Wie sonst könnten sie die Davidgeschichte enden lassen mit Szenen, die mitnichten einen idealen Herrscher im milden Abendglanz seines gelungenen Lebens zeigen, sondern einen kraftlos gewordenen Greis, der in seinem Bett vor innerer Kälte zittert, den Intrigen bei Hofe kaum mehr gewachsen ist, sich urplötzlich doch zur Regelung der Nachfolgefrage aufrafft (bzw. drängen lässt) und mit einer Serie höchst bedenklicher Exekutionsaufträge an seinen Nachfolger aus dem Leben scheidet (1 Kön 1 f.)?

Doch auch vorher ist David – und nicht nur in jungen Jahren – alles andere als eine Idealfigur (so wenig, wie übrigens Saul je zur reinen Negativfigur wird). Davids Affäre mit Batscheba bemüht sich der Analytiker als zwar nicht unbedenklichen, letztlich aber unabdingbaren Reifungsschritt zu interpretieren. Dass David den Ehemann gewaltsam aus dem Weg räumt, ist schlimm und wird ja dann auch geahndet. (Merkwürdig übrigens, wie wenig Anstoß es erregt, dass die fällige Strafe statt an dem schuldigen Vater an dem unschuldigen Kind vollstreckt wird.) Doch hat die Liaison in den Augen des Analytikers ihr Gutes, weil der Held an ihr reift. Er lernt es, in sich Gefühle zuzulassen – flammende Liebe und dann echtes Mitleid gegenüber Batscheba, tiefe Trauer um das sterbende Kind –, und er lernt, seine Schuld einzusehen und sich dafür tadeln und sogar strafen zu lassen. Schließlich kommt in Gestalt des zweiten mit Batscheba gezeugten Kindes sein Nachfolger zur Welt: doch ein Zeichen der Hoffnung auf eine gute Zukunft!?

Wohl möglich, dass die Erzählung solch positive Unter- oder Obertöne enthält. Gerade der Batscheba-Urija-Skandal ist freilich ein überaus schrilles Signal dafür, dass nach Meinung der biblischen Autoren das Böse unablösbar zum Menschen – und selbst zu einem so außergewöhnlichen wie David – gehört. Es ist zwar zu bekämpfen, es lässt sich aber nicht beseitigen (und schon gar nicht wegerziehen). Im Falle Davids machten sie sogar die Beobachtung, dass es sich fortzeugte. Darum die Rede vom »Schwert, das nicht von Davids Haus weichen« wird, darum die Schilderung von dessen unbegreiflicher Nachsicht gegen seine Söhne, die zu Rebellion neigen und zu Vergewaltigung und Mord fähig sind (genau wie er selbst!), darum auch das doppelbödige, zugleich beruhigende und beunruhigende Ende: Salomos Machtergreifung aufgrund eines zweifelhaften Einsatzes seiner Mutter Batscheba und um den Preis einer Reihe von Hinrichtungen, darunter der seines älteren Bruders Adonija (1 Kön 1 f.). Nicht auf vorbildhafte Menschen, nicht auf David und erst recht nicht auf Salomo, lehren die Erzähler das Vertrauen setzen, sondern auf – Gott. Ihm allein ist Böses von Grund auf fremd, und er allein kann dafür sorgen, dass es auf der Welt nicht überhand nimmt.

So ist es kein Zufall, dass die Erzähler auf Davids schlimmste Tat hin Gott aktiv werden sehen (»JHWH aber missfiel, was David getan hatte, und JHWH sandte den Propheten Natan zu David«, 2 Sam 11,27; 12,1). Natan erzählt die berühmte Parabel vom Armen und dem Reichen und lockt David in die Falle eines Falles, der scheinbar ein fremder, in Wahrheit sein eigener ist. Warum durchschaut der König die List nicht? Der Analytiker meint: Weil er mit dem armen Mann des Gleichnisses fühlt, der mit seinem Schäfchen genau die Grundmaxime verkörpert, die der Davidroman propagiert und die der David des Romans inzwischen weitgehend verinnerlicht hat: »objektbezogene Achtung und Pflege von Mensch und Natur, mit Rücksicht auf die Bedürfnisse der Schwächeren«; doch Natan zeigt ihm seine andere, gefährliche und noch nicht ganz überwundene Seite auf: »Du bist der (reiche) Mann!« Das ist eine gewinnende Deutung. Möglich ist auch eine andere: David reagiert auf Natans Erzählung deshalb so prompt und mit einem so harten Urteil, weil er unbewusst die Analogie zwischen der Tat des reichen Mannes und seiner eigenen spürt und dieses ungute Gefühl, sprich: das aufkommende schlechte Gewissen durch eine möglichst scharfe Distanzierung von jenem »anderen« überdecken will.

Der Analytiker fragt sich, warum der arme Mann des Gleichnisses den Übergriff des Reichen einfach erduldet habe, warum er nicht bereit gewesen sei, »für sein kleines Schäflein zu kämpfen und seinen Besitz … zu verteidigen«. Ein seltsames Ansinnen, das in der Gefahr steht, dem Opfer eine Mitschuld an seinem Leid aufzubürden. Vom Bild zur gemeinten Sache: Welche Chance hatte Urija, mit David um Batscheba zu kämpfen? Er wusste ja gar nichts von der Affäre, und vielleicht war er tot, bevor er davon erfahren konnte. Und wäre es anders gewesen: Gibt es nicht Machtverhältnisse, die den Kampf um die Macht aussichtslos machen? Überlebende des Holocaust wurden später gefragt, warum sie nicht gekämpft hätten. Urija blieb diese Frage erspart, und auch wir sollten sie nicht postum an ihn richten. Vor Opfern von Gewalttat hat man sich stumm zu verneigen. Vor den Gewaltigen aber hat man sich nicht zu verbeugen. Gerade diejenigen unter ihnen, die Respekt verdienen – und der biblische David ist zweifellos ein solcher –, verdienen es, dass man ihr Tun aufmerksam und kritisch beobachtet: so wie Natan, so wie die biblischen Erzähler, so wie Gott.

Nicht mehr David, sondern die Frage nach der Art seiner Gott-Beziehung ist plötzlich zentrales Thema. Keine der Textstellen regte uns zu solch heißen Dialogen an, wie das Natan-Kapitel. Tatsächlich fällt es dem Psychoanalytiker (in mir) schwer, über »Gott« zu sprechen, obwohl Glaubensfragen (oder weiter gefasst: das generelle Beschäftigen mit und Suchen nach Glaube, Hoffnung, Liebe) tagtäglich in meinen Blick kommen – gerade nachdem ich mich in einer früheren Arbeit intensiv mit Negativismus und Destruktivität auseinander gesetzt habe. »Göttliches« ist mir außerhalb unseres menschlichen Denkens und Fühlens nicht vorstellbar. Dennoch meine auch ich, dass »göttlich-gute«, überraschende, verändernde Botschaften vor allem *von außerhalb unseres (selbst-) bewussten Seins* auf uns einwirken, wie schon szenisch auf Eli, Samuel, Saul und in Gestalt von etwa Abigajil und Natan auf David (insofern von »extra nos«: wie aus fremden, unvertrauten Welten kommend). Sie können in Begegnungen mit anderen Menschen zu uns sprechen oder in nächtlichen Träumen. Die beste Formulierung für solche Transfers fand ich bisher im Matthäus-Evangelium, Kapitel 18,20: *Denn wo zwei oder drei in meinem Namen versammelt sind, da bin ich mitten unter ihnen.* Diesem Wort des transzendent erscheinenden – Grenzen überschreitenden – »Christus« geht eine symbolische Szene voraus, die das Anliegen seines *Namens* erläutert: Ihr Inhalt regt m. E. an, Konflikte zu klären, »*Sünden*« (»Verhaltensauffälligkeiten«) kritisch aufzudecken und auf die Kräfte und Erfolge hinzuweisen, die aus einer gemeinsam verfolgten Sache erwachsen (V. 15–19).

Woher stammen aber unsere Glaubens-Konflikte untereinander und um Gott? Nach meinem Verständnis aus unangemessenen, nicht hinterfragten Übertragungen auf den *Namen* dieses »Gottes«. Übertragungen können wir nicht vermeiden, ob wir »Gott« lieben oder leugnen (rational abgeklärt, vielleicht trotzig). Müsste ein aufgeklärter, wandlungsfähiger, (selbst-)kritischer menschlicher Geist nicht derart beschaffen sein (idealiter!), dass er offen für überraschende Botschaften ist (wie David und teilweise Samuel) und gleichzeitig bereit ist, die subjektiven, egozentrischen, intoleranten Übertragungsmuster zu reflektieren?

Davids Glaube beruht meines Erachtens nicht zuletzt auf Projektionen, d. h. auf Davids Fähigkeit, intrapsychische und interaktionelle Dialoge aufzubauen. Projektion verstehe ich als eine produktive, gestaltende Fähigkeit, als Voraussetzung für Fantasie, innere (Objekt-) Beziehungen und psychische und soziale Gesundheit. Nach Hinshelwood (1993) ist Projektion für die Identität von vorrangiger Bedeutung, als »eine der elementaren Fantasietätigkeiten, durch die Objekte innerhalb oder außerhalb des Ichs lokalisiert werden« (S. 566). Projektion kann aber auch der Abwehr von Selbsterkenntnis und der Abwehr einer notwendigen Realitätsprüfung dienen – wenn sie nicht hinterfragt wird. Erstaunlich selten erliegt David der Projektion als einem eingespurten unflexiblen Abwehrvorgang (im Gegensatz zu Saul, der das »Böse« in sich nicht erkennt, sondern es aus seinem Bewusstsein eliminiert – worauf es dann als verfolgender *»böser Geist«*, als scheinbarer Fremdkörper in ihn »zurückkehrt«, um ihn zu beherrschen). Nur David fragt wiederholt verunsichert-staunend und vorsichtig-bescheiden: *Wer bin ich?* (1 Sam 18,18; 2 Sam 7,18), oder: *Was habe ich getan? Was ist meine Schuld?* (1 Sam 20,1) Im Dialog des Menschen mit dem Gottesbild heben die Erzähler Elemente eines suchenden selbstanalytischen Prozesses hervor. Die so gebrauchte Gottes-Imago gibt Antworten auf die existenziellen Fragen des Subjekts und geht auf die Sorgen ein, denen sich das Subjekt in seiner Not nicht gewachsen fühlt.

Der literarische David, das David-Modell (ein nicht zuletzt durch Projektion entstandenes Geschöpf seiner Erzähler), kann nachfragen und abwarten, was für ein (Aus-) Weg sich ihm auftut. Der Samuel-Text legt uns nahe, in diesem fragenden Sinne – *Wer bin ich?* – bezogen zu reflektieren; denn nur eine (selbst-)

kritische Einstellung kann die positiven schöpferischen, von außen oder innen kommenden, Kräfte und Fähigkeiten erkennen und entfalten, von denen die Bibel in so vielen lebensnahen Szenen erzählt und von der ihre Wirkungsgeschichte bis heute zeugt. Davids Entwicklung führt uns solche, unmittelbar für sich selbst sprechende Szenen vor. Seine Biografie zeichnet sich nicht durch primitive Schwarz-Weiß-Malerei aus, durch eine simplifizierende Trennung von Gut und Böse; er muss sich in diesem Spannungsfeld seinen Weg mühsam suchen, einerseits als Herrscher, andererseits ohnmächtig seinen Affekten und den Gestalten seines Umfeldes ausgeliefert.

Folgt eine Sicht, die Glaubensüberzeugungen hinterfragt, nicht auch dem zweiten Gebot, der Aufforderung, sich *keinerlei Abbilder* (2 Mose 20,4), *in keinerlei Gestalt* (5 Mose 5,8) von »Gott« zu machen? *Abbilder* lassen sich nicht nur als materielle Götzenbilder verstehen, sondern auch als Übertragungsprodukte, Projektionen sowohl eigener Wünsche und Vorstellungen als auch ängstlicher Vermeidungen des Gewünschten. Übertragungen sind unvermeidliche Aktivitäten des Seelenlebens, doch gilt es, sie zu erkennen, zu reflektieren und zu kontrollieren. Wie verheerend es sich auswirken kann, wenn dies nicht geschieht, davon erzählen die folgenden Abschalom-Kapitel (vgl. 7.2).

7 Der König im Spannungsfeld von Gut und Böse (2 Sam 13 ff.)

Das Wort meines Herrn, des Königs,
wird mir eine Beruhigung sein;
denn mein Herr, der König,
ist wie der Engel Gottes,
dass er Gutes und Böses unterscheiden kann.
JHWH, dein Gott, sei mit dir!
2 Sam 14,17

In den Kapiteln 13 – 20 des 2. Samuelbuches ist vom Wirken Gottes fast nicht mehr in direkter, wörtlicher Sprache die Rede. Und doch, latent – man könnte sagen, als eine existenzielle Orientierungshilfe, die vermisst wird – ist der Name dieses, wie auch immer gearteten Ansprechpartners im Text stets präsent. Denn in der oben hervorgehobenen Stelle ist, durch die *weise Frau von Tekoa*, ein elementarer Wunsch ausgesprochen: der Wunsch nach *Beruhigung* und nach Sicherheit (aufgrund einer Differenzierung von Gut und Böse), gerichtet an König David und an seinen Gott. Welche menschlichen Widersprüche und Abgründe sich auftun können, wenn die »Befriedigung« dieses menschlichen Urwunsches, des Wunsches nach seelischem und sozialem Frieden, in Konflikt mit der Befriedigung anderer Wünsche gerät, davon erzählen die folgenden Kapitel in anschaulichen, dramatischen Szenen. In der ersten Szene versucht sich Amnon einen Triebwunsch zu erfüllen, in der zweiten Abschalom. Von dem Wunschbild eines *weisen, allwissenden* Königs (2 Sam 14,20) ist dann lange nicht mehr die Rede. Nur eine kleine Bemerkung am Ende dieser Einheit greift dieses fantastische David-Bild wieder auf, das ihn wie einen *Engel Gottes* (2 Sam 19,28) sieht, als solle eine beruhigende, illusionäre Vorstellung zwei aufwühlenden, urmenschlichen Geschichten Halt und Rahmen geben – denn die Szenen zeigen einen beunruhigend schwachen, verführbaren König.

Befinden wir uns jetzt noch in dem großen, religiös geprägten Entwicklungs- und Bildungsroman eines König-David-Bildes, dessen innere Geschlossenheit bisher aufgezeigt werden konnte? Daran lässt sich zweifeln, denn ab dem 13. Kapitel ändern sich Erzählstil und Inhalt grundlegend. Der antike Roman mit David als dichterischem Mittelpunkt und Helden des Geschehens hat mit der Verheißung eines *auf ewig befestigten Königsthrons,* mit Davids Bestrafung für seine *Verfehlung* gegenüber Urija und Batscheba und mit der Geburt eines von *Gott* bejahten Nachfolgers einen Höhepunkt erreicht. Im bisherigen Roman ist David als ein Mann des Erfolges geschildert, der Stärken und Schwächen hat, der sich sensibel und brutal zeigt, der trauert und liebt, der in der äußeren Welt überwiegend handlungsaktiv ist und der sein *Herz,* seine Innenwelt, gleichzeitig passiv-rezeptiv fühlend und mitfühlend öffnen kann. Dies bis hier gezeichnete literarische David-Bild ist undenkbar ohne die Rolle, die seine Gott-Beziehung für ihn spielt: Gott begleitet David wie ein unsichtbarer, wegweisender und prägender *weiser, allwissender* Führer.

Fast ist es so, als hätte ab jetzt dieses Gottesbild seine Rolle ausgespielt und würden wir in ein religiöses Vakuum geführt: David, der ruhmreiche König, ist nicht mehr eindeutiger Protagonist im Vordergrund der Bühne des Geschehens, sondern ein Spielball subversiver Triebkräfte, die von seinen Kindern und von dubiosen höfischen Gestalten ausgehen. Wir lernen jetzt vor allem Davids Ratlosigkeit und seine Abhängigkeit von zweifelhaften, unzuverlässigen Ratgebern kennen. Sind andere Erzähler am Werk? Oder lässt sich möglicherweise ein aufschlussreicher Zusammenhang rekonstruieren, der unser David-Bild erweitert?

Die in sich weitgehend abgegrenzte Amnon-Tamar-Abschalom-Erzählung ist Auftakt im Rahmen der größeren Abschalom-David-Erzählung. Verbunden sind beide Einheiten aber nicht nur dadurch, dass sie linear aufeinander folgen, sondern auch durch das Bindeglied einer dritten Geschichte. Denn in die erste Erzählung von Tamar und Amnon ist ein gleichnishaftes Fallbeispiel eingeblendet, welches in einer rhetorischen Meisterleistung juristisch-moralische Fragen aufgreift und den Übergang von der ersten zur zweiten Erzählung widersprüchlich-tiefgründig, menschlich-mitfühlendes Denken herausfordernd, gestaltet. Der juristische Fall, den die *weise Frau von Tekoa* David vorträgt, regt das Nachdenken über den angemessenen Umgang des Königs mit dem Brudermörder Abschalom an, ebenso die Diskussion des Nachfolgeproblems zwischen Vater und Sohn.

7.1 Amnon, Tamar und Abschalom: Liebe und Mord unter Geschwistern (2 Sam 13; 14)

Abschalom, der Sohn Davids, hatte eine schöne Schwester mit Namen Tamar ... (13,1). Unvermittelt werden wir in die familiär-intime Welt des Königshauses versetzt. Ein Halbbruder der Geschwister, Amnon, ältester Sohn Davids und dadurch wohl designierter Thronfolger, verliebt sich in Tamar so heftig, dass er mehr oder weniger erkrankt. Wir erfahren, dass Tamar eine *Jungfrau* ist, *und es schien Amnon unmöglich, ihr etwas anzutun.* Jonadab, ein zwielichtiger Cousin und Freund, erkundigt sich anteilnehmend und berät Amnon, wie er König David für seine sexuellen Wünsche einspannen kann. David handelt wie von seinem Ältesten gewünscht, er beordert die Halbschwester zum Sohn, damit sie ihn bedient und Leckereien zubereitet. Amnon lässt sich zuerst verwöhnen, dann überfällt er Tamar, vergewaltigt die sich mit Worten wehrende, wehrlose Schwester und verstößt sie wider alle Vernunft, die ihm Tamar nahe zu bringen versucht. Tamar läuft laut schreiend aus dem Haus und zerreißt ihr Kleid, Symbol ihrer Jungfräulichkeit. Abschalom nimmt die Verzweifelte und Entehrte bei sich auf: *Schweige still. Er ist dein Bruder; nimm dir die Sache nicht zu Herzen* (13,20). Der Vater hört alles und wird sehr zornig, aber er will seinem Sohn Amnon nicht wehtun, *denn er liebte ihn, weil er sein Erstgeborener war* (13,21).

Abschalom dagegen hasst Amnon, weil er seine Schwester entehrt hat. Zwei Jahre später veranstaltet er ein Fest, zu dem er alle Brüder einlädt. Er versucht auch seinen Vater zu gewinnen, aber David ist nicht bereit zu kommen. Abschalom muss erst in ihn dringen, damit er Amnon und alle Königssöhne zum Fest gehen lässt. *Und Abschalom veranstaltete ein Gelage wie ein König* (13,27). Als Amnon zu vorgerückter Stunde *guter Dinge* ist, lässt Abschalom ihn von seinen Knechten erschlagen. Breit wird nun geschildert, wie David zuerst dem Gerücht aufsitzt, dass alle Königssöhne von Abschalom erschlagen seien. Er trauert heftig, wird aber bald von Jonadab belehrt, dass »nur« Amnon getötet sei. – Abschalom flieht zu dem Vater seiner Mutter, dem König des Nachbarlandes Geschur. Er bleibt dort drei Jahre. Wir erfahren, dass nach dieser Zeit David nicht mehr mit Abschalom hadert und sich über den Tod Amnons getröstet hat. Auf eine andere Lesart des hebräischen Textes weist indessen Dietrich (1997, 74) hin: Nach ihr sehnte sich David danach, in einen Krieg gegen Abschalom zu ziehen, aber Joab schlug sich auf die Seite Abschaloms!

Wie auch immer, auf raffinierte Weise organisiert Joab, der Feldherr Davids, die Rückkehr Abschaloms nach Jerusalem. Er bedient sich einer Frau, der *weisen Frau von Tekoa,* die er wegen eines von ihm erdichteten Rechtsfalles in Trauerkleider verkleidet bei dem König vorsprechen lässt. Der König fällt auf die fingierte, höchst verwickelte Geschichte herein – es geht um Brudermord und um Blutrache gegenüber dem siegreichen Bruder, ihrem überlebenden schuldigen Sohn: *Sie sprach: Der König gedenke doch des Herrn, seines Gottes, dass der Bluträcher nicht noch mehr Unheil anrichte und dass man meinen Sohn nicht verderbe! Er antwortete: So wahr der Herr lebt, es soll nicht ein Haar (vom Haupte) deines Sohnes auf die Erde fallen* (14,11). Den derart umgestimmten König greift sie nun direkt an: Er habe selbst solches *wider das Volk Gottes im Sinn,* sei ja *selbst gleichsam ein Schuldiger* (Bluträcher) – weil er seinen Verstoßenen nicht zurückkehren lasse: *Aber Gott wird das Leben dessen nicht hinwegraffen, der darauf sinnt, dass ein Verstoßener nicht aus seiner Nähe verstoßen bleibe* (14,14).

David beginnt zu durchschauen, was mit ihm getrieben wird und fragt direkt: *Hat nicht bei all dem Joab die Hand im Spiele?* (14,19). Worauf sie erwidert: *Um der Sache ein anderes Aussehen zu geben, hat dein Knecht Joab das getan; aber mein Herr ist so weise wie der Engel Gottes, dass er alles weiß, was auf Erden geschieht* (14,20).

An dieser Stelle ist ein überraschender Bruch im Szenenaufbau! Denn plötzlich spricht *der König zu Joab(!): Wohlan, ich erfülle diese Bitte. Geh hin und hole den Jüngling Abschalom zurück* (14,21). Joab verneigt sich vor dem König, segnet ihn und sagt, dass er, der Knecht, daran erkenne, dass der König ihm wohlgesinnt sei.

Abschalom kehrt in sein Jerusalemer Haus zurück, darf aber dem König nicht unter die Augen treten. Zweimal versucht er, Joab zu sich kommen zu lassen, um ihn zum König zu schicken, aber Joab weigert sich. Darauf provoziert Abschalom ihn, seinen Nachbarn, und lässt ein Gerstenfeld Joabs anzünden – worauf prompt Joab kommt, um ihn zur Rede zu stellen. Und wieder hören wir eine raffinierte Rede, die zuerst Joabs Zorn, und dann David umstimmt: ... *Warum bin ich von Geschur heimgekommen? Es wäre mir besser, ich wäre noch dort. Jetzt aber will ich dem König unter die Augen treten! Ist eine Schuld an mir, so töte er mich!* (14,32). – Fünf Jahre nach dem Brudermord begnadigt David Abschalom und *küsst* ihn – mit schlimmen Folgen, wie sich zeigen wird.

Eine verdichtete Erzählung, die wohl niemanden, der sie hört, unbeteiligt lässt. Sie lässt sich aus der Sicht Tamars, des Opfers, betrachten, aus der Sicht Amnons, des Ältesten, aus der Sicht Abschaloms, dessen Machtgelüsten der älteste Bruder und auch der Vater ein Dorn im Auge ist, oder aus der Sicht Davids, eines Hilfe versagenden Vaters, und nicht zuletzt mit dem Blick auf einen Gott, der nichts mitbekommen zu haben scheint.

Die erotisierende Sprache bringt uns eine abschreckende Geschichte nahe: ... *eine schöne Schwester mit Namen Tamar* – wir erleben eine liebenswerte junge Frau, bereit dem Vater und kranken Bruder einen Gefallen zu tun, sympathisch wortgewandt und klug, im vollen Bewusstsein der Grenzen des familiär und gesellschaftlich Erlaubten, ein Bild gefälliger Sittsamkeit, aber auch aggressionsverarmt und hilflos – sie wird Opfer der gierigen, verlogenen, sexualisierten Gewalt des verwöhnten Halbbruders Amnon und endet *einsam* (13,20; genauer: »verödet, verwüstet« nach der Elberfelder Übersetzung 2000) im Haus ihres Vollbruders Abschalom, der sie zusätzlich gleichsam »mundtot« macht. Ein zweites Mal wird sie Opfer traumatisierender männlicher Gewalt, im Schutzmantel einer brüderlichen Hilfe. Bei Abschalom findet sie Asyl, aber kein Verständnis. Der stolze, eitle Bruder rächt ihre Vergewaltigung, aber wir wissen nicht, wie er wirklich denkt; ihm scheint jedes Gefühl für das Schicksal der Schwester, des Bruders und des Vaters zu fehlen. – Ob es der Mutter von Abschalom und Tamar, Tochter des Königs von Geschur, irgendwie ähnlich erging wie ihrer Tochter? Von ihr erfahren wir kein Wort, als ob sie nicht existiere in der Familie.

In Amnon wird uns ein Negativbild pubertärer Männlichkeit präsentiert: Er ist voller sexueller Sehnsüchte, aber sein Ich ist noch unfähig, die Bedürfnisse nach Liebe und Sexualität in irgendeiner Form seinem Alter gemäß zu realisieren. Selbst die Fantasie, wie er Tamar vergewaltigen könnte, stammt nicht von ihm selbst. Amnon liebt Tamar nicht wirklich, er begehrt sie – wie ein gieriges Kind einen Apfel verlangt (der Volksmund spricht vom »Vernaschen«) von dem es dann den Rest wegwirft. Das Ich Amnons ist so unentwickelt, dass er weder Scham- noch Schuldgefühle oder Gewissens-»Bisse« empfindet; er zeigt keine Angst vor einer Strafe durch den Vater oder einen Bruder. Erstaunlich, dass sein Cousin Jonadab, der ihn anstiftet, als *sehr kluger Mann* (13,3) bezeichnet wird – vielleicht deshalb, weil er als Mann die sexuellen Fantasien selbst nicht auslebt! Amnons Ich hingegen kennt keine Schranke zwischen einer Wunscherfüllung, die er in einer Tagtraum-Fantasie zulässt, und dem Ausagieren seiner Wünsche. Jede psychische Steuerung fehlt, so wird er zum brutalen Vergewaltiger seiner Schwester und dann selbst Opfer seiner skrupellosen Tat.

Vermutlich wird sich jeder Erwachsene erinnern – sofern er die an Reizen reiche Gelegenheit hatte, mit einem gegengeschlechtlichen Geschwister aufzuwachsen –, dass in bestimmten

Situationen solche geschwisterlichen Geschöpfe eigentlich immer wieder verführerisch *schön* sind bzw. zu sein scheinen, in anderen aber irritierend garstig, *Widerwillen* auslösend. In solch einem bedrängenden geschwisterlichen Spannungsfeld kann das Ich lernen, Wünsche nach Nähe wie nach Distanz zu kultivieren. Amnon hält den viele Jahre dauernden Lernprozess nicht aus; der aggressive Kurzschluss-Akt zerstört seiner Schwester und ihm selbst die Zukunft.

Im biblischen Text ist die Szene, wie Amnon verführt, vergewaltigt und verstößt, derart lebensnah und anschaulich erzählt, dass sie sich eignet, als real stattgefundener Gewalt-Inzest unter Geschwistern interpretiert zu werden, eine Sicht, der Lückl (1998, 74) einfühlsam folgt. Wir spüren den Ablauf einer Traumatisierung, deren fatale Auswirkungen durchaus Berichten über sexuell missbrauchte Kinder und Frauen aus unserer Zeit ähneln. Aber was hat die Erzählung mit David zu tun?

Wenn wir, entwicklungspsychologisch orientiert, von der These einer fiktiven David-Biografie ausgehen, dann interessieren uns vor allem die inneren und äußeren Beziehungskonflikte der David-Figur, wir stellen David in den Mittelpunkt und versuchen, für ihn mit seinen inneren Augen seine Erlebnisse zu erfassen. Dabei ist die Gestalt des David künstlerisches Produkt ihres Erzählers. Dieser im Text »implizite Autor« hat beim Schreiben ausgewählt, was er mitteilen möchte; er vermittelt uns bewusst und unbewusst Botschaften seines gesellschaftskritischen Bildes und Anliegens; er greift heraus, was ihn besonders bedrängt. In der Hauptgestalt des David offenbart sich uns also in besonderer Weise auch der gestaltende Autor, ohne dass wir etwas über seine Urheberschaft oder die Quellen, die er nutzte, wissen.

Verstehen wir nun den Text von Tamar, ihren Brüdern und Jonadab als eine »Eingebung« des impliziten Autors – vielleicht so, wie wir über einen Traum (oder Tagtraum) selbstanalytisch plötzlich eine Erinnerung an ein früheres Trauma wiederfinden –, dann kann die Erzählung durchaus etwas mit einem prägenden Kindheitserlebnis der »David-Figur« (bzw. des Erzählers oder seinem Erleben der Zeit) zu tun haben. Plötzlich, wie von Zauberhand geführt, taucht ein unerledigter Konflikt wie ein »böser« Traum auf und drängt danach, mitgeteilt zu werden.

Nach der psychoanalytischen Lesart ist der Vater David trotz seines heftigen Zornes im Reagieren gelähmt, weil sich in seiner literarischen Gegenwartsfamilie selbst erlebte Kindheitstraumata mit den älteren Brüdern wiederholen. In den Interaktionen zwischen Amnon, Abschalom und Jonadab spiegeln sich durchtriebene, trickreiche und mörderische Rivalitätskämpfe unter Brüdern wider. Der Jüngste und lange Zeit Schwächste, David, kann bei den Kämpfen in der Rolle des Opfers repräsentiert sein – im Bild der Tamar, in einer weiblich-ausgelieferten Position. Weder Vater noch Mutter schreiten bei den Kämpfen der Jungen ein; um den Preis des Schweigens wird das Leid des Jüngsten übersehen, wie das Schicksal der ohnmächtigen Tamar von Abschalom, der Familie und einer tabuisierenden Gesellschaft.

Erinnerungsbruchstücke solcher Misshandlungen, des ohnmächtigen Zorns, der Schmerzen, können sich irgendwann später als isolierte, verstörende Fremdkörper wieder in das Bewusstsein drängen, wie hier in den Text. Traumata wirken sich natürlich auf die Persönlichkeitsentwicklung der kindlichen Seele aus. Davids erstaunlich unflexibles hilfloses Ausgeliefertsein gegenüber Saul, Abner und Joab oder hier gegenüber der brutalen Aggression seiner Söhne Amnon und Abschalom könnte auf diesem Weg eine Erklärung finden – denn für ein in der Kindheit traumatisiertes Ich, für die affektgetragenen Erinnerungen an die älteren Brüder und für unbewusst gesteuerte Reaktionen sind die Ängste und das Gebot *schweige still!* nicht verblasst. Die prägenden traumatischen Erfahrungen schließen das Gegenteil nicht aus, dass David gleichzeitig, abgespalten auf einem anderen Gleis seiner Entwicklung, heftig zu kämpfen und gegen übermächtig erscheinende Gestalten (wie Goliat) trickreich zu siegen gelernt hat.

Lückl (1998) geht auch der Frage nach, warum Amnons Liebesbegehren derart brutal in Gewalt umschlägt, und erklärt die Gewalt vom Vater her: »Amnon wird uns geschildert als der typische Sohn seines Vaters, nach außen eher dessen *Gegenbild*, verwöhnt und verweichlicht, im Kern aber dessen machtbesessenes *Ebenbild*« (S. 81). Lückl spricht vom »brutalen Terror« Davids im Ammoniterkrieg: »Da geht ein König hin und vergewaltigt ein ganzes Volk, das ihm nichts getan hat und unterwirft es, nur für seine Machtgelüste. Und im Kapitel *davor* wird berichtet, wie David die schöne Batscheba, die Frau des Urija, zu sich in den Königspalast holen lässt, mit ihr schläft und ihren Mann, der ihm im Wege steht, in den Tod schicken lässt. Also schon der Vater ein zutiefst gefühlsgestörter Machtmensch, wie alle Männer, die Krieg, Zerstörung und Gewalt brauchen, um nicht spüren zu müssen, wie zerstört sie selber sind in ihrem Fühlen? . . . Wer hier aufmerksam liest, soll begreifen, dass in Amnon unter der verweichlichten Oberfläche die Brutalität seines Vaters unvermindert fortlebt« (S. 82). – Ähnliche Standpunkte vertreten auch andere Autoren, wenn sie vereinfachend die Geschichte unter das Motto stellen: »Wie der Vater, so der Sohn«.

Mag sein, dass der historische David so war, wir wissen nichts Genaueres darüber. Orientieren wir uns aber aufmerksam am biblischen Text, entdecken wir literarische Feinheiten, mit denen uns der Erzähler durchaus »Davids« Gedanken und Gefühle »berichtet«! Betrachten wir den Ausbruch des eben erwähnten Ammoniterkrieges. Nachdem der König der Ammoniter gestorben und sein Sohn Nachfolger geworden war, *da dachte David: Ich will mich freundlich zeigen gegen Hanun, den Sohn des Nahas, wie sein Vater sich gegen mich freundlich gezeigt hat. So sandte denn David hin und ließ ihm durch seine Leute sein Beileid aussprechen wegen seines Vaters* (2 Sam 10,2).

Zu vermuten ist, dass in solchen Charakterisierungen die eigentliche Botschaft, das *Herzens*-Anliegen des Erzählers verborgen ist: Nicht David, der »gute« König, bricht den schlimmen Krieg vom Zaun, sondern das unberechtigte Misstrauen des Nachbarkönigs. David, der nachdenkende und mitfühlende König, muss re-agieren, weil seine Boten beleidigt wurden. In der Inszenierung von »Reaktionsbildungen« (einer klassischen Ich-Leistung im Kampf gegen Chaos und Destruktion in der individuellen Entwicklung) teilt uns der Erzähler in der Gestalt Davids sein revolutionär neues Denken mit, gerichtet gegen brutale Überfälle, Angriffskriege und Willkür.

In der Tat: Im biblischen David-Roman ändert sich jetzt in manchem der Ton. Statt eines aufstrebenden und seine Macht konsolidierenden Herrschers wird uns jetzt ein »beunruhigend schwacher, verführbarer König« vorgestellt. Was der Analytiker spürt, hat in der Bibelwissenschaft schon zu großen Hypothesenbildungen geführt: Der David des zweiten Samuelbuches sei ein anderer als der des ersten: ein auf der absteigenden Linie befindlicher, versagender und gestrafter Mann, eher ein Negativbeispiel als ein Vorbild (Carlson, 1964). Oder: Es gehe hier um ein ganz eigenes Thema gegenüber der bisherigen Geschichte Davids, nämlich um seine Thronfolge, genauer: um die Frage, warum gerade Salomo auf ihn folgte und nicht etwa Amnon oder Abschalom (Rost, 1923 = 1965, und danach viele). Freilich, man sieht die Zäsur allermeist nicht erst vor 2 Sam 13 liegen. Der schwere Einbruch ist ja die Batscheba-Urija-Affäre, an deren Abschluss bereits weitere Komplikationen angekündigt werden (2 Sam 12,11 f.).

David, die bisher dominante Hauptfigur der Erzählung, tritt jetzt eher in den Hintergrund – und mit ihm Gott. Ab 2 Sam 13 kommt ein Erzählgeschehen in Gang, das nach seinen eigenen, inneren Gesetzen abläuft und in dem David und erst recht Gott nicht mehr die Fäden zieht. Mit Amnons Untat setzt eine Kette kausal miteinander verknüpfter Handlungen ein: Abschalom tritt als Rächer auf, muss daraufhin ins benachbarte Ausland fliehen, findet keinen Zugang mehr zum König, versucht darum, sich mit Gewalt an die Macht zu bringen, erzielt Anfangserfolge, scheitert dann aber an der überlegenen Strategie und Taktik seines Vaters. Die Erzählfiguren sind mit großem psychologischem Einfühlungsvermögen gezeichnet; beim Lesen meint man Tamar, Amnon, Jonadab, später dann Abschalom, Huschai, Ahitofel, Joab usw. deutlich vor Augen zu sehen; man versteht ihre Positionen, Aktionen und Reaktionen, weil sie sich aufeinander beziehen und auseinander entwickeln. Die Frage ist freilich, ob das erst auf die Erzählungen ab 2 Sam 13 zutrifft.

Gerade unsere bisherige Darstellung hat ja aufgewiesen, wie lebensvoll und nacherlebbar die Erzählfiguren auch sonst im David-Roman sind: nicht nur David, sondern z. B. auch Goliat, oder Saul, Jonatan, Michal oder, wieder anders, Urija. Speziell zwischen der Batscheba- und der Tamar-Geschichte laufen unverkennbar Erzählfäden hin und her. Beide Male geht es um den Übergriff eines Mannes auf eine ihm »verbotene« Frau. Beide Frauen »gehen«, offensichtlich arglos, zu dem Mann hinein, der auf sie wartet (11,4; 13,10 f.) – übrigens beide, nachdem David nach ihnen »geschickt« hat (11,4; 13,7), so wie er dann Amnon zum Fest Abschaloms und damit in den Tod »schicken« wird (13,27). Über dessen Gewalttat ist der König genauso »erzürnt« wie über die eigene, die Natan ihm verdeckt vor Augen gemalt hat (13,21; 12,5). Natan erzählt von dem Schäfchen, das vom Teller seines Herrn »gegessen« und bei ihm »gelegen« habe (12,3 f.); der liebeskranke Amnon will unbedingt etwas von Tamar zu »essen« bekommen (13,5.9.11), und er »liegt«

in seinem Bett und schließlich bei Tamar (13,5.6.8.11.14). Derart parallel, wie die beiden »Fälle« erzählt sind, gerät David in bedenkliche Parallele zu Amnon bzw. umgekehrt. Unwillkürlich denkt der Leser, wird vor allem die Leserin denken: Wie der Vater, so der Sohn. Liegt nicht genau darin die Erklärung dafür, dass David so gar keinen Verdacht schöpft gegen Amnons dringlichen Wunsch, von seiner Halbschwester verwöhnt zu werden? Auch er selbst hat ja eine Schwäche für schöne Frauen (sowohl Batscheba wie Tamar werden als schön beschrieben! 2 Sam 11,2; 13,1). Dass Tamar Bedenken haben oder sich gar bedroht fühlen könnte, kommt ihm gar nicht in den Sinn: Er ist es gewöhnt, nach Frauen zu »schicken« und zu erwarten, dass sie ihm zu Willen sind. Als dann das Unheil seinen Lauf genommen hat, ist David zwar sehr ärgerlich, aber dass er den Vergewaltiger zur Rechenschaft zöge, davon kein Wort. Liegt es daran, dass er sich irgendwie mitschuldig fühlt? Oder hat der Vater insgeheim, unbewusst, Verständnis für den Sohn? Trübt ihm das selbst begangene Unrecht den Blick fürs Recht? Musste ihm nicht klar sein, dass in den rechtsfreien Raum die Rache eindringen würde? Wie konnte der Vater Amnon zu jenem Fest »schicken« und damit der Rache Abschaloms ausliefern? War es pure Unachtsamkeit, Arglosigkeit – oder steckt dahinter die gleiche Härte, mit der David einst den brutalen Reichen aus Natans Gleichnis zum Tod verurteilt hat (2 Sam 12,5)? Damals war es in Wirklichkeit ja er selbst, der den Tod verdient hätte und dem er erspart blieb – diesmal sollte der Schuldige nicht mit dem Leben davon kommen . . . Derartige Erwägungen (die etwa auch Trible, 1987, 61–97 anstellt) scheint mir die Erzählung eher nahe zu legen als Spekulationen über Geschwisterbeziehungen und -kämpfe in der Familie Davids (oder des Erzählers).

Ein Wort noch zu Tamar. Sie ist in unserer Geschichte besonders anrührend porträtiert. Schön ist sie, freundlich, sittsam, resolut und gescheit – am Ende aber ist ihr eben aufgeblühtes junges Leben »verwüstet«. Verantwortlich dafür ist eine Meute mächtiger Männer: der verschlagene Jonadab, der befangene David, der hemmungslose Amnon, der kaltherzige Abschalom. Wie sollte Tamar gegen sie alle ankommen? Der Analytiker schildert sie mit Anteilnahme, doch nennt er sie auch »aggressionsverarmt und hilflos«. Ist ein solches Urteil durch die Erzählung nahe gelegt? Oder ist angesichts eines offensichtlich so schuldlosen Opfers brutaler Gewalt einzig ehrfürchtig-solidarisches Schweigen angebracht – oder allenfalls laute Klage bzw. Anklage (vgl. Bail, 1998)?

Die Fragen, welche die Erzählung auslöst, aber nicht letztgültig beantwortet, bohren sich ins Gemüt – und genau das ist die Absicht. Eben darum wird hier auch so hartnäckig von Gott geschwiegen. Dabei ist die Amnon-Tamar-Abschalom-Geschichte ein einziger lautloser Schrei nach Gott: Warum greift er nicht ein, um das Unheil zu verhüten? Auch in den nachfolgenden Erzählungen tritt Gott weit in den Hintergrund. Abgesehen von einer einzigen Stelle (2 Sam 17,14) sprechen nur Erzählfiguren von ihm; er selbst ist allenfalls hinter den Kulissen des Dramas zu vermuten, das vor unseren Augen abrollt. Freilich, wer von 2 Sam 11–12 her liest, wird auf das Schlimmste gefasst sein, hatte Gott doch durch seinen Propheten angekündigt, aus Davids eigenem Haus werde »Unheil aufstehen« (12,11). Wieder tauchen unheimliche Fragen auf: Will Gott etwa dieses Unheil, toleriert er es zumindest? Gehören Untaten wie Vergewaltigung und Brudermord in seinen Plan? Gott sei Dank behauptet das der Erzähler nicht; doch ein kindlich-heiteres Gottesbild kann einem beim Lesen seiner Geschichte schon abhanden kommen!

Aus literaturanalytischer Sicht ließe sich fragen: Könnte nicht gerade Ziel der Erzähler des David-Romans sein, ein »kindlich-heiteres Gottesbild« zu desillusionieren (vgl. die 1. These!)? Also Gläubige aus naiv-ursprünglichen Abhängigkeitswelten aufzuschrecken (wie David aus der gefährlichen Abhängigkeit von Saul) und auf die psychosoziale Realität hinzuweisen: Brudermord-, Vatermord-, Muttermord-Geschichten; Inzestwünsche gerichtet auf Schwester, Mutter, Bruder, Vater oder Kinder. Die Erzähler führen uns kindliche Urfantasien und Trauminhalte über Gewalt, Rivalität und Liebe vor, wie sie uns aus Märchen, Mythen, Träumen und vor allem aus der Wirklichkeit des Familien- und Seelenlebens durchaus bekannt sind. Ausgelebt statt verdrängt, produzieren solche Wünsche, die ursprünglich den ersten Objekten der kindlichen Liebe galten, schlimme Traumata. Aus einer kindlich-heiteren »Welt«-Sicht (!), die von solchen Fantasie-Wirklichkeiten und psychischen Motivationen nichts wissen will, begehen die Erzähler allerdings einen verstörenden Tabu-Bruch. Nach der hier vertretenen Hauptthese wollen die Erzähler auf die Realität, so wie sie sich alltäglich erleben lässt, hinweisen ebenso wie auf die Gefahren, die aus der menschlichen Natur stammen. Und die Erzähler gehen noch weiter: Sie beschreiben in David modellhaft eine differenzierte, schöpferische Beziehung zu JHWH; ihr Gott wird dadurch zu einer Art Volks-Erzieher. Das folgende Kapitel bringt uns ein hervorragendes Beispiel für diese spannungsvolle komplexe Konflikthaftigkeit zwischen Gut und Böse, exemplifiziert am Machtkampf zwischen Vater und Sohn.

Ein schwacher, verführbarer König David (missbraucht von der weisen Frau von Tekoa, Joab und Abschalom – in diesem Wesenzug ähnelt David seiner Tochter Tamar!) ist nicht ein anderer David. Wir lernen in seiner Figur beispielhaft widersprüchliche Wesensseiten und menschliche Ich-Schwächen eines scheinbar starken Mannes kennen, wie sie uns nicht zuletzt auch aus modernen Königshäusern und von Politikern, also von »Stützen der Gesellschaft« (Ibsen, 1877) bekannt sein könnten. Wieder einmal lässt sich meines Erachtens feststellen: Vorbildlich ist David vor allem in seiner Gott-Beziehung gezeichnet! Allerdings mag er auf die verbreiteten Sehnsüchte nach einem »wirklichen«, starken oder immer braven, strahlenden Helden als »versagender und gestrafter Mann, eher ein Negativbeispiel« wirken; Idealisierungsbedürfnissen wird David nicht gerecht.

7.2 Abschalom: abschreckendes Bild eines Tu-nicht-gut (2 Sam 15–19)

Der weitgespannte, in sich kohärente Erzählfaden des David-»Romans« endet mit demselben Thema, das schon am Anfang stand, dem Rivalitätskampf zwischen König (Volksführer) und Nachfolger, Vater und Sohn (über das letztlich offene Ende des Romans im Konvolut der David-Erzählungen sprechen wir im nächsten Abschnitt). Die Abschalom-Dichtung fasst, wie sich zeigen lässt, die im gesamten Roman vertretene seelisch-pädagogische JHWH-bezogene Reifungsproblematik zusammen und dramatisiert sie auf eine neue Weise. Erinnern wir uns: David schien Saul gegenüber keinerlei Aggressionen und Machtansprüche zu kennen, so gut waren sie durch seine Hilfsbereitschaft verborgen; nur nebenbei erfuhren wir aus dem Gesang der tanzenden Frauen, wie sehr David Saul ausstechen konnte. In diesem Romanabschnitt lebt Abschalom skrupellos aus, wovon andere Jünglinge bestenfalls träumen (den Wunsch, der

Größte und Mächtigste zu sein und Frauen zu lieben, wie es der Vater vormacht). So ist in Abschalom wieder eine der widersprüchlich-schillernden Anti-Figuren literarisch verewigt, die gleichzeitig (wie z. B. Saul) eine eigenartige Sympathie für ihr tragisches Scheitern in uns zu wecken verstehen.

Die Geschichte vom Schicksal Abschaloms, des drittältesten Sohnes Davids (2 Sam 3,3), umfasst insgesamt sieben Kapitel. Nach der Erzählung des Inzest-Traumas zwischen Amnon und Tamar bestimmt Abschalom das Geschehen. Uns stellt sich wieder die Frage: Was mag die latente Botschaft der Erzähler sein? Welche Konfliktdynamik kennzeichnet das Beziehungsgeflecht zwischen David und Abschalom – und JHWH? Neben diesen drei Größen spielen auch zahlreiche Komparsen und Berater, königstreue und abtrünnige Gestalten wichtige Nebenrollen; wir zentrieren unseren Blick auf die maßgebliche Dreiecks-Konstellation.

Geschickt sind Familienkonflikte des Königshauses und politische Spannungen zwischen Juda und Israel ineinander verwoben. Im 15. Kapitel baut sich Abschalom zu einer stattlichen politischen Größe auf, mit Wagen, Pferden und *50 Trabanten, die vor ihm herliefen* (15,1). Schon im vorherigen Kapitel ist er als prachtvolle Erscheinung gezeichnet: *In ganz Israel aber war kein Mann um seiner Schönheit willen so zu preisen wie Abschalom: von der Fußsohle bis zum Scheitel war kein Fehl an ihm* (14,25). Wir erfahren, dass er nur zum Ende jeden Jahres seine Haare schneiden lässt, weil ihm sein Haar zu schwer wird. Auch von drei Söhnen ist berichtet und von einer Tochter, die er nach seiner geschändeten Schwester Tamar nennt – ein Bilderbuch-Mann und -Vater, vom äußeren Schein her.

Jeden Morgen baut sich nun Abschalom am Torweg auf, der zum Königspalast führt. Geschickt spricht er alle Israeliten an, die zum König wollen, um sich Recht sprechen zu lassen: *Siehe, deine Sache ist ja gut und recht, aber du hast beim König keinen, der dich anhört* (15,3). Darüber hinaus fasst er jeden, der ihm naht, an und küsst ihn, *so stahl sich Abschalom das Herz der Männer Israels* (15,6). – Durch sein Verhalten greift Abschalom nicht nur in die königliche Rechtsprechung ein, wodurch er auch den Ruf seines Vaters beschädigt, er spaltet auch das Volk. Nachdem er vier Jahre ungehindert dieses subversive Spiel getrieben hat, spricht er den König direkt an: Er habe im Exil gelobt, JHWH in Hebron ein Opfer zu bringen, wenn er wieder nach Jerusalem zurückgekehrt sei. David antwortet arglos: *Geh hin in Frieden!* (15,8) Abschalom inszeniert in Hebron jedoch eine Kriegserklärung an den Vater, er lässt sich in allen Stämmen Israels zum König ausrufen! David entscheidet sich für die Flucht aus Jerusalem. Ein detailliert geschildertes Intrigenspiel der Boten und Berater, Freunde und Feinde Davids breitet sich vor uns aus, es liest sich wie ein spannender Kriminalroman. Abschalom zieht in Jerusalem ein; er wird uns als höchst abhängig vom Rat seiner Ratgeber geschildert, so z. B. von Ahitofel *(wenn nämlich Ahitofel damals einen Rat gab, so galt es, wie wenn man Gott befragte):* Auf seinen Rat hin ging Abschalom als erstes *vor den Augen von ganz Israel zu den Kebsweibern seines Vaters,* 16,22 f.).

David organisiert sein Heer und zieht gegen Israel, das eine große Niederlage erleidet. Abschalom flieht auf einem *Maultier,* bleibt dabei mit seinem wilden Haarschopf im dichten Geäst einer Eiche hängen, so dass er *zwischen Himmel und Erde schwebt* (18,9). Joab, Davids Feldherr, stößt ihm – gegen den ausdrücklichen Befehl Davids, auf Abschalom achtzugeben – drei Spieße ins Herz. – Wir erleben das dramatische Ende eines vom Vater über alles geliebten Sohnes, *o Abschalom, mein Sohn! O wäre ich für dich gestorben!* (19,1) Davids Trauer ist grenzenlos, er scheint sich als König aufzugeben. Joab muss ihn zurechtweisen: *Du liebst, die dich hassen, und du hassest, die dich lieben* (19,7). David findet allmählich seine Fassung wieder und auch auf friedlichem Weg zur Königsherrschaft über Israel zurück.

Lässt sich eine weitergehende Verwirrung zwischen »Gut« und »Böse«, zwischen Liebe und Hass vorstellen? Wohl kaum! So zurückhaltend die Rolle JHWHs im Text gestaltet ist, wir verstehen den leidenschaftlichen Kampf zwischen Vater und Sohn und die Botschaft der Erzähler erst, wenn wir betrachten, wie der Name JHWHs in das Konfliktgeschehen eingewoben ist. Denn auch in den Glaubenshaltungen stoßen wir auf eine klare Frontlinie.

Erinnern wir uns an die raffiniert-*weise Frau* von Tekoa, die nach dem Brudermord Abschaloms für seine Rückkehr kämpft. Sie steht im Auftrag Joabs, der ihr sagt, sie solle sich verstellen und als Trauernde vor David erscheinen, denn Joab *merkte, dass des Königs Herz an Abschalom hing* (14,1–20). Aber nicht nur eine große Gefühlsdramatik spielt sich vor uns ab, welche die Gefahren von übermächtigen emotionalen Bindungen aufzeigt. Die durchtrieben-*weise Frau* bezieht sich immer wieder in suggestiver Weise auf *Gott,* um David umzustimmen – und das gelingt ihr blendend (14,11; 14,14; 14,16; 14,17; 14,20). – Nicht anders verlogen inszeniert Abschalom seine Palastrevolte, als er vorgibt, in Hebron ein Gelübde einzulösen und in Wahrheit sich zum König ausrufen lässt (s. o.). – An diesen Beispielen zeigt sich, wie kriminelle Wünsche auf den Namen Gottes übertragen werden, um die »böse« Absicht und die Wahrheit zu verschleiern; JHWH wird zu einem »Wunsch-Erfüllungsgehilfen« instrumentalisiert und beliebig, selbstgerecht und bedenkenlos für die eigenen Machenschaften vereinnahmt.

Auf Davids Frontseite vermitteln uns meines Erachtens die Erzähler die Glaubenshaltungen, die sie für »gut« halten. Als vorbildlich ist sicher das erste Beispiel gedacht, als die Frage entsteht, ob die *Bundeslade Gottes* auf Davids Flucht mitgenommen werden soll oder besser in Jerusalem verbleibt. David lässt die Lade – entgegen der Absicht der Priester (!) – in die

Stadt zurückbringen und stellt so Gott als unabhängigen Richter über die weltlichen Konflikte, *er tue mir, was ihm gefällt!* Wie schwer David die Entscheidung fällt, mit dieser Einstellung Jerusalem und auch seine selbst-bezogenen Wünsche nach Sieg und Überleben zu verlassen, drückt Vers 30 aus: *David aber stieg weinend den Ölberg hinan, verhüllten Hauptes und barfuß* ... Als man ihm aber meldet, dass sein früherer Ratgeber Ahitofel unter den Verschwörern ist, scheut er sich nicht zu bitten: *O JHWH, vereitle doch den Rat Ahitofels!*» (15,24–31). – Dieselbe abgegrenzte und doch bezogene Haltung gegenüber JHWH zeigt David auch in der Situation, als ihn Schimi als *Blutmensch* beschimpft. Als daraufhin ein Begleiter Schimi den Kopf abschlagen will, sagt David: *Lasst ihn fluchen! Wenn JHWH zu ihm gesagt hat: »Fluche dem David!« wer darf dann fragen: »Warum tust du so?«* (16,5–13). – Der Höhepunkt der literarischen Auseinandersetzung um »Gut« und »Böse« ist erreicht, als die Erzähler JHWHs Urteil bekannt geben und zwar direkt im Anschluss an Abschaloms Strategie-Überlegungen, die nun durchkreuzt werden: JHWH *nämlich hatte es so gefügt, dass der kluge Rat Ahitofels vereitelt wurde, um das Unheil über Abschalom zu bringen* (17,14).

Welchen inneren Kräften begegnen wir in Abschalom? Abschalom ist ein aufbegehrender Sohn. Er zeichnet sich durch Eigeninitiative und – provokante – Aggression aus; er weiß, was er will, und weiß auch, wo die Schwächen seines Vaters liegen, in der Rechtsprechung. Aber als radikal aufbegehrender, manisch-getriebener Sohn kennt er keine Skrupel, keine Gefühle, er trauert nicht und fragt nicht nach einer Schuld oder ob er Böses getan hat. Niemand weist Abschalom Grenzen auf. So als er das Feld Joabs angezündet hat: Abschalom wird nicht bestraft, sondern letztlich sogar für seine Untat belohnt – er setzt seinen Willen durch und erreicht seine Rehabilitation. Derart negativ bestätigt und herangewachsen, personifiziert auch er den destruktiven Narzissmus, ruhelos getrieben, ein groß gewordenes, selbstbezogen gebliebenes aggressives »Kind«. Wir hören von keiner Person, die ihn liebt oder die er liebt; wir lesen stattdessen von »Selbst-Objekten«, die für ihn zu funktionieren haben. Im Gegensatz zu ihm begegnet David auf der Flucht Menschen, die ihn lieben und verehren (Itai; Zadok und Abjatar mit ihren Söhnen Ahimaaz und Jonatan; Huschai; Barsillai u. a.) oder, in geringerer Anzahl, die ihn hassen (Schimi). David lässt erstaunlich viele Schwächen erkennen, aber er ist dem angreifenden Sohn nicht unterlegen.

Das so anschaulich und drastisch erzählte Bild Abschaloms erinnert in mancher Hinsicht an die dichterische Gestalt eines modernen, tragischen »Heldentypus«:

»Sieh einmal, hier steht er,
Pfui! der Struwwelpeter!
...
Kämmen ließ er nicht sein Haar.
Pfui! Ruft da ein jeder,
Garst'ger Struwwelpeter!« (S. 2)

Wir können uns die frühe Kindheit Abschaloms – und das, was er wohl in ihr vermissen musste – besser vorstellen, wenn wir daran denken, dass die Geschichten des »Struwwelpeter« ursprünglich ein Geschenk des Arztes H. Hoffmann an seinen dreijährigen Sohn waren und von ihm als Buch für drei- bis sechsjährige Kinder geschrieben und gezeichnet wurden (hier zitiert aus der Jubiläumsausgabe zur hundertsten Auflage von 1876).

Abschalom allerdings »steht« nicht am Anfang seiner schlimmen Geschichten und hat nicht die Chance einer Entwicklung vor sich wie der »Struwwelpeter«-Hoffmann; Abschalom »hängt« und ist das Opfer seiner schlimmen Taten. Das *Unheil*, für das er steht, ist stattlich: Brudermord, Landfriedensbruch, Brandstiftung, Amtsanmaßung, Beleidigung der staatlichen Autorität, sexuelle Nötigung der zurückgelassenen Nebenfrauen seines Vaters (»Inzest«) ...

Eckstaedt (1998) geht in ihrer Deutung des »Struwwelpeter« der Reaktion der Hörer- und Leserschaft auf die schaurigen und doch so vertrauten Geschichten nach, und ähnlich dürfte die abschreckende, stabilisierende Wirkung des alttestamentlichen Textes sein: »Der Struwwelpeter gerät so in die Position der Gegenüberstellung. Von Beginn an wird der Leser verführt zu denken: ›Ich doch nicht‹ oder ›Gott sei Dank, dass ich nicht so bin wie er‹. Es erscheint als ein Glück, dass er all das tut, was ich nicht tun soll ...« (S. 8 f.). Eckstaedt führt weiter aus, wie eine projektive Zuweisung, ein Nach-außen-verlagern, die Konkretisierung alles Bedrohlichen, Schlechten oder Bösen *außerhalb* meiner/unserer selbst im Gegenüber bewirkt. In der alten Erzählung erfolgt sie auf Abschalom. Indem wir uns von den Untaten Abschaloms distanzieren können, externalisieren wir auch unsere mehr oder weniger unbewussten, vor allem aber verpönten Fantasien der Auseinandersetzung mit dem Vater. Abschalom zieht gegen den Vater offen zu Felde und wir können ihm dabei zuschauen und von ihm lernen.

Als sich bei einem meiner Patienten im Verlauf der Analyse die schwere Depression lockerte, derentwegen er gekommen war, erinnerte er sich, wie er in der Pubertät Bilder vom »Vater am Galgen« gemalt hatte. In diesem Alter wagte er, sich die Haare lang wachsen zu lassen, gegen den Willen der Eltern. Begegneten sich Sohn und Eltern öffentlich, so wechselten die Eltern die Straßenseite und gingen den Autonomie- und Wachstumsbedürfnissen des Sohnes demonstrativ aus dem Weg (Dallmeyer, 1996, 5).

Sicher ist kein Zufall, dass wir vom Motiv des »wilden Wachstums«, das noch kein Beschneiden und Kultivieren kennt, bereits 1 Sam 1 hören. Als Hanna verzweifelt ist, weil sie noch kinderlos ist, gelobt sie: JHWH *der Heerscharen! Wenn du das Elend deiner Magd ansiehst und meiner gedenkst ... und ihr einen Sohn schenkst, so will ich ihn JHWH weihen für sein ganzes Leben und kein Schermesser soll auf sein Haupt kommen* (V. 11). Hanna *leiht* (V. 28) Samuel JHWH; er wird gleichzeitig von seinen Eltern regelmäßig besucht, versorgt und nicht im Stich gelassen, *Samuel aber nahm immer mehr zu an Alter und Gunst bei JHWH und den Menschen* (2 Sam 2,19.26).

Abschalom ist ein groß gewordener »wilder Opponent« (H. Hoffmann). Im Gegensatz zum jungen Samuel bleibt er von der Macht seiner verwilderten Ansprüche und dem Einfluss dubioser Berater abhängig. Samuel steht am Anfang des Heldenepos, der Gegenpol Abschalom am Ende. Beide dürfen sich relativ frei entwickeln. Samuel wächst im *Haus des Herrn* (1 Sam 1,24), in der Obhut des Priesters und Richters Eli heran. Von Abschalom wissen wir nur, dass er auch mütterlicherseits von einem König abstammt – vielleicht ein Hinweis auf seine Machtansprüche und seine Eitelkeit. – David vereint beide Seiten in sich und hat lebenslang Gegensätze in sich zu integrieren. Für ihn bildet JHWH ein verbindendes Agens (eine treibende und auf ihn einwirkende Kraft). JHWHs Präsenz, Hinweise und Wert-Maßstäbe leiten David, beginnend mit der Salbung durch Samuel: *Und der Geist JHWHs kam über David und blieb auf ihm von jenem Tage an* (1 Sam 16,13). Oder, um ein zweites Beispiel aufzugreifen: *Und Saul fürchtete sich vor David; denn JHWH war mit ihm, von Saul jedoch war er gewichen* (1 Sam 18,12). Offensichtlich verurteilen die Erzähler des Davidromans nicht generell aggressives oder libidinöses Wachstum in der menschlichen und politischen Entfaltung, sondern »Gott«-losigkeit.

Andererseits ließe sich aus psychoanalytischer Sicht fragen: Ist David nicht von einer bedenklichen Allmachts-Übertragung auf sein Gottesbild beherrscht, stammend wohl aus einer kindlichen Verehrung für den liebevollen, engagierten Vater oder aus Sehnsüchten nach eigener allumfassender Grandiosität und Stärke? Gewissen Übertragungsphänomenen Davids spürten wir bereits in seinem Kampf mit Goliat (und Saul) nach. Welche Übertragungsformen führt uns der »gereiftere« David des zweiten Samuelbuches vor? Ist David wieder in Gefahr, ein Opfer seiner Idealisierungen und Illusionen zu werden? Henseler beschreibt in seinem Buch »Religion – Illusion?« den »hohen Idealismus des Gläubigen: Die religiöse Beziehung ist eine Beziehung, in der das Beste und Höchste – was immer das jeweils sein mag – gefragt ist. Nicht nur das höchste Wesen vereinigt in sich ideale Eigenschaften (es ist ewig und unendlich, allgütig, allweise, allmächtig, gerecht etc.); es spornt den Gläubigen auch an, selber höchsten Idealen nachzustreben« (1995, 127).

David vertraut sich gelassen JHWHs Weisheit an, dieses Mal, ohne Zweifel an sich selbst zu äußern: *Finde ich Gnade vor JHWH, so wird er mich zurückführen ... Spricht er aber: Ich habe keinen Gefallen an dir – nun, da bin ich; er tue mir, was ihm gefällt!* (2 Sam 15,25.26). David überträgt seine Machtwünsche nicht aus Abwehr eigener Initiativen an Machtentfaltung und Einflussnahme auf seinen Gott – wie wir bei einer neurotischen, selbstschädigenden Übertragung annehmen müssten. David lässt sich auf den Kampf mit seinem aufbegehrenden, ansprüchlichen Sohn Abschalom ein! Aber wie kämpft er? Nicht wie Abschalom, der seine Machtansprüche skrupellos und sich selbst überschätzend triebhaft ausagiert und daran scheitert. Der Gottesglaube eröffnet David einen inneren, seelisch-geistigen Freiraum, in dem vertrauende Hoffnung, Zweifel, Ängste, Bescheidenheit, Strategie-Überlegungen, Flucht wie Angriff, Fürsorglichkeit, Vaterliebe, tiefe Trauer und Verzweiflung aber auch Offenheit für den realitätsgerechten Rat Joabs eine Reflexionsbasis findet. Davids Glaube schützt ihn vor der blinden Dranghaftigkeit, welche die Teufelskreise des Mordens (s. o.) kennzeichnet und schützt ihn auch vor zu engen Vater-Sohn-Abhängigkeiten, deren verhängnisvolle Auswirkungen wir bei den Propheten Eli und Samuel kennen gelernt haben. Sein Gottvertrauen gibt ihm Halt und Balance bei der umstürzlerischen Attacke seines Sohnes. Davids Glaube hat eine triangulierende Funktion, die ihm ermöglicht, seinen königlichen Aufgaben und Konflikten trotz aller Schwächen gerecht zu werden. O. F. Kernberg (2000) beschreibt aus einer theoretisch fundierten psychoanalytischen Sicht, wie sich »reife Religiosität« aus der »Verschmelzung von idealisierten und verfolgenden Anteilen« (S. 117) im Subjekt entwickeln kann; er definiert »reife Religiosität« als ein »umfassendes und harmonisches System, dessen Grundprinzipien die Liebe zu anderen Menschen und zum Selbst und der Respekt für alle menschlichen Wesen sind« (S. 130).

Abschalom, der die Abhängigkeit von positiven Mutter- und Vater-Imagines und ihre angemessene Achtung kompromisslos und uneinsichtig bekämpft, wird sterbend ein Bild von Abhängigkeit – an einem Baum hängend; nur der Baum mit seinen Zweigen symbolisiert noch Wachstum und Leben. David kann die Königsherrschaft wiederherstellen und stabilisieren. In seiner Trauer um Abschalom ist seine väterliche Liebe ungebrochen.

Die Botschaft der Erzähler scheint eindeutig, doch beinhaltet sie wiederum das zwiespältige Einerseits-Andererseits, das wir schon früher kennen lernten (vgl. 3.2; 3.4). *Einerseits* lässt sich David vorbehaltlos von JHWH leiten, ohne zu wissen, wohin die Auseinandersetzung führt; er bleibt in der Krisensituation bescheiden und unsicher, er weiß, der Ausgang liegt nicht allein in seiner Hand. *Andererseits* gibt er sich selbst nicht auf, scheut weder Flucht noch Kampf, setzt realitätsgerecht alle seine Kräfte ein, besonders die geistigen. Bestraft wird Abschalom, der sich *Verfehlungen* hat zu Schulden kommen lassen. David siegt – doch sein Schmerz lässt ihn gleichzeitig als Verlierer erscheinen; er ist gebeugt von der Trauer um den Verlust seines Sohnes und Gegners Abschalom. Vor allem seine Gefühle sind es, die uns innerlich berühren.

Im Rückblick auf den gesamten David-Roman, so vielschichtig er über Jahrhunderte gewachsen ist, können wir einen symmetrischen *Aufbau mit korrespondierenden und kontroversen Inhalten* erkennen, also mit dem dialektischen Strukturprinzip, das auch die Konfliktdynamik um Gut (+) und Böse (–) der Figuren entfalten lässt und das um Davids eigene Widersprüchlichkeit und um seine königlich-wegweisende Religiosität zentriert ist:

(+) 1 Sam 1–8:	Auseinandersetzung mit dem »Gottes«-Glauben als Kraftquelle und Potenzial
(–) 1 Sam 9–15:	Saul als Beispiel einer negativen Entwicklung
(+ –) 1 Sam 19–31:	Davids Reifungsprozess, seine Ablösung von den Elternfiguren; Sauls Untergang
(+) 2 Sam 1–12:	David stellt sich den Konflikten um politische und private Verantwortung
(–) 2 Sam 13–19:	Amnon und Abschalom scheitern an ihrer ungezügelten Triebhaftigkeit

Speziell für die Abschalom-Kapitel 2 Sam 13–19 ist das soziale und intrapsychische Konfliktschema zu differenzieren, denn in diesen Kapiteln geht es vorrangig um das Austragen komplexer mörderischer bzw. traumatisierender Familien-Konflikte! Die Frontlinie verläuft zwischen »scheinbar gut« (!), d. i. konfliktscheu (»schweige still!«), passiv, überbrav Erwartungen entsprechend, angepasst-gehemmt auf der einen Seite (vgl. David und Tamar) – und »böse«, d. i. aggressiv, hemmungslos, rücksichtslos und drängend-triebhaft auf der anderen Seite. In der Abschalom-Einheit gibt es unter den Geschwistern keine Sieger, sondern nur Verlierer (Amnon, Tamar, Abschalom, die Israeliten ...).

Der positive, »wirklich gute«, königlich-göttliche Weg in eine bessere Zukunft wird durch die religiöse Orientierung gewiesen und ist hier ein Lernprozess der Integration und des Ausgleichs von psychischen Gegenkräften und Gegenpositionen, ein schmaler Pfad entlang unermesslich tiefen Abgründen. So muss David im Alter seine Passivität und seine überstarke Abhängigkeit von abgespaltenen Affekten (regungslosem Zorn, konfliktabwehrender väterlicher »Liebe«, lähmender Trauer) aufgeben. Er muss aktiv werden und sogar, im Konflikt mit seinen Gefühlsregungen, militärisch angreifen, um als König und Vater, im Auftrag JHWHs, seinen Aufgaben gerecht werden zu können. Der junge wie der alternde David hat sich lebenslang als eine paradigmatische Integrationsfigur den inneren und äußeren Konflikten zu stellen, um Stabilität, Ordnung und Frieden zu schaffen und um chaotische, destruktive Zustände zu beenden (vgl. auch M. Kleins Beschreibung der »depressiven Position« und der »paranoid-schizoiden Position«).

Bestimmte Erzählfiguren der Abschalomgeschichte, so beobachtet der Analytiker, benutzen Gott als »Wunsch-Erfüllungsgehilfen«: Die Frau von Tekoa und auch Abschalom wissen geschickt mit ihm zu argumentieren und hinter frommen Fassaden ihre wahren Absichten zu verbergen.

Zu fragen ist, ob man Ähnliches nicht auch bei der Erzählfigur David denken könnte. Lässt dieser wirklich die Lade deswegen in Jerusalem zurück, weil er »Gott als unabhängigen Richter« respektiert – oder weil er darauf rechnet, der machtgierige Abschalom werde das heilige Gerät als Unterpfand des sicheren Sieges nur allzu gern entgegennehmen – und nicht merken, dass er sich damit eine Fünfte Kolonne in die Mauern holt? Weiter: Verläßt David Jerusalem wirklich deshalb, weil er »seine selbst-bezogenen Wünsche nach Sieg und Überleben« aufgegeben hat – oder weil zuweilen ein taktischer Rückzug militärisch klüger ist als stures Ausharren? (Der Erzähler lässt David ja selber sagen, dass ein Verbleib in Jerusalem zu gefährlich wäre, dass es dort »kein Entrinnen vor Abschalom« mehr gäbe, 2 Sam 15,14; und Huschai verkündet später, Israels Mannen könnten leichthin eine Stadt, in der David sich etwa festsetzte, insgesamt zu Tale schleifen, 2 Sam 17,13!)

Generell stellt sich beim Lesen der Abschalomgeschichte der Eindruck ein, David habe dem ungestüm andrängenden Sohn bedenklich weit nachgegeben – so weit, dass dieser meinen konnte, er habe wenn nicht die Billigung, so die Duldung des Vaters. (Der Deutlichkeit halber sei gesagt: Es geht hier nicht um historische Erwägungen, sondern um Wahrnehmungen auf der Erzählebene.) Schon gleich die Exposition macht stutzig: Abschalom entfaltet königliche Aura und antichambriert gegen den König (unter dessen Augen, »am Torweg«! 2 Sam 15,1–6) – warum schreitet David nicht ein? Nachdem dieses Treiben vier Jahre lang (!) gewährt hat, erhält Abschalom vom König die Einwilligung, nach Hebron zu gehen, angeblich um ein Gelübde zu erfüllen (15,7–9) – ist David nicht bewusst, dass seine eigene Königskarriere in Hebron begonnen hat (2 Sam 2,1–4; 5,1–5)? Als dann Abschalom an der Spitze des Volksheeres gegen Jerusalem anrückt, zieht sich David mit seinen Getreuen (und den Berufstruppen!) aus der Hauptstadt über den Jordan, d. h. in eine Randregion Israels, zurück und überlässt dem Angreifer nicht nur die Lade, das zentrale Kriegsheiligtum des Reiches, und gar seinen eigenen Harem – konnte, ja musste Abschalom das nicht als faktische Abdankung des Vaters auffassen?

Könnte es also sein, dass die Erzähler nicht so sehr Abschalom als ungestümen und naiven Draufgänger, sondern vielmehr David als schwer durchschaubaren und trickreichen Machthaber darstellen wollen, der einen ihm gefährlich werdenden Rivalen geschickt in eine Falle lockt, aus der er nicht lebendig entkommen kann? Einmal mehr erweist sich die Erzählung als nicht vordergründig-eindeutig, sondern als ambivalent-hintergründig. Sie porträtiert nicht einen »weißen« Helden und einen »schwarzen« Schurken. Vielmehr zeigt David, der Held, auch dunkle Seiten, und der Schilderung Abschaloms (wie schon derjenigen Sauls) ist vielleicht nicht gerade Sympathie, wohl aber Empathie, jedenfalls hohes Einfühlungsvermögen und ein gewisses Verständnis für Persönlichkeiten zu entnehmen, die gerne groß sein wollen, denen aber Größe von Haus aus mangelt und die sie sich auch nicht schenken lassen. David – und jetzt ist die andere, vom Erzähler sicher stärker betonte Seite hervorzuheben – ist ein wahrhaft Großer (oder groß Gewordener): groß im Übersehen latenter Gefahren (der Rachsucht und der Machtsucht Abschaloms), groß an Entschlusskraft und strategischen wie taktischen Fähigkeiten (die ihn eine höchst bedrohliche Situation souverän meistern lassen), groß im Umgang mit Getreuen (dem Kommandanten Itai, dem Gönner Barsillai) wie mit Gegnern (dem Sauliden Meribaal, dem Benjaminiten Schimi, auch Abschalom selbst), groß endlich auch im Leiden (beim Weggang aus Jerusalem, bei der Nachricht vom Tod des Sohnes).

Einmal mehr zeigen die Erzähler Gott im Bund mit David. Nicht von ungefähr lassen sie unmittelbar nach seinem Stoßgebet, JHWH möge doch den Rat Ahitofels vereiteln (15,31), die Rettung in Gestalt des Huschai nahen (15,32). Zwar bedarf es noch der Geistesgegenwart und Kreativität Davids, diesen Umstand für sich zu nutzen (15,33 f.), doch dass sich ihm so unerwartet die Möglichkeit dazu eröffnet, ist kein Zufall! Diese ihre Überzeugung geben die Erzähler ausdrücklich in der wichtigen Deutestelle 2 Sam 17,14 zu erkennen: Gott selber hat es bewirkt, dass Abschalom den gescheiten Rat Ahitofels abwies und den vergifteten Rat Huschais annahm; Gott wollte »Unheil« über Abschalom bringen. Warum? Wohl, weil er sich in den Augen Gottes (bzw. der Erzähler) als Nachfolger Davids disqualifiziert hatte. Sein Erfolg wäre ein Unglück für Israel gewesen. Nur sein eigener Entschluss zum Abbruch des Unternehmens hätte ihn noch retten können. Da er einen solchen nicht fasste, war nur noch das Wie, nicht mehr das Ob seiner Niederlage offen.

In der Wirkungsgeschichte wurde die negative Grundtönung in der Darstellung Abschaloms und seines Aufstandes sehr wohl wahrgenommen. Speziell in monarchistisch geprägtem Milieu wurde sie bis in die Neuzeit als Beleg für die Illegitimität jeglicher Rebellion gegen gekrönte Häupter gewertet. Erst in jüngster Zeit, nicht zuletzt unter dem Einfluss der Psychoanalyse, begann man im Kampf Abschaloms gegen David eine Symbolgeschichte von der vielleicht schmerzlichen, aber unvermeidlichen Ablösung des Sohnes vom Vater zu sehen (so der Maler Ernst Ludwig Kirchner, 1880–1938, in einer Serie autobiographischer Holzschnitte mit dem Titel »Absalom« aus dem Jahr 1918). Diese Sichtweise könnte sich mindestens so gut wie auf Abschalom auf – David berufen, der sich ja auch von einer Vatergestalt, Saul, gelöst hat. Doch wie grundanders als der Vater ist der Sohn! Nirgendwo lesen wir, Abschalom habe Gott auf seiner Seite gehabt oder auch nur haben wollen (wie es von David immer und immer wieder betont wird); nirgendwo wird bei Abschalom auch nur die Andeutung eines Entwicklungs- und Bildungsprozesses erkennbar, wie David ihn erlebt, auch erlitten hat: kein Aushalten von Zurücksetzung und Verfolgung, kein Sich-Üben in Selbstbegrenzung und Gewaltverzicht, kein Fähigwerden zu Trauer und Reue. Abschalom ist der junge Rebell, der skrupellos und rücksichtslos auf die Ziele zustürmt, die ihm seine Selbstliebe setzt. Für den Analytiker (und ähnlich wohl schon für die biblischen Erzähler) ist er ein »aufbegehrender, manisch-getriebener Sohn«, ein »groß gewordenes, selbstbezogen gebliebenes aggressives ›Kind‹«, Verkörperung eines »destruktiven Narzissmus«. Freilich sollte, wer Abschalom so wahrnimmt, sich der Neigung bewusst sein, eigene uneingestandene Aggressivität zu »externalisieren«: Man führt ja nicht Truppen gegen den Vater (oder bestimmte Vatergestalten) – man täte es aber vielleicht nur zu gern!

So abgründig die Abschalomgeschichte ist, so feinsinnig die Erzählkunst, mit der sie präsentiert wird. Scheinbar wie nebenbei wird zu einem frühen Zeitpunkt die üppig wuchernde Haarpracht Abschaloms erwähnt (2 Sam 14,26): Symbol der Wildheit und der Widerspenstigkeit nicht erst zu unserer Zeit (siehe den »Struwwelpeter« oder die Frisuren der 68er Jahre), sondern schon in biblischer (vgl. die Simsongestalt des Richterbuches – weniger den jungen Samuel, 1 Sam 1,11). Zugleich aber kündigt sich in dieser Notiz schon das Ende an: Abschalom sollte ja sein Haar zum Verhängnis werden. Hervorgehoben sei auch der spiegelbildliche Szenenaufbau in 2 Sam 15–19 (vgl. Dietrich/Naumann 1995, 271): Rückzug Davids aus Jerusalem – Begegnung mit Anhängern und Gegnern – Vorbereitungen auf die Entscheidungsschlacht und deren Verlauf – Begegnung mit Gegnern und Anhängern – Rückkehr nach Jerusalem. Prächtig gestaltet ist schließlich die – auf ähnliche Szenen in 2 Sam 11,18–25 und 1 Kön 1,41–49 zurück- bzw. vorausweisende – Szene vom Botenwettlauf 2 Sam 18,19–32: Wie General Joab, der Davids Unbeherrschtheit in solchen Situationen kennt (vgl. 2 Sam 2,15; 4,12; 11,20), »nur« einen dunkelhäutigen Söldner mit der Sieges- und Todesnachricht zum König schicken will, wie diesem aber ein junger Vertrauter des Königs zuvorkommt, wie David beide herannahen sieht (das Stilmittel der Teichoskopie!), wie er dann gar nichts über den Verlauf des Krieges, sondern nur etwas über das Ergehen seines Sohnes hören will, wie der erste Bote vorsichtig ausweicht und der zweite die Wahrheit auch nur andeutet – und der König daraufhin nicht in Wut, sondern in abgrundtiefe Trauer verfällt: das ist Erzählkunst höchsten Ranges. Es gibt Exegeten, die, statt sich von der Tragik der Szene anrühren zu lassen, meinen, David solle hier als weichlich und weinerlich hingestellt werden (Seiler, 1998, 181–185); sie haben nicht nur die musikalische Wirkungsgeschichte gegen sich (vgl. die ergreifenden Vertonungen des »Absalom fili mi« etwa durch Josquin Desprez oder Heinrich Schütz), sondern wohl auch die biblischen Erzähler.

7.3 Der literarische und der historische David. Zum offenen Ende des David-Romans

In seinem Roman »Der König David Bericht« lässt Stefan Heym die Hauptfigur Ethan, einen Historiker zur Zeit König Salomos, hintersinnig und scharfsinnig Material sammeln für den von einer Kommission zu verfassenden »Einen und Einzigen Wahren und Autoritativen, Historisch Genauen und Amtlich Anerkannten Bericht über den Erstaunlichen Aufstieg, das Gottesfürchtige Leben, sowie die Heroischen Taten und Wunderbaren Leistungen des David ben Jesse …« (1998, 11). Mit dem geschärften Blick eines systemkritischen Schriftstellers, der viele Jahre in einem totalitären System lebte und überlebte, greift Heym in seinem Roman schwer miteinander vereinbare Widersprüche im Persönlichkeitsbild Davids auf. Argwöhnisch treibt ihn die Frage, was für ein Mensch und Herrscher David in Wirklichkeit war.

So lässt Heym Ethan in einer stillen Stunde zu seiner Frau Esther sprechen: »Wie es scheint, soll ich keine Ruhe finden, bis ich die Antwort habe auf die Fragen, die mich verfolgen: ist es wahr, dass David den jungen Mann aus Amalek aussandte, König Saul zu erschlagen und ebenso den Jonathan, mit dem er einen Bund geschlossen hatte? Und ist es wahr, dass der Mörder tat, wie David ihm befahl; und müssen wir denn zu all dem anderen Blut in den Schuhen Davids auch das Blut Sauls hinzurechnen und das Blut Jonathans, auf dessen Tod David schrieb: *Es ist mir leid um dich, mein Bruder Jonathan* ... War er wie ein Raubtier, das einfach zuschlägt? Oder sah er ein Ziel vor sich, dem er nachjagte, was es auch koste? Oder ist alles Streben eitel, und sind selbst die Größten unter uns wie Sandkörnchen, die der Wind der Zeit vor sich hertreibt?« (S. 109)

König David – ein triebhafter Massenmörder bis zum Ende seiner Tage? Auf manche Widersprüche im Persönlichkeitsbild Davids sind wir in unserer Interpretation eingegangen. Wie lassen sich aber die Unstimmigkeiten und Verdachtsmomente, die der Marxist S. Heym und etliche Autoren in seinem Gefolge aufwerfen, verstehen? Und überhaupt: Was macht König David so phänomenal interessant und stimulierend, für die unterschiedlichsten Künstler und Interpreten? Die nach 2 Sam 19 folgenden Texte werfen auch grundsätzliche Strukturfragen auf: Enthält der Bibeltext Hinweise, dass Überlieferungen von einem mehr oder weniger realen David und von einer David-Romanfigur zu unterscheiden wären? Oder auch, ob ganz unterschiedliche Redaktorengruppen am Werke waren? Noch spezieller gefragt: Ist das Ende des David-Romans unbedingt mit dem Text über das Lebensende Davids zu verbinden?

Der erste Eindruck bietet Bibellesern eine klare Antwort auf die Frage nach Davids Ende an. Im 2. Kapitel des 1. Buches der Könige, das im Kanon des Alten Testamentes auf die beiden Samuelbücher folgt, ist Davids Tod im Zusammenhang mit den Wirren um Salomos Regierungsantritt ausgesprochen. Demnach hätte David erstaunlicherweise in seiner letzten Stunde (!) nicht versäumt, Salomo zu beraten, wer aus der gemeinsamen Umgebung noch zu ermorden sei, um darauf Salomo zu einem *weisen Mann* hochzustilisieren – *als einen der weiß, wie er am besten tötet*: *Du aber lass ihn nicht ungestraft, du bist ja ein weiser Mann und wirst wohl wissen, was du ihm tun sollst, um seine grauen Haare blutbefleckt ins Totenreich hinunter kommen zu lassen. Und David legte sich zu seinen Vätern und ward in der Davidstadt begraben* (1 Kön 2,9 f.). – Die Biografie Davids scheint nahtlos in die Biografie seines Sohnes Salomo über zu gehen. Aber spricht hier die Davidfigur, die wir im Bildungsroman kennen gelernt haben, oder könnten hier auch andere Autoren an der Arbeit gewesen sein, solche, die primär legitimieren wollten, wie Salomo die Macht von und durch David übernahm?

Betrachten wir Erzählstil und Inhalte genauer, so fallen fundamentale Unterschiede der Biografien von Vater und Sohn auf. Gemeinsam ist beiden, dass jede Biografie für sich genommen recht kohärent und sorgfältig konstruiert ist: die Lebensbeschreibung Davids von 1 Sam 1 – 2 Sam 19 hinsichtlich des inneren Sinnzusammenhanges und der Bericht über die Königszeit

Salomos von 1 Könige 1 – 11,43. Die Kapitel aber zwischen diesen beiden – jeweils in sich einheitlich wirkenden – Biografien (2 Sam 20–24) sind relativ bunt zusammengewürfelt. Sie dürften aus kleineren Textfragmenten bestehen, die in ihrer Widersprüchlichkeit mal eher dem einen oder dem anderen Erzählstil zugeordnet werden können.

Was unterscheidet beide Biografien? Bisher lernten wir eine David-Erzählung kennen, die sich so sehr durch literarische Qualitäten auszeichnet, dass von der gleichnishaften Dichtung eines revolutionär ausgerichteten Entwicklungs- und Bildungsromans gesprochen werden kann: Letztlich ist der »Held« nicht David, sondern erst das Wirken JHWHs verwandelt den »Jedermann« in einen außergewöhnlichen König. Annehmen lässt sich, dass die primäre Absicht der Erzähler weniger war, die konkrete historische Wahrheit zu vermitteln als ihr Denken und ihre Botschaften. Nach ihnen geht die Erfolgsgeschichte des Königs aus dem »Mit-ihm-sein« JHWHs hervor und aus der Art der »Kooperation« zwischen Gott und König; die inneren und äußeren Dramen werden im historischen Gewand vor uns aufgeführt.

Ab 2 Sam 20 sind überwiegend Tat-Sachen mitgeteilt, die man glauben oder bezweifeln kann. Sie haben einen gewissen historischen Wert, aber enthalten keine poetischen, mehrdeutigen, das Seelenleben der Leserschaft stimulierenden Botschaften. So z. B. 2 Sam 21,19, wo auf einmal Elhanan als Goliattöter erwähnt wird: Wir können glauben, dass Elhanan aus Betlehem Goliat erschlagen hat, oder können anders denken. Eine eindrucksvolle, fantastische Szene, wie Davids Kampf gegen Goliat, eingebettet in einen lebensgeschichtlichen und allgemeinhistorischen Kontext, entfaltet sich nicht vor unseren Augen und Sinnen.

Ab 1 Kön 1 wird Salomo aufgebaut und verherrlicht, nicht mehr das gut-göttliche, bezogene Wirken JHWHs in einer königlichen Figur oder in Gegenfiguren. Berichtet ist Salomos Handeln und Regieren; aber Szenen, die uns Konflikte und Nöte offenbaren, die Poesie und Dynamik entstehen lassen, fehlen. Salomos Biografie beschreibt detailliert äußeren Glanz und *Schein* (z. B. beim Tempel- und Palastbau). Im Gegensatz dazu steht Davids Salbung, der erste Auftritt eines unbeachtet Gebliebenen, bereits unter einem Leitmotiv: *Der Mensch sieht auf den äußeren Schein, JHWH aber sieht auf das Herz* (1 Sam 16,7); wir versuchen, das Unvorstellbare und Rätselhafte uns vorzustellen. So ist David, als er gesalbt wird, Gegenstand einer außergewöhnlichen Wahl seines Gottes, dem er sich unterwirft. Salomo dagegen wird in einer kurzen priesterlichen Amtshandlung von seinen Eltern und dem höfischen Umfeld auf den Thron gehoben (1 Kön 1,39).

Im Anfangsteil wirkt Salomos Geschichte der Biografie Davids ähnlich. Lesen wir genauer, so hat für Salomo JHWH ganz andere Funktionen: *Und der König Salomo schwur bei JHWH: Gott tue mir dies und das! Dieses Wort kostet Adonija das Leben! Und nun, so wahr JHWH lebt, der mich eingesetzt und auf den Thron meines Vaters David erhoben und ihm so ein Haus gegründet hat, wie er verheißen – heute noch soll Adonija sterben* (1 Kön 2,23.24). – Hier schwört und handelt ein König, der zur Stabilisierung seiner jungen Herrschaft einen Bruder und Rivalen umbringen lässt. Er ruft zwar die Wahrheit seines Gottes an, gleichzeitig wird dessen Einfluss verächtlich und als beliebig abgetan, Salomo lässt sich nicht beirren, er ist der Herr seiner Taten, er verkündet seine eigene Wahrheit.

Auch Salomo erscheint anfangs Gott, wir hören bei ihm aber von einer ganz anderen Gott-Bezogenheit als bei David oder in der Traumoffenbarung Samuels: *In Gibeon erschien JHWH dem Salomo des Nachts im Traum, und Gott sprach: Tue eine Bitte! Was soll ich dir geben?* (1 Kön 3,5). – Salomo erscheint Gott als eine Repräsentanz, die den König zu hofieren hat, ihn nach seinen Wünschen fragt, um sie ihm zu erfüllen – kurz: Das Gottesbild hat der Selbstherrlichkeit und den Wünschen Salomos zu dienen. – Die Erzähler des Salomo-Berichtes schreiben einmal – wie nebenbei – *Salomo aber hatte JHWH lieb und wandelte in den Satzungen seines Vaters David* (1 Kön 3,3), doch sprechen sie von einer ganz anderen Liebe, als wir sie aus den Samuelbüchern kennen: Nach den – nur wenigen – Szenen, die wir vorgeführt bekommen, ist Salomos Gottesliebe eine Form narzisstischer Liebe, die Gott für die eigene Wunschwelt und die Durchsetzung der eigenen Interessen vereinnahmt. Auch Salomos *Opfer und Gebet* in Gibeon (1 Kön 3,4–15) wirkt sehr viel mehr als eine abgezirkelte Wunscherfüllung und Bestätigung des jungen Königs. Im Gegensatz dazu steht JHWHs überraschendes, nonkonformistisches Wirken bei Samuel und David; im David-Roman zeichnet sich JHWH gewöhnlich dadurch aus, dass er eben nicht den vordergründigen menschlichen Erwartungen und Interessen entspricht.

Der Vergleich legt nahe, dass die Biografie Salomos von einer fundamental andersgearteten Autorengruppe verfasst wurde (vielleicht sogar in einer anderen Epoche, denn die Schreiber des Salomo-Textes lassen keine weitergehenden Kenntnisse erkennen als einige Namen). Der David-Roman dürfte m. E. von einer besonders revolutionär und querdenkerisch-produktiv eingestellten religiösen Gruppe stammen, welche ideell auf chaotische und brutale, oder auch depressive soziale Verhältnisse, positiven Einfluss nehmen will (oder in einer späteren Zeit kunstvoll den klangvollen Namen Davids als eine Art Modell-König für einen solchen Zweck benutzt). Den Romanautoren war wohl weniger die geschichtliche Wirklichkeit ein Anliegen, sondern die Lösung politischer Probleme durch religiös-gebundene, verantwortungsbewusste Führer. Bemerkenswerter Weise wandelt Schimi, der David als *Blutmensch* verflucht hatte, noch im David-Roman seinen Sinn (2 Sam 19,19–24) und stellt den Ruf Davids wieder her.

Batscheba, Natan und David machen vom Ende des David-Romanes zur Salomo-Biografie einen überraschenden, unglaubwürdigen Persönlichkeitswandel durch. Die beiden Ersteren tauchen im Roman – wie auch Salomo – plötzlich wie eine Figur in einem Traum, einem Drama oder einer Vision auf, stellen ein überraschendes neues Element im Konfliktgefüge der Szene dar, zu deren Ausgang sie entscheidend beitragen. Als solche haben sie auch eine übertragene, gegensinnige symbolische Bedeutung: Batscheba als Anima-Konstellation, Symbol weiblich imaginierter Liebe und Leidenschaft; Natan als souveräne, strenge väterliche Repräsentanz, die Verfehlungen ahndet und im Dienst einer höheren Weisheit steht; Salomo als Zeichen des Neuanfangs und der Versöhnung in der konflikthaften Beziehung zwischen David und seiner göttlichen Repräsentanz (zwischen Batscheba und David, den eigentlichen Eltern, ist kein Konflikt beschrieben!). Die Namen von Batscheba, Natan und Salomo tauchen im 11. und 12. Kapitel des 2. Samuelbuches plötzlich auf (der Prophet Natan bereits im 7. Kapitel), um genauso abrupt für die folgenden Kapitel des 2. Samuelbuches zu verschwinden. Erst zu Beginn von 1 Kön 1 betreten sie gemeinschaftlich wieder die Bühne – jetzt aber als Realpolitiker mit eigenen Interessen im Machtkampf am Königshof.

Die auffallend anders gearteten Haltungen der Figuren des Textes legen die Annahme nahe, dass zu Beginn des ersten Buches der Könige andere Autoren mit anderen Denkstrukturen und einem anderen geistig-religiösen bzw. kulturellen Horizont am Werke gewesen sein dürften, vermutlich höfische Geschichtsschreiber. Sie berichten uns wohl realitätsgerechter die Geschichte ihrer Zeit – aber bleiben mehr an der faktenorientierten Oberfläche der königlichen Aktivitäten und höfischen Ereignisse. Und vor allem: Sie hatten wohl die Aufgabe, die Thronfolge Salomos von David her zu rechtfertigen und König Salomo zu verherrlichen. David stiftet in ihrer Diktion zu den Morden an und Salomo ist entlastet: von Schuld wie von Zeitgenossen, die ihm lästig werden könnten. Wir können auch hier annehmen, dass das Bild Salomos nicht dem »wirklichen« Herrscher entspricht. Und beider Ende ist formelhaft, wie aus einer Feder, mit denselben Worten umschrieben: *Und David/Salomo legte sich zu seinen Vätern und ward begraben* (1 Kön 2,10 und 1 Kön 11,43).

In 1 Kön 1 wird dem sterbenden David das Blut für die Morde Salomos in die Schuhe geschoben. Betrachten wir diese Zuschreibungen als einen Bericht, wie David »wirklich« war, dann erscheint die Biografie Davids in den Samuelbüchern wie eine schlecht gelungene Vertuschungsgeschichte, als eine verlogene Dichtung über einen König, der seine Hände in Unschuld waschen will – wie Salomo und viele andere orientalische Herrscher in ihren Biografien. Interpreten dieser rückwärts gewandten Blickrichtung sind in Gefahr, die Rolle, die JHWH im David-Roman spielt zu entwerten und zu verleugnen. Aber gerade aus dem »Mit-ihm-sein« JHWHs bezieht das David-Bild seine inneren schöpferischen Kräfte.

»Gott«, den Menschen gegenüber als eigenständig waltende, führende, strafende, heilende, helfende, liebende Größe gedacht, ist für viele moderne, mehr oder minder rational ausgerichtete Menschen schwer zu fassen und zu begreifen, offensichtlich nicht anders als zu Davids Zeiten. Vielleicht wird uns ein Verständnis der geheimnisvollen Wirkungskräfte erleichtert, wenn wir das »Mit-sein« als eine Art ideelle Melodie, etwa als Cantus firmus (strukturbildende Stimme) hören, als Musik, die Menschen anregen und verändern kann. David als Harfenspieler und Liedermacher, als eine sinnliche symbolische Figur, belebt in uns Sehnsüchte und Visionen, die jedoch für einen abgespaltenen, ent-emotionalisierten Intellekt und für das versachlichte Handeln vieler Menschen schwer zu denken sind. Gerade Davids Leidenschaften, seine dissonanzenreiche Biografie-Musik und die JHWH-Melodie können uns innere schöpferische Welten eröffnen, die vorher wie leer waren: Denn *der Herr aber sieht auf das Herz.* Die Leitfigur JHWH, sowie die Bilder und Szenen der Samuelbücher versuchen – so die hier vertretene These –, uns die hohe Kunst des Kämpfens und des Liebens, die Kunst des gemeinsamen Überlebens also, näher zu bringen.

Wo endet der von uns verfolgte »David-Roman«? Die Frage ist in der exegetischen Wissenschaft wenig strittig. Seit Leonhard Rost (1923 = 1965) fand die Hypothese einer ursprünglich selbstständigen »Überlieferung von der Thronnachfolge Davids« breiteste Gefolgschaft, die den Großteil des zweiten Samuelbuches umfasst haben soll und deren Thema an ihrem Ende benannt werde in der »mit brutaler Aufdringlichkeit und aufpeitschender Eintönigkeit« neunmal gestellten und variierten Frage »Wer wird sitzen auf dem

Thron Davids?« (1 Kön 1,13.17.20.24.27.30.35.46.48). Die Frage findet ihre Antwort in der Feststellung von 1 Kön 2,12: »Und Salomo saß auf dem Thron seines Vaters David, und sein Königtum wurde sehr fest« (noch einmal bekräftigt in 2,24). Doch ehe diese Antwort gegeben werden kann, müssen andere mögliche Antworten bzw. potenzielle Thronfolger ausgeschlossen werden: etwa die Nachkommen der früheren, saulidischen Königsfamilie (2 Sam 6,21–23; 9,1–12; 16,1–4; 19,25–30), sodann die Älteren in der Reihe der Davidsöhne: Amnon (2 Sam 13), Abschalom (2 Sam 14–19), Adonija (1 Kön 1–2). Salomo, dem spät Geborenen (2 Sam 10–12) und Zehnten in der Reihe (vgl. 2 Sam 3,2–5; 5,13–15), fällt das väterliche Erbe schließlich zu. So gesehen, kann das Ende des David-Romans nicht vor 1 Kön 1–2 liegen, zumal ja in diesen Kapiteln auch das Altwerden (1 Kön 1,1–4) und der Tod Davids (1 Kön 2,10 f.) mitgeteilt werden.

Die Frage nach Davids Thronfolge ist freilich nur eine bestimmte Ausformung einer Grundsatzfrage, um die im Grunde die gesamten Samuelbücher kreisen: Wie können in Israel politisch und gesellschaftlich gesicherte, stabile Verhältnisse geschaffen werden, unter denen das Volk in Ruhe und in Glück leben kann? Die letzten nichtköniglichen Führer Israels, Eli und Samuel, haben missratene Söhne, wofür zumindest im Falle der Eliden ganz Israel schwer zu leiden hat (vgl. 1 Sam 4 und dazu Eslinger, 1985). Von Saul und den Sauliden meint man sich mehr erhoffen zu dürfen, doch wird fast die gesamte Königsfamilie im Kampf gegen die Philister und durch interne Intrigen aufgerieben, so dass einzig der körperbehinderte, nicht regierungstaugliche Meribaal übrig bleibt. Gott sei Dank, so die Erzähler, steht mittlerweile David zur Lösung der großen Aufgabe bereit. Nachdem es ihm gelungen ist, im Innern und nach Außen Ordnung herzustellen, kündigt ihm Gott durch den Propheten Natan ein »festes Haus«, eine dauerhafte Dynastie an (2 Sam 7,11–16, von David dankbar aufgenommen in 7,17–29). Darin allerdings, dass Natan von dem »Samen« redet, der erst noch von Davids »Leib kommen wird« (7,12), deutet sich an, dass der tatsächliche Thronfolger noch nicht geboren ist. Wenig später entsteht unter den bekannten Umständen die Liaison Davids mit Batscheba, und aus dieser geht Salomo hervor (2 Sam 10–12). Aufmerksame Leserinnen und Leser ahnen bereits jetzt, wie sich die Weissagung Natans erfüllen wird. Darum verfolgen sie zwar mit Schrecken, aber ohne eigentliches Erstaunen, wie die älteren Davidsöhne einer nach dem anderen ausscheiden – Amnon, Abschalom, Adonija –, bis endlich der Richtige auf Davids Thron sitzt: Salomo. Bevor das nicht geschehen (und, notabene, der Hauptheld aus dem Leben geschieden) ist, kann der »David-Roman« kaum zu Ende sein. Der Tod Abschaloms (gefolgt noch von der Niederschlagung des nächsten, von Scheba geleiteten Aufstands in 2 Sam 20) ist nicht mehr als eine Zwischenstation auf dem Weg von Samuel über Saul und David zu – Salomo!

Es gibt zahlreiche feinere und stärkere Erzählfäden, die 1 Kön 1–2 (über die später zugesetzten Kapitel 2 Sam 21–24 hinweg) mit dem Korpus der Samuelbücher verknüpfen. »Adonija, der Sohn der Haggit«, der uns aus 2 Sam 3,4 bekannt ist, gebärdet sich wie ein Double seines nächstälteren Bruders Abschalom – und wird von David so wenig zurechtgewiesen wie jener (vgl. 1 Kön 1,5 f. mit 2 Sam 15,1–6). Die Anhänger Adonijas wie auch seine Gegner (1 Kön 1,7–10) kennen wir sämtlich aus dem 2. Samuelbuch. Das ab 1 Kön 1,11 im Vordergrund stehende Quartett Batscheba – Natan – David – Salomo begegnet außer in 1 Kön 1–2 noch (und nur) in 2 Sam 11–12. Der Königsruf, der unrechtmäßig für Abschalom und Adonija erschallte, gilt am Ende dem rechtmäßigen Thronfolger Salomo (2 Sam 15,10; 1 Kön 1,25.34). Das »Zelt«, aus dem das Öl zu Salomos Salbung geholt wird (1 Kön 1,39), ist das uns von früher bekannte Ladezelt (2 Sam 6,17; 11,11). Die Botenszene in 1 Kön 1,41–48 weist auffällig viele Ähnlichkeiten mit derjenigen in 2 Sam 18,19–32 auf. Davids »letzter Wille« an Salomo, er solle Joab und Schimi liquidieren, Barsillais Söhne aber hofieren, ist samt den dafür gegebenen Begründungen (1 Kön 2,5–9) ohne die entsprechenden Berichte in den Samuelbüchern kaum verständlich.

Spätestens an diesem Punkt aber entzündet sich der Widerstand des Analytikers, 1 Kön 1–2 noch als Teil des David-Romans zu betrachten. Das sei ja hier ein ganz anderer David, als wir ihn zuvor erlebt haben: nicht einer, der aufs Töten verzichtet, sondern einer, der dazu anstiftet. Die Erzählung atme apologetisches Interesse: Salomo solle um seine Bluttaten entlastet und dafür David mit ihnen belastet werden. Dazu passe der vergoldend-höfische Stil, mit dem Salomo auch in der Folge porträtiert werde, und der sich von dem nachdenklich-prophetischen Duktus der Davidgeschichten markant unterscheide.

Diese Vermutungen sind nicht ohne Anhalt an den Texten. Ab 1 Kön 3 ist in der Tat ein neuer, den mächtigen und reichen, weisen und gerechten, König Salomo verherrlichender Ton zu vernehmen, der unverkennbar höfisches Interesse verrät (vgl. Wälchli, 1999) und der von der Differenziertheit und Hintergründigkeit des David-Romans durch Welten getrennt ist. Tatsächlich auch wird in 1 Kön 1 f. der Versuch gemacht, den Machtantritt Salomos zu rechtfertigen und von allzu schweren Makeln zu entlasten, um den neuen König gewissermaßen für die Glanzrolle vorzubereiten, die er im folgenden zu spielen hat.

Doch gerade, dass es Schriftsteller oder Redaktoren nötig fanden, in 1 Kön 1 f. das Salomobild ein wenig aufzuhellen, zeigt, wie düster dessen Grundfarben eigentlich sind. Nicht nur auf Salomo fallen tiefe Schatten, sondern auch auf die meisten anderen Erzählfiguren: auf Joab und Schimi ohnehin, aber auch auf Benaja, Adonija, Batscheba, Natan und – David. Freilich wird hier auch nicht einfach schwarz-in-schwarz gemalt. So bleibt es letztlich ungeklärt, ob Adonija sich wirklich zum König hat ausrufen lassen oder ob ihm das nur seine Gegner unterstellen; ob seine spätere Bitte, Davids letzte Gefährtin Abischag zu ehelichen, nicht doch nur auf schierer Liebe beruhte; ob Batscheba und Salomo sich wirklich durch ihn bedroht fühlten oder dies nur vorgaben; ob David jenen Eid zugunsten Salomos wirklich geleistet hat oder ob er ihm nur abgelistet wurde; ob sein »Testament« an Salomo nicht doch Ausdruck einer sich am Ende noch durchsetzender Gerechtigkeit oder nur als solcher der Rachsucht zu werten ist usw. Ist aber solche Ambivalenz in der Charakterzeichnung und in der Handlungsführung nicht gerade kennzeichnend für den David-Roman? Stünde dessen Verfasser nicht auch eine Szene wohl an wie die von dem steinalten, immerzu frierenden Monarchen, den auch die schönste Frau Israels nicht mehr zu erwärmen vermag?

Die Erzähler von 1 Kön 1–2 malen nicht in hartem Schwarz und Weiß, sondern sind Meister der Zwischentöne: so wie wir dies aus dem gesamten David-Roman, wie wir es aber in der hiesigen, dunklen Tönung speziell aus der Darstellung des Batscheba-David-Urija-Skandals in 2 Sam 11–12 kennen. Die Behauptung des Analytikers, »Batscheba, Natan und David mach[t]en vom Ende des David-Romanes zur Salomo-Biografie einen überraschenden, unglaubwürdigen Persönlichkeitswandel durch«, ist in dieser Schärfe kaum zutreffend. Auch in 2 Sam 11–12 bleibt es ein Stück weit den Lesenden überlassen, wie sie die einzelnen Charaktere und ihre Handlungen einschätzen und bewerten wollen: Ist David einfach ein von Batschebas Schönheit Hingerissener und dann von den Ereignissen Mitgerissener, oder ist er ein skrupelloser Ehebrecher und Mörder? Hat Batscheba den König verführt oder wurde sie von ihm vergewaltigt? Ist ihr Gatte Urija durch und durch ehrenwert oder borniert? Einzig Natan scheint dort eine markant helle, in 1 Kön 1 hingegen eine zwielichtige Gestalt zu sein. Doch auch da sind Grautöne zu verzeichnen: Seinem Auftritt als Bußprediger (2 Sam 12,1–15) geht derjenige als Hof- und Dynastieprophet voraus (2 Sam 7), und es folgt jene unscheinbare, bereits auf 1 Kön 1 vorausweisende Bemerkung, wonach das Geschick Salomos von frühan mit der Person Natans verbunden war (2 Sam 12,25).

Zu bezweifeln ist auch, ob die Erzähler in 1 Kön 1–2 »realitätsgerechter die Geschichte ihrer Zeit« berichten als in den vorangehenden Teilen des David-Romans, ob sie speziell in den Liquidierungsaufträgen 1 Kön 2,5 f.8 f. zu erkennen geben, »wie David ›wirklich‹ war«, wogegen dann »die Biografie Davids in den Samuelbüchern wie eine schlecht gelungene Vertuschungsgeschichte« wirkt. Die Alternative ist dem literarischen Sachverhalt nicht angemessen. Die Erzählung 1 Kön 1–2 ist, wenn man so sagen darf, eher noch romanhafter als es weite Partien der Samuelbücher sind. An der »faktenorientierten Oberfläche« bleiben viel eher Fluchtgeschichten oder Kriegsberichte im 1. und 2. Samuelbuch als die Berichte von 1 Kön 1–2, die weitgehend von Gegebenheiten und Vier-Augen-Gesprächen im verborgensten Innern des Palastes, im Schlafgemach des Königs berichten. Ausgerechnet hier sollte David geschildert werden, »wie er wirklich war«, dort aber, wie er sein sollte?

Wie David »wirklich war«, ist eine Frage, auf die sich aus dem gesamten biblischen David-Roman – 1 Kön 1–2 eingeschlossen – nur sehr begrenzt sichere Antworten gewinnen lassen. Die Interpreten neigen einmal mehr zu diesem, einmal mehr zu einem anderen David-Bild und können sich dazu tatsächlich auf Erzählzüge des biblischen Romans berufen. War es früher üblich, David als vorbildlichen Menschen und überaus erfolgreichen Herrscher zu sehen, so wird es neuerdings eher Mode, ihn als puren Machtmenschen und Gewaltherrscher zu entlarven (noch recht differenziert der Romancier Stefan Heym, 1972, viel einseitiger Exegeten wie Würthwein, 1974; McCarter, 1980 und 1981; McKenzie, 2000). Bei den Vertretern beider Anschauungen gerät leicht in Vergessenheit, dass sie sich auf nichts stützen können als auf ihre eigenen

Wunschvorstellungen und Wahrscheinlichkeitsurteile – und auf den biblischen David-Roman! Dieser erlaubt verschiedene Lektüre- und Deutungsmöglichkeiten. Er lässt jeden ins Leere oder in die Irre laufen, der ganz genau wissen will, wie es »wirklich war«; jene aber, die erfahren möchten, wie es gewesen sein könnte oder sollte oder müsste (oder nicht hätte sein dürfen) mit einem Mann und Herrscher »nach dem Herzen Gottes«, die entlässt er nicht ohne tiefe Belehrung.

Nachwort und Dank

Der Dialog um die biblische David-Gestalt, den wir führten – ein Psychoanalytiker und ein Bibelwissenschaftler – ist zu einem vorläufigen Abschluss gekommen. Wirklich abgeschlossen im Sinne einer abgerundeten und einvernehmlichen Sicht des Ganzen und der Details ist er nicht. Schon die Frage nach dem »Ende des David-Romans« blieb zwischen uns offen. Doch der gesamte »Roman« ist, wie wir (und schon andere) bemerkt haben, offen: für verschiedene Interpretationsmöglichkeiten, für die Anwendung unterschiedlicher Lesestrategien und Analyseverfahren. Für uns war es ein Abenteuer, von grundverschiedenen Voraussetzungen und Positionen aus uns dem gleichen Stoff zu nähern. Im gemeinsamen Beobachtungsgegenstand, dem biblischen Text, haben wir uns immer wieder getroffen. Nicht immer sind wir uns im Ergebnis einig geworden, hatten auch nicht diesen Anspruch, hätten ihn gar nicht angebracht gefunden. Wohl aber waren wir uns einig in der Faszination durch die Davidfigur, so wie die Bibel sie darstellt, und in dem Bemühen, ihr mit den uns zu Gebote stehenden Mitteln und im Austausch unserer Ansichten und Einsichten ein Stück weit gerecht zu werden.

Was die Leserinnen und Leser vor sich sehen, ist gleichsam nur das Endprodukt dieses Bemühens. Der Dialog setzte ein, lange bevor wir schrieben, und er intensivierte sich noch beim Schreiben. Über Jahre hinweg fanden ungezählte Gespräche und Diskussionen um die Gesamtsicht wie um Einzelfragen statt. Immer aber waren wir der Meinung, dass keiner den anderen zu etwas bringen sollte, was der nicht wollte. Doch wie von selbst haben wir uns in bestimmten Grundanschauungen gefunden oder haben uns ihnen gemeinsam angenähert. Die vielleicht wichtigsten seien hier noch einmal benannt:

– Die Davidgeschichten der Bibel sind nicht distanziert-objektiver Geschichtsbericht, sondern engagierte und die Leserschaft involvierende Erzählung.

- Die biblischen Erzähler wollen ihrer Leserschaft in David eine durchaus paradigmatische Gestalt vor Augen stellen, doch nicht so, dass sie ihn zur Idealfigur stilisieren, sondern so, dass sie ihn lernen lassen, mit den ihm anhaftenden Schwächen und den ihm begegnenden Problemen umzugehen.
- Der biblische David ist nicht von Anfang bis Ende seiner Karriere in immer gleicher Aufstiegs- und Siegerpose gezeichnet, sondern er macht tiefe Wandlungen durch: hervorgerufen durch allerlei Begegnungen und Erfahrungen, gerade auch solche eher unerfreulicher Art. Nach und nach wird aus einem teils willfährigen, teils gewalttätigen Jüngling ein reifer, zu tief-menschlichen Empfindungen und differenzierten Reaktionen fähiger Mann (aber gerade kein »Superman«!).
- Die biblische David-Biografie ist eine Art Entwicklungs- oder auch Bildungsroman, an dem die Lesenden ihre Ansichten vom Wesen und vom Werden eines Menschen, wie er ist und wie er sein könnte und werden sollte, schulen können. Seine Tiefe und Weite lässt ihn viel mehr sein als etwa ein Mittel zur Prinzenerziehung; es geht in ihm um Menschenbildung in umfassendem Sinn.
- Eine wesentliche, sogar *die* wesentliche Rolle beim Heranreifen Davids spielt »Gott« bzw. das »Gottesbild«. Intrapsychische oder auch interindividuelle Vorgänge könnten derart starke und positive Veränderungen nicht bewirken, wie sie beim biblischen David ins Bild gesetzt werden. An ihm wird vielmehr das Wirksamwerden von außen kommender, schwer zu fassender Kräfte demonstriert, die einen Menschen weiter bringen, als er selbst kommen könnte.
- Insofern hat der biblische David-Roman eine positiv-kreative Grundtendenz: Er zeigt auf, wie ein Menschenleben unter teils widrigen Umständen gelingt. Dennoch kommt kein flacher Fortschritts- oder Erziehungsoptimismus auf. Zu oft wird David, wird die Leserschaft an Abgründe herangeführt, in die jeder und jede jederzeit stürzen könnte. Tatsächlich stürzen viele Figuren aus Davids Umfeld ab, während andere und er selbst sich zu halten vermögen bzw. gehalten werden – ohne dass jeweils klare und sichere Begründungen dafür genannt würden. So weisen die Erzähler auf die tiefe Ambivalenz menschlichen Lebens, Handelns und Leidens hin.

Abschließend möchten wir denen danken, die uns bei der Fertigstellung dieses Buches geholfen haben: vorweg unseren beiden Lebenspartnerinnen, Ursula Dallmeyer und Hannelore Dietrich, die unsere Gespräche mit und über David gefördert und bereichert haben; ferner Nicole und Jens Dallmeyer, Janna Dallmeyer sowie Samuel Arnet, die sich der Mühe des Korrekturlesens unterzogen haben; der Leitung und der Mitarbeiterschaft des Verlages, die das entstehende Buch mit Sorgfalt betreut haben; Frau Gertrud Hunziker-Fromm, die uns – konkret: Daniel Dietrich – erlaubt hat, Gemälde aus dem Nachlass ihres Gatten, des Zürcher Malers Max Hunziker, abzulichten; eines davon ziert nun den Bucheinband.

Wir, die Autoren, haben aus der Beschäftigung mit David großen Gewinn gezogen. Das Gleiche wünschen wir auch unseren Leserinnen und Lesern. In der Hoffnung, dass die Gespräche und Dialoge über diesen Stoff weitergehen und sich ausweiten, geben wir hier unsere E-mail-Adressen an: H.J.Dallmeyer@t-online.de / Walter.Dietrich@theol.unibe.ch

Literaturverzeichnis

Bail, U. (1998): Gegen das Schweigen klagen. Eine intertextuelle Studie zu den Klagepsalmen Ps 6 und Ps 55 und der Erzählung von der Vergewaltigung Tamars, Gütersloh.

Barth, K. (⁴1959): Kirchliche Dogmatik, Bd. II/2 (bes. 404–434).

Benedetti, G. (1998): Botschaft der Träume, Göttingen.

Carlson, R. A. (1964): David, the Chosen King. A Traditio-Historical Approach to the Second Book of Samuel, Stockholm/Göteborg/Uppsala.

Clines, D. J. A./Eskenazi, T. C. (1991): Telling Queen Michal's Story, Sheffield (Journal for the Study of the Old Testament, Suppl. Ser. 119).

Crüsemann, F. (1978): Der Widerstand gegen das Königtum. Die antiköniglichen Texte des Alten Testaments und der Kampf um den frühen israelitischen Staat, Neukirchen-Vluyn (Wiss. Monographien zum Alten und Neuen Testament, 49).

Dallmeyer, H.-J. (1996): Zur Dynamik der negativen Übertragung und destruktiver Übertragungsformen, in: Forum der Psychoanalyse, Berlin-Heidelberg u. a., 1–18.

Dallmeyer, H.-J. (2002): David und Goliat. Eine psychoanalytische Interpretation, in: Dietrich, W./Herkommer, H. (Hg.), 120–142.

de Pury, A./Römer, T. (Hg.), 2000: Die sogenannte Thronfolgegeschichte Davids. Neue Einsichten und Anfragen Fribourg/Göttingen (Orbis Biblicus et Orientalis 176).

Dieckmann, H. (1977): Märchen und Symbole: tiefenpsychologische Deutung orientalischer Märchen, Stuttgart.

Dietrich, W. (1995): Der Fall des Riesen Goliat. Biblische und nachbiblische Erzählversuche, in: J. Ebach/R. Faber (Hg.), Bibel und Literatur, München, 241–258.

Dietrich, W. (1996): Die Erzählungen von David und Goliat in I Sam 17, in: Zeitschrift für die alttestamentliche Wissenschaft 108, 172–191.

Dietrich, W. (1997): Die frühe Königszeit in Israel. 10. Jahrhundert v. Chr., Stuttgart u. a. (Biblische Enzyklopädie 3).

Dietrich, W. (1999): Art. Samuel- und Königsbücher, in: Theologische Realenzyklopädie 30 (1999), 5–20.

Dietrich, W. (2002): Von David zu den Deuteronomisten. Studien zu den Geschichtsüberlieferungen des Alten Testaments, Stuttgart u. a. (Beiträge zur Wissenschaft vom Alten und Neuen Testament, 156).

Dietrich, W./Herkommer, H. (Hg.) (2002): König David – biblische Schlüsselfigur und europäische Leitgestalt, Fribourg/Stuttgart.

Dietrich, W./Link, C. (2000): Die dunklen Seiten Gottes. Bd. 2: Allmacht und Ohnmacht, Neukirchen-Vluyn.

Dietrich, W./Naumann, T. (1995): Die Samuelbücher, Darmstadt (Erträge der Forschung 287).
Eckstaedt, A. (1998): »Der Struwwelpeter«. Dichtung und Deutung, Frankfurt/M.
Erikson, E. H. (1965): Kindheit und Gesellschaft, Stuttgart.
Eslinger, L. (1985): Kingship of God in Crisis. A Close Reading of 1 Samuel 1–12, Sheffield.
Exum, J. C. (1992): Tragedy and Biblical Narrative. Arrows of the Almighty, Cambridge.
Fokkelman, J. P. (1981): Narrative Art and Poetry in the Books of Samuel. A Full Interpretation Based on Stylistic and Structural Analysis, Bd. 1: King David (II Sam. 9–20 & I Kings 1–2), Assen.
Fokkelman, J. P. (1986): Narrative Art ..., Bd. 2: The Crossing Fates (I Sam. 13–31 & II Sam. 1), Assen.
Fokkelman, J. P. (1990): Narrative Art ..., Bd. 3: Throne and City (II Sam. 2–8 & 21–24), Assen.
Fokkelman, J. P. (1993): Narrative Art ..., Bd. 4: Vow and Desire (I Sam. 1–12), Assen.
Freud, A. (1936 = 1964): Das Ich und die Abwehrmechanismen, München.
Freud, S. (1900): Die Traumdeutung, Leipzig-Wien.
Fromm, E. (1956 = 1980): Die Kunst des Liebens, Frankfurt/M-Berlin u. a.
Gordon, R. P. (1980): David's Rise and Saul's Demise. Narrative Analogy in 1 Samuel 24–26, in: Tyndale Bulletin 31, 37–64.
Grunberger, B. (1976): Vom Narzissmus zum Objekt, Frankfurt/M.
Gunn, D. M. (1978): The Story of King David. Genre and Interpretation, Sheffield (Journal for the Study of the Old Testament, Suppl. Ser. 6).
Gunn, D. M. (1980): The Fate of King Saul. An Interpretation of a Biblical Story, Sheffield (Journal for the Study of the Old Testament, Suppl. Ser. 14).
Henseler, H. (1995): Religion – Illusion? Eine psychoanalytische Deutung, Göttingen.
Heym, S. (1972): Der König David Bericht. Roman, München.
Hinshelwood, R. D. (1993): Wörterbuch der kleinianischen Psychoanalyse, Stuttgart.
Hoffmann, H. (1845 = 1876): Der Struwwelpeter oder lustige Geschichten und drollige Bilder für Kinder von 3–6 Jahren, Frankfurt/M.
Ibsen, H. (1877): Die Stützen der Gesellschaft.
Jung, E (1983 = 1996): Animus und Anima, Leinfelden-Echterdingen.
Kemper, W. (1955): Der Traum und seine Be-Deutung, Hamburg.
Kernberg, O. F. (2000): Einige Überlegungen zum Verhältnis von Psychoanalyse und Religion, in: Bassler, M (Hg.): Psychoanalyse und Religion: Versuch einer Vermittlung, Stuttgart-Berlin u. a., 107–134.
Klein, M. (1935 = 1972): Zur Psychogenese der manisch-depressiven Zustände, in: Dies.: Das Seelenleben des Kleinkindes und andere Beiträge zur Psychoanalyse, Hamburg, 45–73.
Klein, M. (1946 = 1972): Bemerkungen über einige schizoide Mechanismen,

in: Dies.: Das Seelenleben des Kleinkindes und andere Beiträge zur Psychoanalyse, Hamburg, 101–125.

Kohut, H. (1973): Narzissmus. Eine Theorie der psychoanalytischen Behandlung narzisstischer Persönlichkeitsstörungen, Frankfurt/M.

Kohut, H. (1979): Die Heilung des Selbst, Frankfurt/M.

Kuiper, P.C. (1968): Die seelischen Krankheiten des Menschen. Psychoanalytische Neurosenlehre, Stuttgart.

Levenson, J.D. (1978): »1 Samuel 25 as Literature and as History«, in: Catholic Biblical Quarterly 40, 11–28.

Loch, W. (1977): Die Krankheitslehre der Psychoanalyse: Eine Einführung, Stuttgart.

Lorenzer, A. (1986): »Tiefenhermeneutische Kulturanalyse«, in: A. Lorenzer (Hg.): Kultur-Analysen. Psychoanalytische Studien zur Kultur, Frankfurt/M, 11–98.

Lückl, K. (1998): Gratwanderungen zwischen Sinn und Widersinn, Göttingen, 74–87.

Mahler, M.S./Pine, S./Bergmann, A. (1978): Die psychische Geburt des Menschen. Symbiose und Individuation, Frankfurt/M.

McCarter, P.K. (1980): The Apology of David, in: Journal of Biblical Literature 99, 489–504.

McCarter, P.K. (1981): »Plots, True or False« The Succession Narrative as Court Apologetic, in: Interpretation 35, 355–367.

McKenzie, S.L. (2000): King David. A Biography, Oxford.

Mitscherlich, A. (1963): Auf dem Weg zur vaterlosen Gesellschaft. Ideen zur Sozialpsychologie, München.

Mitscherlich, A. und M. (1967 = 1977): Die Unfähigkeit zu trauern, München.

Mommer, P. (1991): Samuel. Geschichte und Überlieferung,Neukirchen-Vluyn (Wiss. Monographien zum Alten und Neuen Testament, 65).

Mommer, P. (1999): Art. Samuel, in: Theologische Realenzyklopädie 30 (1999), 1–5.

Naumann, T. (2002): David und die Liebe, in: Dietrich, W./Herkommer, H. (Hg.), 51–83.

Nitsche, S.A. (1994): König David: Gestalt im Umbruch, Zürich.

Nitsche, S.A. (1998): David gegen Goliath. Die Geschichte der Geschichten einer Geschichte. Zur fächerübergreifenden Rezeption einer biblischen Story, Münster (Altes Testament und Moderne, 4).

Pakkala, J. (1999): Intolerant Monolatry in the Deuteronomistic History, Helsinki/Göttingen.

Pietzcker, C. (1992): Lesend interpretieren: zur psychoanalytischen Deutung literarischer Texte, Würzburg.

Polzin, R. (1989): Samuel and the Deuteronomist. A Literary Study of the Deuteronomic History. Part Two: 1 Samuel, Bloomington.

Raguse, H. (1993): Psychoanalyse und biblische Interpretation: eine Auseinandersetzung mit Eugen Drewermanns Auslegung der Johannes-Apokalypse, Stuttgart.

Rank, O. (1922): Der Mythos von der Geburt des Helden, Leipzig.
Redl, F. (1971): Erziehung schwieriger Kinder, München.
Rost, L. (1926 = 1965): Die Überlieferung von der Thronnachfolge Davids, Stuttgart (Beiträge zur Wissenschaft vom Alten und Neuen Testament 42) = in: Ders., Das kleine Credo und andere Studien zum Alten Testament, Heidelberg, 119–253.
Schönau, W. (1992): Einführung in die psychoanalytische Literaturwissenschaft, Stuttgart.
Seiler, S. (1998): Die Geschichte von der Thronfolge Davids (2 Sam 9–20; 1 Kön 1–2). Untersuchungen zur Literarkritik und Tendenz, Berlin u. a. (Beihefte zur Zeitschrift für die alttestamentliche Wissenschaft, 267).
Stolz, F. (1981): Das erste und zweite Buch Samuel, Zürich (Zürcher Bibelkommentare, 9).
Thomas, J. (1997): Der Traum. Wege der Erkenntnis im klassischen Altertum, in: Benedetti, G./Hornung, E. (Hg.): Die Wahrheit der Träume, München, 145–185.
Trible, P. (1987): Mein Gott, warum hast du mich vergessen. Frauenschicksale im Alten Testament, Gütersloh.
Veijola, T. (1975): Die ewige Dynastie. David und die Entstehung seiner Dynastie nach der deuteronomistischen Darstellung, Helsinki.
Veijola, T. (1977): Das Königtum in der Beurteilung der deuteronomistischen Historiographie. Eine redaktionsgeschichtliche Untersuchung, Helsinki.
Wälchli, S. (1999): Der weise König Salomo. Eine Studie zu den Erzählungen von der Weisheit Salomos in ihrem alttestamentlichen und altorientalischen Kontext, Stuttgart u. a. (Beiträge zur Wissenschaft vom Alten und Neuen Testament 141).
Winnicott, D. W. (1971 = 1979): Vom Spiel zur Kreativität, Stuttgart.
Würthwein, E. (1974): Die Erzählung von der Thronfolge Davids – Theologische oder politische Geschichtsschreibung? Zürich (Theologische Studien, 115).

Register